中国农业大学“双一流”文化传承创新图书出版基金项目

# 农村组织和乡村治理现代化

饶静 著

中国农业大学出版社
CHINA AGRICULTURAL UNIVERSITY PRESS
·北京·

## 内 容 简 介

党的十九大报告提出乡村振兴战略，2018年中央一号文件指出“乡村振兴，治理有效是基础”。农村组织是乡村治理体系的基础，乡村治理体系和治理能力的现代化又是国家治理体系和治理能力现代化的重要内容。本书在乡村治理现代化的分析框架下，研究了乡镇组织、村级组织、农村集体经济组织、农民专业合作社、家族与宗族以及农村社会组织等不同类型农村组织的基本概念、历史沿革、发展现状以及发展趋势，对它们的基本构成、职责、功能、定位以及在乡村治理现代化过程中的作用进行了分析。研究指出，在乡村治理现代化的过程中，应加强基层党组织建设，促进乡镇政府的现代化转型，不断深化村民自治实践，发展和改革农村经济组织，繁荣农村社会组织和创新农村社会管理，才能实现农村的良好发展和乡村振兴的总目标。

**图书在版编目(CIP)数据**

农村组织和乡村治理现代化 / 饶静著. —北京：中国农业大学出版社，2018.11
ISBN 978-7-5655-2136-2

Ⅰ.①农… Ⅱ.①饶… Ⅲ.①农村－基层组织－社会管理－研究－中国 ②农村－群众自治－研究－中国 Ⅳ.①D638

中国版本图书馆CIP数据核字(2018)第254383号

**书　　名**　农村组织和乡村治理现代化
**作　　者**　饶　静　著

**策划编辑**　潘晓丽　　**责任编辑**　潘晓丽
**封面设计**　郑　川
**出版发行**　中国农业大学出版社
**社　　址**　北京市海淀区圆明园西路2号　　**邮政编码**　100193
**电　　话**　发行部 010-62818525，8625　　读者服务部 010-62732336
　　　　　　编辑部 010-62732617，2618　　出　版　部 010-62733440
**网　　址**　http://www.caupress.cn　　**E-mail** cbsszs@cau.edu.cn
**经　　销**　新华书店
**印　　刷**　涿州市星河印刷有限公司
**版　　次**　2019年1月第1版　2019年1月第1次印刷
**规　　格**　787×1 092　16开本　13印张　210千字
**定　　价**　56.00元

# 前 言

本书是在十九大报告提出乡村振兴战略的背景下，在笔者多年对乡村治理和农村组织的研究和教学成果基础上写作而成。本书的写作谨循“从实践中来，到实践中去”的思想理念，对农村各类组织的概念、理论、分类、问题和发展进行介绍和分析，通过实践案例，讨论农村各类组织的发展与乡村治理现代化的关系。在全书的写作过程中，注重可读性、全面性、实践性和前沿性，旨在为农村发展、社会学等相关专业的本科生、研究生以及相关领域的研究者，提供一本关于“农村组织和乡村治理现代化”研究的著作和教材。

“解民生之多艰，育天下之英才”是中国农业大学校训，也时刻激励着我的大学教学和“三农”科研工作。本书的出版，首先要感谢中国农业大学“双一流”文化传承创新图书出版基金的资助。感谢我的研究生团队为此书出版提供的帮助，他们是张燕琴、贺晓婷、董晓婕、郭鸿雁、师丹婧、张闻龙、孙靖耀、伊伊、张曾等。感谢在此书写作过程中给予莫大帮助和指导的熊春文教授、肖唐镖教授以及于哲博士。由于作者水平有限，虽经多次修改，本书仍有不当之处，欢迎各界人士的批评和指正。最后，将此书献给一直支持我的家人们！

**饶 静**

**2018 年 10 月 28 日于北京**

# 目　录

# 第 1 章

# 导　　论

党的十九大报告指出实施乡村振兴战略，要坚持农业农村优先发展，按照产业兴旺、生态宜居、乡风文明、治理有效、生活富裕的总要求，建立健全城乡融合发展体制机制和政策体系，加快推进农业农村现代化。加强农村基层基础工作，健全自治、法治、德治相结合的乡村治理体系。2018 年中央一号文件指出，乡村治理体系和治理能力亟待强化。要加快推进乡村治理体系和治理能力现代化，加快推进农业农村现代化，走中国特色社会主义乡村振兴道路，让农业成为有奔头的产业，让农民成为有吸引力的职业，让农村成为安居乐业的美丽家园。要加强农村基层基础工作，构建乡村治理新体系。

中国正处于现代化的过程中，国家治理体系和能力现代化是现代化的基础和保障，而乡村治理现代化是国家治理体系和能力现代化的重要组成部分。关于乡村治理现代化的争论有很多，但总体来说，乡村治理现代化应是乡村治理多元主体通过法治化、制度化、组织化、民主化、技术化的过程来进行乡村治理，目标是形成良性的多元主体共治、共享治理格局，从而实现良好的农村发展。乡村治理现代化离不开农村组织的发展，农村组织现代化是乡村治理现代化的基础和保障。农村组织的研究对于乡村治理和农村发展研究具有重要的意义。农村发展的目标是农村社会各个方面的变化，包括政治、经济、社会、文化、生态等领域，也可以细分为产业发展、生态环境、人居环境、乡村文化、教育培训、治理有效等具体方面，最终实现的是人全面、自由和充分的发展。农村发展应是协调进行，不仅仅是领域之间协调发展，农村发展还受到城市发展的影响，要实现城乡融合和协调发展。还要注意与自然环境之间的协调发展，实现可持续发展。要实现上述农村发展目标，就需要通过农村各种类型的组织，来制定好制度政策、组织好农村发展要素、协调好不同主体，从而实现有序的农村发展。可见，农村组织的发展是乡村治理和农村发展中的重要方面，也是实现农村有序全面发展的组织条件。

目前全面介绍中国农村组织基本概念、历史沿革、发展现状和趋势的著作还比较欠缺。对于中国乡村治理现代化过程中农村组织发展的研究也不多见。这不利于农村发展、社会学等相关专业培养和教学。本书在乡村治理现代化的分析框架下，对中国农村组织的构成、职责、功能、定位、发展进行综述和分析。按乡村的层级划分，中国农村组织可以分为乡镇组织、村级组织和村民小组。按其功能划分，可以分为农村基层政党组织、农村基层政府组织、农村自治组织、农村集体经济组织、农民专业合作组织和农村社会组织等。本书根据农村发展的现实情况，将中国农村组织分为乡镇组织、村级组织、农村集体经济组织、农民专业合作社、家族与宗族以及农村社会组织来进行研究和分析。

## 1.1 农村组织

### 1.1.1 农村组织的定义

组织是人类社会为了达成一定的群体目标而进行有目的的合作的形式和系统。在现代社会生活中，组织成为社会运行的基本单元和基础。中文“组织”的原初意思是纺织，如“树桑麻，习组织”。在英文里，“组织”（organization）一词源于器官（organ）。组织一词的中英文原意和起源表明组织是人类社会的普遍现象。群体性的社会生产和社会生活是人类生存的基本形式，群体的形式随着人类生产的发展逐步提高，从简单结构的初级群体生活到有序复杂结构的社会组织生活。可以说，组织在人类社会中无处不在，而且随着人类社会的发展，组织的种类和形式也愈加多元化和复杂化。

中国从以农业为基础的传统社会，发展到现在世界第二的经济体，其农业、农村和农民问题一直是发展中的重要问题。在发展过程中，农民作为发展的主体，通过一定的组织体系来组织经济生产、商业贸易和社会生活等，这些组织就是农村组织。农村组织是农村地域范围社会运行的基本单元，是有一定的目标、形式和制度以及执行某项功能的系统单位。它一般具有组织成员、特定的活动目标和宗旨、明确的行动规范、具体的劳动分工、较为严谨的权力系统、一定的物质条件等。不同类型的农村组织具有不同的要素和特点。

## 1.1.2 农村组织的分类

农村组织按其功能领域可以分为政治组织、经济组织、社会组织等。具体又可以分为农村基层政党组织、农村基层政府组织、农村自治组织、农村集体经济组织、农民专业合作组织和农村社会组织等，具体见表 1-1。

**表 1-1 农村组织的分类**

| | | | |
|---|---|---|---|
| 农村组织 | 政治组织 | 农村基层政党组织 | 乡镇党委 |
| | | | 村党支部 |
| | | 农村基层政府组织（广义） | 乡镇人大 |
| | | | 乡镇政府以及上级政府派出机构 |
| | | | 乡镇派出法庭 |
| | | | 乡妇联、团委等 |
| | | 农村自治组织 | 基层群众自治组织——村民委员会以及村民会议、村民代表会议、村民议事会、村民理事会、村民监事会等民事民议、民事民办、民事民管的协商议事机构 |
| | 经济组织 | 农村集体经济组织 | 集体经济组织的全体成员劳动者共同拥有生产资料，共同劳动，共享收益的一种经济组织形式 |
| | | 农民专业合作组织 | 也称农民专业合作社，是指在家庭承包经营基础上，农产品的生产经营者或者农业生产经营服务的提供者、利用者，自愿联合，民主管理的互助性经济组织 |
| | 社会组织 | 农村社会组织 | 由社会具体运营的、以公共利益为主要目的、非营利的医疗、教育、文化、养老、宗教、宗族、行业协会、用水协会等组织 |

农村基层政党组织是指中国共产党农村基层组织——乡镇党委和村党支部。《中国共产党农村基层组织工作条例》规定乡镇党的委员会（以下简称乡镇党委）和村党支部（含总支、党委，下同）是党在农村的基层组织，是党在农村全部工作和战斗力的基础，是乡镇、村各种组织和各项工作的领导核心。2018 年 11 月 26 日中共中央政治局召开会议，审议《中国共产党基层组织工作条例》。会议指出要加强农村党支部建设，坚持支部建在村上，实现对农村各领域全覆盖，选好配强农村党组织书记、实行县级备案管理，建立选派第一书记长效机制，持续整顿软弱涣散村党组织，发展农村优秀青年入党，加强农村基层党员、干部教育培训，使每一个农村党支部都成为坚强战斗保垒。

本书所指的农村基层政府组织是广义的政府组织，包括农村基层的权力机构、行政机构、司法机构以及政府主管的群团组织等，即乡镇人大、乡镇政府、乡镇层级的派出法庭、上级政府垂直管理机构在乡镇层次的站所组织以及妇联、团委等组织。

农村自治组织是指全体村民进行“自我管理、自我教育、自我服务”的基层群众自治组织，包括村民委员会以及村民会议、村民代表会议、村民议事会、村民理事会、村民监事会等民事民议、民事民办、民事民管的协商议事机构。经过多年的完善，农村社会普遍形成了以村民委员会、村务监督委员会、村民代表大会为主要形式的农村自治组织体系。

农村集体经济组织是农村集体全体成员劳动者共同拥有生产资料，共同劳动，共享收益的一种经济组织形式。农村集体经济组织是具有中国特色的农村经济组织，是农村集体资产的管理主体，是一类特别法人。

农民专业合作组织，也称农民专业合作社，是指在家庭承包经营基础上，农产品的生产经营者或者农业生产经营服务的提供者、利用者，自愿联合、民主管理的互助性经济组织。

农村社会组织，指以农村社区为基础，致力于服务农村社区，解决农村社区社会公益需求，进行公益事业，不以营利为目的的组织。农村社会组织一般以农村地区为主要活动区域，以农村社区为单位，以非营利的某种社会职能为核心，如医疗、教育、文化、养老、宗教、宗族、行业服务、用水管理等。

以上农村组织的分类，并没有穷尽目前农村发展过程中出现的所有组织。农村组织在具体的运行过程中，其作用和功能也不是截然区分的。比如政治组织主要任务也是发展经济和民生，农村自治组织也是社会的一部分，而农村集体经济组织更具有政治功能和社会功能。为了分析和研究，我们将农村组织区分为政治、经济和社会组织，但细细研究起来，所有的农村组织都具有政治、经济和社会的综合功能。

## 1.2 乡村治理现代化

### 1.2.1 乡村治理现代化的历程

关于乡村治理的含义，徐勇（1997）认为乡村治理主要指人们运用公共权力对乡村社会的治理过程和绩效从而实现乡村社会的有序发展①。乡村社会处理公共事务的传统制度，包括选举政府首脑、监督政府工作和设置政府更迭的程序，也包括政府制定、执行政策的能力及居民对这些制度的服从状况②（党国英，2006）。中国的乡村治理是一种政府主导的治理模式，治理结构的多元化和治理主体的精英化，是近代中国乡村治理的重要特征③（俞可平等，2004）。但治理不仅仅是运用政府的政治权威制定和实施政策，而是通过政府和社会中不同治理主体的互动、协商来对公共事务共同进行管理，这形成了学界对“治理”这一概念的共识。在实践中，乡村治理的过程包括村党支部的领导，村民自治制度的运行，乡村精英对乡村秩序的介入与维护，乡镇党委政府对村级治理的管理和服务等。乡村治理需要农村公共组织、乡村公共权力组织对村庄公共事务的管理和服务，也需要广大乡村社会力量比如农村社会组织对村庄公共事务的积极参与，同时还需要注意市场的力量进行发展。中国乡村治理的发展和演变可以划分为 4 个

① 徐勇．GOVERNANCE：治理的阐释［J］．政治学研究，1997(1)：63-67.

② 党国英．废除农业税条件下的乡村治理［J］．科学社会主义，2006(1)：44-47.

③ 俞可平，徐秀丽．中国农村治理的历史与现状——以定县、邹平和江宁为例的比较分析［J］．经济社会体制比较，2004(3)：22-42.

阶段来介绍，他们是传统中国、新中国成立后到农村改革前、农村改革到税费改革前、税费改革后。

### 1. 传统中国：乡绅社会

一般认为“皇权止于县政”和“无为而治”概括了传统中国自上而下的治理结构特点。20 世纪初，马克斯·韦伯（1993）提出古代中国是一种“有限官制论”①，认为“中华帝国正式的皇权统辖只施行于都市地区和次都市地区……出了城墙之外，中央权威的有效性便大大地减弱，乃至消失”。中国古代的社会治理并非简单的专制社会或封建集权，历代王朝特别是宋朝之后的统治，行政意义上的官员进行治理基本局限在县以上，而县以下的基层社会则由乡绅力量支配。“皇权统治在人民实际生活上看，是松弛和微弱的，是挂名的，是无为的”②（费孝通，1998），是一种“无为”的状态。“中国的政治理论自来是取消极无为主义……所以我们最高的政治理想是‘政简刑清’，政府最大的使命是保境安民”③（张纯名，1940）。黄宗智（2008）提出“简约治理”的概念，并认为这一治理传统遗留自帝国时期，并在近现代各个时期都有部分内涵体现④。

传统中国乡村治理还有两个重要的特征，即“乡绅社会”和“双轨政治”，可以用来概括乡村治理在乡村实际运行中的特点。从历史上来看，古代乡村社会受到国家整体行政管理体制的影响，村级治理主要依靠国家自上而下延伸的保甲制和乡村内生权势人物的影响共同治理⑤（徐勇，1992）。“国权不下县，县下惟宗族，宗族皆自治，自治靠伦理，伦理造乡绅”⑥（秦晖，2003）。乡村社会中有权威、有财力和有势力的乡绅扮演着官府与乡民的中间人，成为乡村治理中的主导性力量。费孝通（1999）用“双轨政治”的概念表述中国传统政治中“自上而

---

① （德）马克斯·韦伯等．儒教与道教［M］．江苏人民出版社，1993:110.

② 费孝通．乡土中国．生育制度［M］．北京大学出版社，1998:63.

③ 张纯明．中国政治二千年［M］．当代中国出版社，2014：28. 该书为翻印商务出版社于 1940 年出版的初版书。

④ 黄宗智．集权的简约治理——中国以准官员和纠纷解决为主的半正式基层行政[J]．开放时代，2008(2):10-29.

⑤ 徐勇．非均衡的中国政治：城市与乡村比较［M］. 中国广播电视出版社，1992:78-80.

⑥ 秦晖．传统十论：本土社会的制度、文化及其变革［M］．复旦大学出版社，2003:3,80.

下的中央集权专制体制”和“由下而上的地方自治民主体制”①。

可见，在传统中国的治理结构中，有两个不同的部分，一个部分是自上而下的官制系统，另一个部分是自下而上的以血缘、地缘为基础的地方治理系统。官制系统自秦汉建制乡制以来，经历了乡里组织、保甲制度等组织形式，发展形成了“以郡统县、以县统乡、以乡统里、以里临民”。但高度的中央集权专制及严格的层级控制只停留在县一级。县以下的乡里组织和保甲组织，并不是正式的国家政权组织，即中央及郡县政府不负责保长和甲长的任命和薪酬，只是减免税费或减轻徭役等形式给予补偿。乡村社会主要依靠以血缘、地缘关系为核心的地方治理结构，即乡里组织、保甲组织、家族、村落及其乡长、里正、保长、甲正、族长、家长等，他们共同构筑了古代中国社会乡村治理的组织图景。乡里组织和保甲组织的主要职责是征缴赋税、圈派差役和徭役、劝课农桑、抗灾报赈以及维护统治等。乡和里之下是家庭组合的村落。村落是农村社会的基本单元，是乡里或保甲的最基本层级，又是家族的一支或一派；村民既是乡里或保甲组织所管理的对象，又是家族或村落中的居民。乡里或保甲组织的头目，往往也就是家族、村落或家庭中的首脑，国家政权组织与家族组织在此是“表与里”的关系。乡村的自我管理与国家管理处于同构状态。这是一种“家国同构”的状态②（雷家宏，1997）。

近代以来，由于科举制的废除和土地家族所有制遭到冲击，有效平衡国家权力与农村社会的制度体系发生了变革，大量治理经纪人的出现改变了农村社会与国家利益一致性，导致了农村社会中国家—社会的分离③（徐勇，1997）。因为随着“国家政权建设”的深入，原先与“地方社会”享有共同利益的部分“绅士阶层”蜕变成为官制服务的“经纪”体制，逐步脱离原先地方性利益共同体，而形成基层的“单轨政治”④（费孝通，1947），他们营利性的行为导致“国家”与“地方社会”之间的隔离⑤（张静，2000）。晚清时期“乡镇自治”的改革和民国

① 费孝通．乡土重建［M］．岳麓书社，2012.

② 雷家宏. 中国古代的乡里生活［M］. 商务印书馆，1997:1-18.

③ 徐勇．中国农村村民自治［M］．华中师范大学出版社，1997.

④ 费孝通．乡土中国．生育制度［M］．北京大学出版社，1998.

⑤ 张静．基层政权——乡村制度诸问题［M］．浙江人民出版社，2000:19-24.

时期“乡绅自治”的实践都企图恢复乡绅治理模式，但结果都没有改变农村社会与国家之间的关系，新的农村治理模式并有建立起来。

**2. 新中国成立后到农村改革前：人民公社**

1949年新中国成立，土地改革消灭了乡村社会中的地主、土豪、宗族势力以及地方强人，在县以下建立起乡级政权体系。全国有的省份（直辖市、自治区）在县以下设区、行政村、自然村三级，行政村相当于乡；有的省份（直辖市、自治区）设区公所、乡、村三级；有的省份（直辖市、自治区）设乡村两级。后经由互助组到初级、高级合作社，1958年开始撤乡、镇并大社，并逐渐形成了以生产队为基础的人民公社、生产大队和生产队“三级管理制度”为特征的人民公社制度。人民公社实行政社合一，通过行政手段管理农村社会，并在公社层级设立粮食、商业、财政、银行等部门的基层机构，这样，国家政权对乡村社会的全面渗透在人民公社时期达到了顶峰①（袁金辉，2009）。

在人民公社时期，“政社合一”“组织军事化，行动战斗化，生活集体化”体制之下，国家的行政权力在农村渗透性达到最强，行政体系运行的命令—服从关系被引入乡村社会，乡村社会因此被国家体系结构化②（徐勇，2002）。在这种治理结构下，“旧有的国家政权、士绅和地主、农民的三角关系被新的国家政权和农民的双边关系取代了”③（张静，2000）。国家通过建设基层政权组织、垄断经济政治资源和进行强大的思想控制等途径，农民的自主空间被压缩，国家对全国农村的全面控制和组织，彻底改变了1949年以前国家的力量无法完全达到农村行政村这一级的态势④（王道勇，2008）。在人民公社制度下，“公社对农民进行以基层政权为中心、为主导的重新组织，将几乎所有的生产、经营、居住及迁徙活动都掌握在基层政权手里，主要的农业资源及其分配由基层政权支配”⑤（张静，2000）。

---

① 袁金辉．中国乡村治理60年：回顾与展望［J］．国家行政学院学报，2009(5):69-73.
② 徐勇．县政、乡派、村治：乡村治理的结构性转换［J］．江苏社会科学，2002(2):27-30.
③ 张静．基层政权：乡村制度诸问题［M］．浙江人民出版社，2000.
④ 王道勇．国家与农民关系的现代性变迁［M］．中国人民大学出版社，2008:30.
⑤ 张静．基层政权：乡村制度诸问题［M］．上海人民出版社，2007.

### 3. 农村改革到税费改革前：乡政村治

1978年，安徽省凤阳县小岗村农民的“大包干”，吹响了中国农村改革的序曲。同年，十一届三中全会召开，决定实施改革开放，中国的政治、经济、文化体制发生重大变化。随后农村社会开始普遍实行家庭联产承包责任制，原有的“生产大队”与“生产队”相应地转变成为“村”与“组”，以大包干代替大锅饭，突出了农民是商品生产的主体地位，调动了农民生产的积极性，促进了农业生产的发展。

20世纪80年代初，为适应家庭承包责任制分田到户后的家庭生产经营形式，中国农民自主创造了村民委员会进行自我管理。1982年《中华人民共和国宪法》规定：城市和农村按居民居住地区设立的居民委员会或者村民委员会是基层群众性自治组织。居民委员会、村民委员会的主任、副主任和委员由居民选举。居民委员会、村民委员会同基层政权的相互关系由法律规定。居民委员会、村民委员会设人民调解、治安保卫、公共卫生等委员会，办理本居住地区的公共事务和公益事业，调解民间纠纷，协助维护社会治安，并且向人民政府反映群众的意见、要求和提出建议。1983年10月12日，中共中央、国务院发出《关于实行政社分开，建立乡政府的通知》(简称《通知》)。《通知》指出：当前农村改变政社合一体制的首要任务是把政社分开，建立乡政府；同时按乡建立乡党委，并根据生产的需要和群众的意愿逐步建立经济组织。《通知》规定乡的规模一般以原有公社的管辖范围为基础，要求各地有领导、有步骤地搞好农村政社分开的改革，争取在1984年底以前大体上完成建立乡政府的工作，改变党不管党、政不管政和政企不分的状况。由此，乡一级成立乡党委、乡人民政府，在乡以下村一级设立村支部、村委会，实行村民自治，形成了“乡政村治”的格局，人民公社治理模式结束。行政权力不再延伸到农村基层社会，乡以下主要根据自治原则建立群众性自治组织村民委员会，由群众自我管理各项村庄事务。1988年6月1日，《村民委员会组织法（试行)》开始实施，经过10年的试行后，于1998年11月4日，《村民委员会组织法》正式颁行。其中明确规定，村民委员会是村民自我管理、自我教育、自我服务的基层群众性自治组织，实行民主选举、民主决策、民主管理、民主监督。

人民公社解体以后，国家开始在农村推行“乡政村治”的治理模式，国家的行政性权力上收缩到乡镇一级，在乡镇以下推行村民自治[①]（张厚安，1992）。法律的正式颁行，为“乡政村治”的乡村治理体系提供了法律保障。村民自治制度的确立及其实践，标志着乡村治理模式的创造性转换，更是民主政治建设在农村的一大进步，是对占中国绝大多数人口的中国农民的民主实践。村民自治制度的实施，既是由国家行政力量自上而下推行的，也是符合农村发展现状自下而上生发的，是二者相结合的政治变迁。这一基层民主制度，体现出以党政体制为基础的国家治理体系对村民自治所进行的有机整合与吸纳，并从中实现了将政党执政的权威性、国家治理的有效性、村民自治的参与性有机统一于中国共产党在乡村执政的合法性的“三元统一”[②]（肖滨，2016）。“乡政村治理结构的形成是国家政权为了解决承包责任制后农村政治制度短缺和滞后而产生的乡村失序问题，是适应经济制度变化而对农村政治制度的重建”[③]（张健，2012）。

**4. 税费改革后：乡村治理多元化及现代化**

随着乡政府和村民自治制度的确立，在国家与农村社会、农民的互动过程中，农村社会和农民有了更多的参与权与话语权，农村发展和乡村治理取得了长足进步。但到了20世纪90年代中后期，农村发展相对城市和工业部门较为滞后，农民增收困难，城乡二元结构固化，流动人口和乡村留守人口现象突出，乡村治理也出现一些问题，特别是1994年分税制改革后，农民税费负担加重，地方政府干部行为失范、农村基层治理不稳、村民自治虚化和弱化。为应对上述问题，中共中央、国务院于2000年3月2日发出《关于进行农村税费改革试点工作的通知》，正式启动农村税费改革试点工作。2006年1月1日开始，全国全面取消农业税。税费改革之后，义务工、乡统筹、村提留和农业税等全面取消，并实施农业补贴政策。这使得农民负担减轻，农民不用交税费、不用出义务工、种粮还可以得到国家的补贴，这一方面保证粮食生产的积极性，另一方面加强了中央政府在农村的权威地位。为了配套税费改革的进行，全国随后开展了乡镇机构改革、县乡财政体制改革、农村公共产品供给体制改革、乡村教育体制改革等多

① 张厚安．加强农村基层政权建设必须完善管理体制［J］．社会主义研究，1992(4):52-54.

② 肖滨，方木欢．寻求村民自治中的“三元统一”——基于广东省村民自治新形式的分析［J］．政治学研究，2016(3):77-90.

③ 张健．中国社会历史变迁中的乡村治理研究［M］．中国农业出版社，2012:177.

项配套改革。改革后，乡村道路、乡村学校、乡村医疗等乡村公共产品的供给，由以前的主要由乡村社会负担逐步转变为主要由国家财政负担。这一系列政策在税费改革的基础上全面改变了国家和农村社会的关系，国家与农民关系从“汲取型”向“给予型”转变，城乡关系进入“工业反哺农业，城市支持农村”的新时期，走上了新的历史阶段。2005 年，社会主义新农村建设实施以来，国家财政对乡村社会的投入在税费改革的基础上逐步增加，国家和农民关系以及城乡关系得到进一步调整，农民负担减轻。但土地征用问题、环境污染问题、干群关系问题、信访问题等依然比较突出。乡村治理方面，乡镇政府转型缓慢，村民自治行政化、空心化、虚化、后继乏人。乡村社会利益主体多元化，村庄黑恶势力入侵村庄公共空间等。乡村治理处在艰难的转型期。

党的十八大以来，党和国家实施了一系列支持农村发展的政策。党的十九大提出乡村振兴战略，要坚持农业农村优先发展，按照产业兴旺、生态宜居、乡风文明、治理有效、生活富裕的总要求，建立健全城乡融合发展体制机制和政策体系，加快推进农业农村现代化。在乡村治理方面出现很多新动向。首先是党的十八大以来惩治腐败和从严治党，改变了基层干部的作风，干群关系改善，群众对干部的信任度增加。其次是在城乡一体化、城乡统筹发展的基础上，提出城乡融合发展，这使得乡村和城市的二元结构逐步被打破，促进了乡村治理现代化过程。比如在村一级建立便民服务中心，村民行政事务办理呈现社区化、电子化等。第三，在乡村治理中，村两委工作日趋行政化，具体民主议事、村民自治等功能在许多地方治理实践中都已经下沉到了村委下面的村民小组一级。这些都是国家加强城乡融合发展，进行乡村治理现代化的实践表现。

### 1.2.2 乡村治理现代化的含义

#### 1. 国家治理体系和治理能力现代化

2013 年 11 月，党的十八届三中全会通过的《中共中央关于全面深化改革若干重大问题的决定》（以下简称《决定》）明确提出，“全面深化改革的总目标是完善和发展中国特色社会主义制度，推进国家治理体系和治理能力现代化。”这次全会首次提出“国家治理体系”和“治理能力”的概念，且将“国家治理体系现代化和治理能力现代化”首次提出作为我国新时代中国特色社会主义事业的重要建设目标。这一目标的设立，是对我国改革开放的经验总结，也是对各领域改革目标的科学提炼，为我国未来全面深化改革指明了方向。

习近平总书记（2013）在党的十八届三中全会第二次全体会议讲话中指出：“国家治理体系和治理能力是一个国家制度和制度执行能力的集中体现。国家治理体系是在党领导下管理国家的制度体系，包括经济、政治、文化、社会、生态文明和党的建设等各领域体制机制、法律法规安排，也就是一整套紧密相连、相互协调的国家制度；国家治理能力则是运用国家制度管理社会各方面事务的能力，包括改革发展稳定、内政外交国防、治党治国治军等各个方面。”①

2017 年，党的十九大报告再次强调了“国家治理体系和能力现代化”。十九大报告提道：明确中国特色社会主义事业总体布局是“五位一体”，战略布局是“四个全面”，强调坚定道路自信、理论自信、制度自信、文化自信；明确全面深化改革总目标是完善和发展中国特色社会主义制度、推进国家治理体系和治理能力现代化。十九大报告还将国家治理体系和能力现代化目标的实现分为了“基本实现”和“实现”两个阶段：第一个阶段，从二〇二〇年到二〇三五年，在全面建成小康社会的基础上，再奋斗十五年，基本实现社会主义现代化。到那时，我国经济实力、科技实力将大幅跃升，跻身创新型国家前列；人民平等参与、平等发展权利得到充分保障，法治国家、法治政府、法治社会基本建成，各方面制度更加完善，国家治理体系和治理能力现代化基本实现；社会文明程度达到新的高度，国家文化软实力显著增强，中华文化影响更加广泛深入；人民生活更为宽裕，中等收入群体比例明显提高，城乡区域发展差距和居民生活水平差距显著缩小，基本公共服务均等化基本实现，全体人民共同富裕迈出坚实步伐；现代社会治理格局基本形成，社会充满活力又和谐有序；生态环境根本好转，美丽中国目标基本实现。第二个阶段，从二〇三五年到 21 世纪中叶，在基本实现现代化的基础上，再奋斗十五年，把我国建成富强民主文明和谐美丽的社会主义现代化强国。到那时，我国物质文明、政治文明、精神文明、社会文明、生态文明将全面

---

① 习近平. 切实把思想统一到党的十八届三中全会精神上来.（2013 年 11 月 12 日）2015 年 7 月 20 日 13：46，人民网—中国共产党新闻网. http：// cpc. people. com. cn/xuexi/n/2015/0720/c3975632733-1317. html.

提升，实现国家治理体系和治理能力现代化，成为综合国力和国际影响力领先的国家，全体人民共同富裕基本实现，我国人民将享有更加幸福安康的生活，中华民族将以更加昂扬的姿态屹立于世界民族之林。

中央提出国家治理现代化的目标后，学界也进行了广泛讨论。从历史维度来看，自清末开始的长达百年的国家治理体系调整与变革过程至今尚未完结。中国从传统社会向现代社会的转型，也即由一个“静态社会”向“流动社会”的转变，改变了国家治理的社会基础，使得“郡县国家”的静态社会治理经验出现了严重不适应，从而构成了国家治理体系和治理能力现代化的根本挑战①（曹锦清等，2016）。“国家治理”概念的提出，是对治理理论在中国语境下的运用和探索的成果。应通过制定国家治理指数、定量化计算国家治理体系和治理能力的现代化水平②（杨琛等，2016）。国家治理体系和能力现代化是一个系统的工程，其关键点包括政府运行、制度现代化以及政治互动机制等。

（1）政府运行。国外治理理论重在对政府这一行为主体的分权化进行讨论，国内学者对治理的讨论则聚焦于国家或政府这一行为主体的积极作用，或提出政府是“治理的最重要的主体”，或提出“从多元治理向政府治理的回归”，希望能够通过国家行政体系为代表的权威主体实现治理目标③（彭莹莹、燕继荣，2018）。

（2）制度现代化。推进国家治理现代化是当前社会发展的现实要求，其最重要的是制度现代化。国家治理现代化的前提条件是政治结构稳定，动力基础是政治制度创新，其具体方式是在保证基本政治制度框架稳定前提下，对于原有政治制度资源缺口进行补齐和系统优化整合，体现程序的可预见性④（顾爱华，2016）。在我国，就是要坚持制度的连续性和稳定性，不断发展和完善中国特色

① 曹锦清，刘炳辉．郡县国家：中国国家治理体系的传统及其当代挑战［J］．东南学术，2016(6)：1-16.

② 杨琛，王宾，李群．国家治理体系和治理能力现代化的指标体系构建［J］．长白学刊，2016(2)：94-99.

③ 彭莹莹，燕继荣．从治理到国家治理：治理研究的中国化［J］．中共浙江省委党校学报，2018(2)：39-49..

④ 顾爱华．国家治理现代化的前提与基础：政治稳定与制度创新［J］．行政论坛，2016，23(2)：27-31.

社会主义制度，创造新的制度文明[①]（王钰鑫，2016）。而就国家治理能力而言，必须通过有效的制度执行来体现，因此推进国家治理能力现代化同时也重在提高制度执行力[②]（秦国民、秦舒展，2016）。

（3）政治互动机制。国家治理的现代化还要求良好运行的政治互动机制，即能否在执政党与人民群众之间建立有效的联系，由此，作为保持执政党与人民群众紧密联系的制度资源，群众路线在国家治理现代化中扮演着重要角色。在当前中国突出强调群众路线，是从政治代表、利益聚合和政治参与、政治沟通等角度来讨论其对国家治理现代化的积极意义[③]（孟天广、田栋，2016）。

### 2. 乡村治理体系和治理能力现代化

国家治理体系和治理能力是一个国家制度和制度执行能力的集中体现，国家治理体系和能力现代化是在党领导下管理国家的制度体系现代化以及运用国家制度管理社会各方面事务的能力现代化的系统工程。中国目前有 32 900 多个乡镇，58.6 万个行政村，270 多万个自然村，在乡镇和村落中生活着 6 亿多农民[④]（张晓山，2016）。因此，在国家治理体系中，乡村治理体系占有重要地位，是国家治理体系的基础和组成部分。乡村治理体系和治理能力的现代化（以下简称乡村治理现代化）直接关系到国家治理体系和治理能力现代化的全面推进。

传统中国的内聚性小共同体自治依托的是乡绅社会、伦理本位、儒家思想、官僚体制、科举制等一系列文化基础和制度保障。中国现代化建设走了一条和西方不同的道路，其现代化过程是被动的、后发的，要面临很多与西方不同的发展问题。在西方现代化发展过程中，商品经济和市场经济的发展使得在城市和工业部门产生相应公民社会或市民社会。他们通过各种经济组织和合作组织，依据法律和契约进行地方自治和国家治理。而中国的乡村治理现代化是对传统乡村治理的持续改进，是在适应现代化基本趋势和要求下，多元化主体在制度性程序框架

---

① 王钰鑫．回顾与前瞻：近年来我国国家治理现代化研究述评［J］．科学社会主义，2016(1):154-160.

② 秦国民，秦舒展．推进国家治理能力现代化重在提高制度执行力［J］．中国行政管理，2016(9):41-44.

③ 孟天广，田栋．群众路线与国家治理现代化——理论分析与经验发现［J］．政治学研究，2016(3):25-35.

④ 张晓山．农村基层治理结构：现状、问题与展望［J］．求索，2016(7):4-11.

下，实现政府、市场、社会的持续协同合作从而达到乡村善治的过程。

乡村治理现代化首先要服务于乡村振兴和乡村发展的需要，实现治理有效的总体目标，最终目的是为了乡村社会的全面发展，保障乡村发展和乡村生活的有序进行。乡村社会对于国家治理而言，是基础、是保障，又代表了现代化过程中较为传统的部分，在一定意义上要直面城市驱动和国家主导的现代化挑战。农业和农村的现代化和发展，意味着传统农业经济、社会和文化向现代农业经济、社会和文化发展和转型。这就对我们农村基层治理体系和治理能力提出了现代化的要求，即必须适应农村基层治理主体在现代化和发展过程中日益增长的公共管理需求，从以前的"收粮、收税、维护治安"向现代社会的"公共管理和公共服务"转型，通过改革和完善各项制度，增强治理农村基层社区的能力和水平。乡村治理应由乡村发展的各个不同相关主体共同参与完成。乡村治理现代化是多元乡村治理主体在进行乡村治理过程中的法治化、制度化、组织化、民主化、技术化的一个过程，目标是形成多元主体共治、共享的治理格局，从而实现良好的农村发展。因此，要把夯实基层基础作为固本之策，建立健全"党委领导、政府负责、社会协同、公众参与、法治保障"为特点的现代乡村社会治理体制，并坚持自治、法治、德治相结合，从而使得乡村社会充满活力、和谐有序地发展。

## 1.3 乡村治理现代化的挑战

乡村治理现代化不是一个一蹴而就的过程，而是伴随乡村社会发展转型而发展。乡村生产生活的特点以及乡村所处的现实发展阶段，都给乡村治理形成挑战，也是乡村治理所需要处理的问题和服务的对象。目前来说，乡村治理现代化过程，面临以下挑战。

### 1.3.1 农村人口大量外流

农村家庭承包制度确立后，大量农村剩余劳动力开始从农村流出，农村人口总量和比重不断减少。国家统计局数据显示，2016 年中国乡村常住人口 58 973 万人，城镇常住人口 79 298 万人，城镇人口占总人口比重（城镇化率）为 57.35%；农村流动人口总量不断增加，结构年轻化。国家卫生计生委《中国流动人口发展报告 2017》显示，2016 年我国流动人口规模达 2.45 亿人，新生代流动人口的比重不断上升，2016 年已达 64.7%，成为流动人口中的主力军。16～59 岁的劳动年龄流动人口中，“80 后”（出生于 1980—1989 年间）流动人口比重由 2011 年的不足 50%升至 2016 年的 56.5%；“90 后”（出生于 1990—1999 年间）流动人口的比重由 2013 年的 14.5%升至 2016 年的 18.7%，呈现稳步增长的趋势。完全脱离农业生产、常年在外打工的农民工比例增大，打工的兼业性减弱，农村产生大量留守人口。估计我国目前的留守人口约计 1.5 亿人，即约占 1/4 的农村人口处于长期与亲人分离的状态，产生一系列留守的社会问题①（叶敬忠，2008）。农村人口流动直接影响到村庄人力资源、村庄边界和村庄生活方式，给村级治理带来多元的影响。积极影响包括农民价值观转变、村治经济资源增加②（任宝玉，2000）等。消极影响包括破坏村级自治的社会基础，冲击村庄秩序③④（吴淼等，2000；谭同学，2003）等。徐勇（2000）认为农村人口流动给乡村带来了“乡村发展‘空心化’”“乡村结构再复制”和“乡村秩序失衡性”的“治理性困境”⑤。“治理性困境”的原因归结于城乡二元结构体制、土地（流转）制度和农业自身的局限性。这些结构性和制度性因素如今仍然困扰着“流动中的乡村治理”。

① 叶敬忠，吴惠芳．阡陌独舞：中国农村留守妇女［M］．社会科学文献出版社，2008.
叶敬忠，贺聪志．静寞夕阳:中国农村留守老人[M]. 社会科学文献出版社，2008.
叶敬忠．别样童年:中国农村留守儿童[M]. 社会科学文献出版社，2008.

② 任宝玉．农村人口流动与村治的改善与提升——以河南刘村为个案［J］．华中师范大学学报（人文社会科学版），2000，39(2):24-28.

③ 吴淼，李巧兰．流动人口的边缘性与村治秩序的震荡——以鄂西灵村为例［J］．华中师范大学学报（人文社会科学版），2000，39(2):12-17.

④ 谭同学．流动人口与半封闭型村庄的秩序整合——以湖南清塘村为个案［J］．社会，2003(8):24-28.

⑤ 徐勇．挣脱土地束缚之后的乡村困境及应对——农村人口流动与乡村治理的一项相关性分析［J］．华中师范大学学报（人文社会科学版），2000，39(2):5-11.

### 1.3.2 农村商品化和市场化加速

在市场影响不强的社区，在地缘和血缘基础上，农村居民之间仍然存在着广泛的换工、互助和互惠的村落生活和生产规则，这降低了它们的生产和生活的货币成本，社区认同和社区参与等农村治理的重要资源在其生产和再生产中得以延续，社区治理得以良好开展。随着农村劳动力向农村社区以外的地区流动，农业农村内部劳动力的市场化和商品化[①]（曾红萍，2016）也越来越明显。农村社区内部建立在互助和互惠基础上的帮工和换工逐步消失，农村居民日常生活和生产中的临时性、季节性的用工均要以货币的方式购买。这改变了村民之间的互助合作方式，改变了村庄公共活动运作的基础，导致社区治理资源的流失。当村庄组织公共活动时，村民们也以货币为单位计算误工损失，没有货币补贴就不会参与村庄公共活动，村庄难以组织公共活动。农村劳动力的商品化和市场化影响了传统基层治理的社会性基础，但以市场经济和法治契约为基础的社会又尚未建立，给乡村治理现代化带来挑战。

### 1.3.3 农村经济组织发展缓慢

农村改革启动后，城乡二元结构下的中国农业经济，长期处于分散经营的形式，自然经济和兼业农民仍为经营农业的主体。农业现代化推动过程中，一方面是土地流转速度不断加快，另一方面是农业企业、家庭农场等新型农业经营主体不断发展。首先，是各个地方还没有发展出一套有效的机制来保障和促进小农户与现代农业的有效衔接。小农户在与现代农业进行衔接时的权益保障一直是个问题。其次，农民专业合作社的发展遭遇乡村社会的不适应。农民专业合作社的制度设计是期望小农户可以在家庭联产承包责任制的基础上，实现单户生产，联合经营，从而克服市场的风险，带来规模效益。然而，在中国农村的实践中，合作社在限制股金分红、民主管理等方面过于偏向企业。合作社的日常实践大部分遵

① 曾红萍．农村内部劳动力商品化与社区社会资本变迁［J］．中国农村观察，2016(4)：23-31.

循的是私营企业即公司的规则，单个农户只不过是售卖农产品给合作社，而不参与合作社的决策和管理。农民合作组织“公司化”现象非常突出。它们中的绝大多数并不是真正意义上的合作社，而是异化了的合作组织[①]（应瑞瑶，2002）。其三，“家庭农场”“专业大户”和“龙头企业”等以利润为主要目标的外来资本进入农村后，能提升农业生产效率和促进市场经济的发展，提高农民收入水平，但却无法成为基层社会自治的组织资源，在一定情况下还可能会影响基层社会的自治水平。最后，农村集体经济组织的发展，是中国特色社会主义中重要的制度和组织资源。但其发展过程中一方面受到家庭联产承包责任制的影响，村集体空心化严重，即“分得过多，统得过少”；另一方面在村庄集体经营土地或集体经济发达地区，又面临着带头人难接班、企业经营不善、政府扶持过多等问题。农村经济组织的发展过程面临的诸多问题，也成为乡村治理现代化的挑战。因为农村生产力的发展是农村治理现代化的物质基础，农村经济组织的法治化、市场化和现代化面临困难，农村治理现代化就难以发展。

### 1.3.4　乡镇政府职能转型困难

2000 年以来的农村税费改革，带来系列乡镇机构改革、县乡财政体制改革、县乡教育体制改革以及乡村公共产品供给体制改革，在巩固税费改革成果的同时，也影响了基层政权组织的治理能力。乡政府从原先以“收粮、收税为主要任务、具有一定财权、事务权和公共产品供给职能，自主性相对较强”转变为以“协调各类矛盾、维护地方稳定、完成上级交办的各项临时任务、进行社会动员和组织”为主要任务，主要依靠上级转移支付，在财权、人事权和事务权上没有多少实质权力。由于县乡体系中存在的条块矛盾、权力和责任不对称、压力型考核体制等结构性因素，乡镇政权组织容易“变通”地完成上级交办的各项任务，出现各种失范行为。对“官本位”、向上负责和官僚主义等传统的“路径依赖”，乡镇政权组织难以在取消农民负担后自然地向服务型政府转型。这导致“向上负责”的乡村基层政权行政化严重，合法性和权威下降，治理能力下降。乡村基层

① 应瑞瑶．合作社的异化与异化的合作社——兼论中国农业合作社的定位［J］．江海学刊，2002(6):69-75.

政权组织日益“悬浮”[①]（周飞舟，2006）和“依附”[②]（饶静等，2007）。乡政府遵循着一种“不出事逻辑”而展开工作[③]（贺雪峰等，2010）。

### 1.3.5 农村自治水平不高

由国家力量强行推动与建构的村民自治，由于内生性社会基础的缺失，在急速变迁的乡村社会中，村民自治发展遇到一定的瓶颈。村民自治难以承载起社会治理的重任[④]（马良灿，2014）。建立在《村民委员会组织法》基础上的农村基层民主虽已率先从民主选举突破，但民主决策、民主管理和民主监督却未能及时跟进，造成基层民主运转乏力[⑤]（徐勇、沈乾飞，2015）。村干部成为“不受规则约束的乡村支配者”[⑥]（张静，2006），运用政策话语操作民主决策损害村民利益。自20世纪90年代开始，农村自治水平不高等乡村治理危机就已经开始逐步显现。农村自治面临着多方面挑战，一方面是日益行政化的影响。从上至下的行政任务，消耗了村干部较大的精力，没有精力组织和协调村民自治、民事民议等工作。村干部队伍不稳定，因为村干部首先是农民，然后才是村干部。所以村干部容易流失。另一方面是村内各种势力对村民自治的控制。在“官退”和“民不进”的情况下，乡村权力空间被农村黑恶势力[⑦]（于建嵘，2009）、灰色势力[⑧]（陈柏峰等，2009）、混混[⑨]（陈柏峰，2010）占领，非法组织等却发展迅速。这些地方势力并不直接敲诈农村群体，而是采用各种手段，摆平乡村事务，从而不

---

① 周飞舟．从汲取型政权到“悬浮型”政权——税费改革对国家与农民关系之影响［J］．社会学研究，2006(3)：1-38.

② 饶静，叶敬忠．税费改革背景下乡镇政权的“政权依附者”角色和行为分析［J］．中国农村观察，2007(4)：38-45.

③ 贺雪峰，刘岳．基层治理中的“不出事逻辑”［J］．学术研究，2010(6)：32-37.

④ 马良灿．中国乡村社会治理的四次转型［J］．学习与探索，2014(9)：45-50.

⑤ 徐勇，沈乾飞．村民议事会：破解“形式有权，实际无权”的基层民主难题［J］．探索，2015(1)：40-45.

⑥ 张静．现代公共规则与乡村社会［M］．上海书店出版社，2006.

⑦ 于建嵘．黑恶势力是如何侵入农村基层政权的？——对湘南40个“失控村”的调查［J］．理论参考，2009(4)：60-63.

⑧ 陈柏峰，董磊明．乡村治理的软肋：灰色势力［J］．经济社会体制比较，2009(4)：142-146.

⑨ 陈柏峰．两湖平原的乡村混混群体：结构与分层——以湖北G镇为例［J］．青年研究，2010(1)：1-13.

断侵蚀乡村社会的公共利益。乡村治理出现内卷化[①]（贺雪峰，2011）。另外，村干部日益由村庄中经济精英担任，村庄带头人具有经济精英和政治精英合并的趋向，容易成长为具有独立利益的“村落权势阶层”，离间着国家和农村社会。村庄中公共事务的讨论和商议，也往往将村民们的意见排除在外，村民自治进入低水平重复，民主监督和民主管理难以执行。

## 1.4 农村组织与乡村治理现代化

农村发展面临着生产、生活 、社会、政治、文化各方面的转型和发展，需要乡村治理来解决和协调多元化利益主体，乡村治理现代化面临着诸多挑战。在人口不断外流、产业组织发展缓慢、农村自治水平不高的情况下，如何实现乡村治理的现代化？十九大报告提出要加强农村基层基础工作，健全自治、法治、德治相结合的乡村治理体系。2018 年中央一号文件具体指出：乡村振兴，治理有效是基础。必须把夯实基层基础作为固本之策，建立健全党委领导、政府负责、社会协同、公众参与、法治保障的现代乡村社会治理体制，坚持自治、法治、德治相结合，确保乡村社会充满活力、和谐有序。

### 1. 加强农村基层党组织建设

扎实推进抓党建促乡村振兴，突出政治功能，提升组织力，抓乡促村，把农村基层党组织建成坚强战斗堡垒。强化农村基层党组织领导核心地位，创新组织设置和活动方式，持续整顿软弱涣散村党组织，稳妥有序开展不合格党员处置工作，着力引导农村党员发挥先锋模范作用。建立选派第一书记工作长效机制，全面向贫困村、软弱涣散村和集体经济薄弱村党组织派出第一书记。实施农村带头人队伍整体优化提升行动，注重吸引高校毕业生、机关企事业单位优秀党员干部、优秀外出务工人员到村任职，选优配强村党组织书记。健全从优秀村党组织书记中选拔乡镇领导干部、考录乡镇机关公务员、招聘乡镇事业编制人员制度。加大在优秀青年农民中发展党员力度。建立农村党员定期培训制度。全面落实村

① 贺雪峰．论乡村治理内卷化——以河南省 K 镇调查为例［J］．开放时代，2011(2):86-101.

级组织运转经费保障政策。推行村级小微权力清单制度，加大基层小微权力腐败惩处力度。严厉整治惠农补贴、集体资产管理、土地征收等领域侵害农民利益的不正之风和腐败问题。

**2. 深化村民自治实践**

坚持自治为基，加强农村群众性自治组织建设，健全和创新村党组织领导的充满活力的村民自治机制。推动村党组织书记通过选举担任村委会主任。发挥自治章程、村规民约的积极作用。全面建立健全村务监督委员会，推行村级事务阳光工程。依托村民会议、村民代表会议、村民议事会、村民理事会、村民监事会等，形成民事民议、民事民办、民事民管的多层次基层协商格局。积极发挥新乡贤作用。推动乡村治理重心下移，尽可能把资源、服务、管理下放到基层。继续开展以村民小组或自然村为基本单元的村民自治试点工作。加强农村社区治理创新。创新基层管理体制机制，整合优化公共服务和行政审批职责，打造“一门式办理”“一站式服务”的综合服务平台。在村庄普遍建立网上服务站点，逐步形成完善的乡村便民服务体系。大力培育服务性、公益性、互助性农村社会组织，积极发展农村社会工作和志愿服务。集中清理上级对村级组织考核评比多、创建达标多、检查督查多等突出问题。维护村民委员会、农村集体经济组织、农村合作经济组织的特别法人地位和权利。

**3. 建设法治乡村**

坚持法治为本，树立依法治理理念，强化法律在维护农民权益、规范市场运行、农业支持保护、生态环境治理、化解农村社会矛盾等方面的权威地位。增强基层干部法治观念、法治为民意识，将政府涉农各项工作纳入法治化轨道。深入推进综合行政执法改革向基层延伸，创新监管方式，推动执法队伍整合、执法力量下沉，提高执法能力和水平。建立健全乡村调解、县市仲裁、司法保障的农村土地承包经营纠纷调处机制。加大农村普法力度，提高农民法治素养，引导广大农民增强尊法学法守法用法意识。健全农村公共法律服务体系，加强对农民的法律援助和司法救助。

**4. 提升乡村德治水平**

深入挖掘乡村熟人社会蕴含的道德规范，结合时代要求进行创新，强化道德教化作用，引导农民向上向善、孝老爱亲、重义守信、勤俭持家。建立道德激励约束机制，引导农民自我管理、自我教育、自我服务、自我提高，实现家庭和睦、邻里和谐、干群融洽。广泛开展好媳妇、好儿女、好公婆等评选表彰活动，开展寻找最美乡村教师、医生、村干部、家庭等活动。深入宣传道德模范、身边好人的典型事迹，弘扬真善美，传播正能量。

**5. 建设平安乡村**

健全落实社会治安综合治理领导责任制，大力推进农村社会治安防控体系建设，推动社会治安防控力量下沉。深入开展扫黑除恶专项斗争，严厉打击农村黑恶势力、宗族恶势力，严厉打击黄赌毒盗拐骗等违法犯罪。依法加大对农村非法宗教活动和境外非法渗透活动打击力度，依法制止利用宗教干预农村公共事务，继续整治农村乱建庙宇、滥塑宗教造像的现象。完善县乡村三级综治中心功能和运行机制。健全农村公共安全体系，持续开展农村安全隐患治理。加强农村警务、消防、安全生产工作，坚决遏制重特大安全事故。探索以网格化管理为抓手、以现代信息技术为支撑，实现基层服务和管理精细化、精准化。推进农村“雪亮工程”建设。

2018年中央一号文件的阐述指出乡村治理现代化的方向和具体做法。“党委负责”就是指要注重加强基层党组织建设；“政府负责”意味着推进乡村基层政府组织的现代化转型；“自治、法治和德治”“社会协同、公众参与”均与深化村民自治实践相关，要加强基层民主政治建设。经济基础决定上层建筑，要发展生产，推进农村经济组织的发展，才能保证乡村治理的现代化过程。要推进农村社会组织的建设，不断创新农村社会管理新模式，更是乡村治理现代化中不可缺少的一部分。在进行组织建设过程中，应注意组织建设的制度化、法治化、民主化和科学技术化。本书下面章节将对各种不同类型的农村组织进行介绍和分析，综述和研究农村组织的概念和内涵、发展沿革、理论基础、现状分类以及发展中的问题，并注重采用案例分析的方法来阐明知识点。

# 第 2 章

# 乡镇组织

## 2.1 乡镇组织的历史沿革

中国乡里制度的源头可追溯到西周时代，初步定型于春秋战国时代，确立于秦汉时期，转折于隋唐时期，历经了复杂多变的发展和演化过程。秦汉以前的中国乡村社会的组织形态是血缘家族公社[①]（刘振伟，1994）。从夏商至周，农村基层组织是一种多功能的综合性组织体系，表现为政教合一、文武合一，甚至包括各种公益事业如贷、救、宾，以及婚丧嫁娶等[②]（李守经，1994）。在秦代和汉代，我国就形成了“郡县—乡里”的组织体系，这是中央集权行政统治制度“郡县制”的基础。在郡县之下，有乡、里基层政权组织，从而形成以郡统县、以县统乡、以乡统里的政权体系[③]（刘振伟，1994）。隋唐是乡里制度演变的转折点，乡里制度开始由乡官制向职役制转变，乡不再是基层行政建制，官治体制从乡镇一级退缩到县一级。乡里组织的领袖一改在秦汉时期位要声显的状况，由乡官变成了轮流担任的且任由州县官吏任意驱使的差役，地位下降，乡的功能也不断弱化。隋朝初年曾一度取消了“乡”级组织，唐代五里为乡，但乡制名存实

---

① 刘振伟．农民与农村组织建设［M］．贵州人民出版社，1994:4-12.

② 李守经．中国农村基层社会组织体系研究［M］．中国农业出版社，1994:55.

③ 刘振伟．农民与农村组织建设［M］．贵州人民出版社，1994:4-12.

亡。至宋代，乡里制度由乡官制向职役制的转变得以完成[①]（赵秀玲，1998）。宋代王安石变法，实施保甲制。保甲制的核心是兵民合一，把有产的民户既编为保户，又纳入甲户，既加强兵政，又保证财源[②]（储考山，1993）。在此后的1 000多年里，元朝的“村疃制”，明朝称“里甲制”，清朝保甲制与“里甲制”并存，虽然特点都有所变化，但实质性质并无多大变化[③]（张明琼，1999）。新中国成立以来，我国乡镇组织经历了新中国成立初期议政合一的人民代表大会制度框架内的乡镇体制建设、1958—1982年的人民公社体制、1983年后乡镇政府重新成立的3个阶段。新中国成立初期，我国乡镇体制建设是在议政合一的人民代表大会制度框架内进行的。1958年9月，中共中央政治局扩大会议通过了《关于在农村建立人民公社的决议》，开始撤乡镇并大社，推行人民公社化运动。人民公社行使乡镇政权职权，农业生产合作社改称生产大队，实行政社合一、三级所有、队为基础的体制。1982年12月，修订后的《宪法》规定，乡、民族乡和镇是我国最基层的行政区域，乡镇行政区域内的行政工作由乡镇人民政府负责。乡镇人民政府实行乡长、镇长负责制。乡镇长由乡镇人民代表大会选举产生。1983年10月，中共中央、国务院联合发出《关于实行政社分开建立乡政府的通知》，要求实行政社分开，恢复乡镇政府。1985年春，建乡工作全部完成，全国5.6万多个人民公社、镇改建为9.2万多个乡（包括民族乡）、镇人民政府。根据民政部《2016年社会服务发展统计公报》数据，截至2016年底，全国共有乡级行政区划单位39 862个，其中区公所2个、镇20 883个、乡9 731个、苏木152个、民族乡988个、民族苏木1个、街道8 105个。

## 2.2　乡镇组织的构成和职责

本文的乡镇组织是指广义的政府组织，包括乡镇党委、乡镇人大、乡镇政府以及乡镇派出法庭，还包括上级政府派出机构。

---

① 赵秀玲．中国乡里制度［M］．社会科学文献出版社，2002.

② 储考山，何立平，来可泓．中国政治制度史［M］．三联书店上海分店，1993.

③ 张明琼．转型期我国乡镇政府治理结构的缺陷与优化：［博士学位论文］．南京大学，2003.

### 2.2.1 乡镇党委

《中国共产党章程》规定：“街道、乡、镇党的基层委员会和村、社区党组织，领导本地区的工作和基层社会治理，支持和保证行政组织、经济组织和群众自治组织充分行使职权。”《中国共产党农村基层组织工作条例》规定：“乡镇应当设立党的基层委员会。乡镇党委由党员大会或者党员代表大会选举产生。”乡镇党委一般设委员 7 至 9 名，其中书记 1 名、副书记 2 至 3 名，应当设组织委员、宣传委员，纪委书记由党委委员兼任。党委委员按照乡镇领导职务配备，应当进行合理分工，保证各项工作有人负责（图 2-1）。

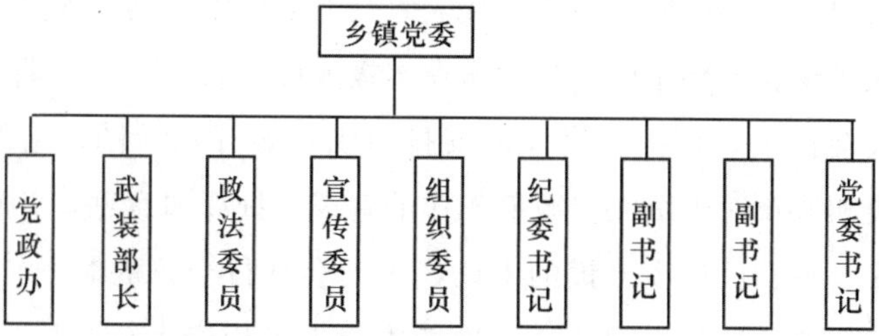


**图 2-1　乡镇党委设置**

《中国共产党农村基层组织工作条例》规定乡镇党委的主要职责是：（一）宣传和贯彻执行党的路线方针政策和党中央、上级党组织及本乡镇党员代表大会（党员大会）的决议。（二）讨论和决定本乡镇经济建设、政治建设、文化建设、社会建设、生态文明建设和党的建设以及乡村振兴中的重大问题。需由乡镇政权机关或者集体经济组织决定的重要事项，经乡镇党委研究讨论后，由乡镇政权机关或者集体经济组织依照法律和有关规定作出决定。（三）领导乡镇政权机关、群团组织和其他各类组织，加强指导和规范，支持和保证这些机关和组织依照国家法律法规以及各自章程履行职责。（四）加强乡镇党委自身建设和村党组织建设，以及其他隶属乡镇党委的党组织建设，抓好发展党员工作，加强党员队伍建设。维护和执行党的纪律，监督党员干部和其他任何工作人员严格遵守国家法律法规。（五）按照干部管理权限，负责对干部的教育、培训、选拔、考核和监督工作。协助管理上级有关部门驻乡镇单位的干部。做好人才服务和引进工作。

（六）领导本乡镇的基层治理，加强社会主义民主法治建设和精神文明建设，加强社会治安综合治理，做好生态环保、美丽乡村建设、民生保障、脱贫致富、民族宗教等工作。

### 2.2.2 乡镇人大

《地方各级人民代表大会和地方各级人民政府组织法》规定："乡、民族乡、镇的人民代表大会设主席，并可以设副主席一人至二人。主席、副主席由本级人民代表大会从代表中选出，任期同本级人民代表大会每届任期相同。乡、民族乡、镇的人民代表大会主席、副主席不得担任国家行政机关的职务；如果担任国家行政机关的职务，必须向本级人民代表大会辞去主席、副主席的职务。乡、民族乡、镇的人民代表大会主席、副主席在本级人民代表大会闭会期间负责联系本级人民代表大会代表，根据主席团的安排组织代表开展活动，组织代表开展活动，反映代表和群众对本级人民政府工作的建议、批评和意见，并负责处理主席团的日常工作。乡、民族乡、镇的人民代表大会举行会议的时候，选举主席团。由主席团主持会议，并负责召集下一次的本级人民代表大会会议。乡、民族乡、镇的人民代表大会主席、副主席为主席团的成员。"

"主席团在本级人民代表大会闭会期间，每年选择若干关系本地区群众切身利益和社会普遍关注的问题，有计划地安排代表听取和讨论本级人民政府的专项工作报告，对法律、法规实施情况进行检查，开展视察、调研等活动；听取和反映代表和群众对本级人民政府工作的建议、批评和意见。主席团在闭会期间的工作，向本级人民代表大会报告。"

乡、民族乡、镇的人民代表大会行使下列职权：（一）在本行政区域内，保证宪法、法律、行政法规和上级人民代表大会及其常务委员会决议的遵守和执行；（二）在职权范围内通过和发布决议；（三）根据国家计划，决定本行政区域内的经济、文化事业和公共事业的建设计划；（四）审查和批准本行政区域内的财政预算和预算执行情况的报告；（五）决定本行政区域内的民政工作的实施计划；（六）选举本级人民代表大会主席、副主席；（七）选举乡长、副乡长，镇长、副镇长；（八）听取和审查乡、民族乡、镇的人民政府的工作报告；（九）撤销乡、民族乡、镇的人民政府的不适当的决定和命令；（十）保护社会主义的全民所有的财产和劳动群众集体所有的财产，保护公民私人所有的合法财产，维护社会秩序，保障公民的人身权利、民主权利和其他权利；（十一）保护各种经济组织的合法权益；（十二）保障少数民族的权利；（十三）保障宪法和法律赋予妇女的男女平等、同工同酬和婚姻自由等各项权利。少数民族聚居的乡、民族乡、镇的人民代表大会在行使职权的时候，应当采取适合民族特点的具体措施。

### 2.2.3 乡镇政府

《地方各级人民代表大会和地方各级人民政府组织法》规定："乡、民族乡的人民政府设乡长、副乡长。民族乡的乡长由建立民族乡的少数民族公民担任。镇人民政府设镇长、副镇长。"

乡、民族乡、镇的人民政府行使下列职权：（一）执行本级人民代表大会的决议和上级国家行政机关的决定和命令，发布决定和命令；（二）执行本行政区域内的经济和社会发展计划、预算，管理本行政区域内的经济、教育、科学、文化、卫生、体育事业和财政、民政、公安、司法行政、计划生育等行政工作；（三）保护社会主义的全民所有的财产和劳动群众集体所有的财产，保护公民私人所有的合法财产，维护社会秩序，保障公民的人身权利、民主权利和其他权利；（四）保护各种经济组织的合法权益；（五）保障少数民族的权利和尊重少数民族的风俗习惯；（六）保障宪法和法律赋予妇女的男女平等、同工同酬和婚姻自由等各项权利；（七）办理上级人民政府交办的其他事项。

## 2.3 乡镇政府的构成和运行

### 2.3.1 乡镇政府的构成和职责

不同地区的乡镇政府内部机构设置不同。"上面千根线，底下一根针"，乡镇政府体量虽小，但机构设置齐全。一般来讲，经济发展较快、人口较多的乡镇政府，设置更复杂，而以农业为主、人口较少的乡镇机构设置较简单。但总的来说，乡镇政府一般设有两种类型的机构。一种是行政内设机构，包括党政办公室、人大主席团办公室、经济发展办公室、社会事务办公室、社会稳定办公室、人口和计划生育办公室等；另一种是事业站（所），例如文化站、水利站、农机站、农技站、林业站、畜牧站、统计站、安监站、司法所、环保办等。有些乡镇将事业站（所）合并在一起，成立公共事务服务中心或社会保障服务中心、农业综合服务中心、规划建设环保服务中心等。还有一类事业站（所），例如土地所、工商所、税务所、派出所、供电所、教育管理办等，它们是属于广义的乡镇组织，但不是乡镇政府直接管理的机构，而是县级或县级以上政府职能部门的派出机构。在人事、财务和工作业务上都归上级政府管理，但在其具体工作过程中，也要获得所在辖区的乡镇政府协同和支持。这就是通常所说的“条块关系”。具体如表 2-1 所示。

**表 2-1　乡镇政府的构成**

| | | |
|---|---|---|
| 乡镇政府 | 乡镇行政内设机构 | 党政办公室、人大主席团办公室、纪委办公室、经济发展办公室、社会事务办公室、社会稳定办公室、人口和计划生育办公室等 |
| | 乡镇事业单位 | 公共事务服务中心、社会保障服务中心、农业综合服务中心、规划建设环保服务中心、文化站、水利站、农机站、农技站、林业站、畜牧站、统计站、安监站、司法所、环保办等 |
| 上级派出 | 上级政府派出机构 | 土地所、工商所、税务所、派出所、供电所、教育管理办公室等 |

乡镇政府是在乡镇党委的领导下进行工作，其权力来源是乡镇人大和上级人民政府。乡镇政府各部门的设立与职责划分，由乡镇领导班子开会决议决定，将政府所需要办理的各项事务和具体职责分派到各个部门，明确各部门的职责范围。

### 案例

Y 镇 2017 年公布的部门职责：

1. 党政综合办公室。主要职责为协助乡镇领导掌握全面情况，处理日常事务；党政会议决定事项的督办和检查；信息管理即综合情况反映、上报和典型宣传、政务信息收集、报送和编写简报、文书档案立卷归档管理、人大代表书面意见和政协委员提案的办理；负责值班工作、机关大楼的管理、车辆管理、文印等机关事务管理，指导各村（居委会）印章管理、档案管理、财物管理和信息化工作。

2. 社会管理、综合治理或安全生产办公室。主要职责为贯彻中央和上级社会管理综合治理方针，负责社会管理综合治理维稳工作。如辖区内影响社会稳定的各类不安全因素和各类矛盾纠纷的排查化解；分析和预测影响社会稳定的新问题、新动向；加强和创新社会管理，排查、分流、化解矛盾纠纷、安全隐患和不稳定因素，调处疑难矛盾纠纷；提供法律、法规、政策咨询服务；监督检查辖区内非煤矿山、烟花爆竹、危险化学品、工商贸等行业的生产经营单位安全生产情况；检查督促和具体指导各村(居委会)、各企事业单位的信访稳定工作；突发事件应急等。

3. 经济发展办公室。主要职责为贯彻、宣传党和政府的经济社会发展等方面的方针政策、法律法规。制定、组织实施经济发展规划。负责制定工农业产业结构调整和产业化发展政策。落实对企事业的帮扶措施，培育专业村、特色村、鼓励发展来料加工，促进农民增收；调查掌握全镇经济发展工作动态，做好经济建设及其有关工作的会议会务、工作计划、实施情况和总结。负责本镇农村集体资产法规实施，农村集体资产所有权登记，农村土地承包管理、含土地流转、土地承包经营纠纷调解、农民负担监督管理、农民专业合作组织建设、农经统计、农村财务管理和审计，农业产业化规划和政策实施，农业行业协会管理等工作。

4. 农业综合服务中心。主要职责为组织制订、实施农业技术推广计划，农业技术专业培训，宣传农业知识、农业法律法规及农业生态环境保护，落实专业技术推广措施，提供农业技术、信息服务，进行农业科技成果宣传、引进和试验。示范和推广农业植物新品种、新技术，农产品质量认定等。各种涉农补贴的发放以及涉农保险和理赔工作。农机产品质量、作业质量、维修质量、服务质量的监管工作。各类农业资源的普查，配合环保部门做好农业生态环境、农业投入品的使用监测。农田、水利基础建设及维护管理工作。农业综合开发和加工行业发展。森林防火、动物防疫、防旱、防涝等防灾、抗灾、减灾工作。

5. 规划建设环保服务中心。主要职责为负责贯彻执行中央、省(自治区、直辖市)、市、县城镇规划、村镇建设相关法律法规，组织拟定总体规划、村镇建设和控制性规划，根据法律规定审批修建性详细规划，并组织规划、论证、审（报）批和实施管理；指导和管理本镇区域内的村镇建设和各类建筑活动，指导、监督全镇建筑市场、工程招投标、工程质量和安全管理。负责辖区内耕地保护，落实基本农田保护责任，协助县有关部门做好土地开发整理复垦项目的编报、实施、验收等工作，协助项目后续管理。地质灾害防治及矿山地质环境保护。参与做好辖区内土地调查、统计和动态监测、地籍调查、土地登记发证、土地权属纠纷以及储备土地看护等。协助或受县相关部门的委托，实施国土资源、建设规划、环保、房地产的行政执法。负责镇村河道环境卫生、人饮、垃圾处理工程建设工作以及旅游基础设施建设；负责本镇农村环境保护与管理。

6. 卫生和人口计划生育办公室和服务中心。主要职责为：贯彻执行计划生育法律、法规和政策。宣传教育人口与计划生育知识。计划生育管理，完成计划生育各项任务。计划生育统计工作。流动人口的计划生育服务管理工作。

7. 社会保障服务中心。主要职责为承担劳动力资源登记管理，劳动就业岗位推荐；承担处理劳动保障监察事项，调解劳动关系争议；失业、低保人员调查；承担办理社会保险事务；残疾人、特困群体和弱势群体的救助救济；离退休人员社会化管理及老年人服务；城镇居民合作医疗保险的管理服务；协助做好本镇的扶贫开发及培训工作。

8. 文化服务中心。主要职责为贯彻执行党的文化、艺术、新闻、广播、影视方面的方针政策，利用文化、宣传阵地，进行思想宣传；组织开展文体活动，文化阵地建设，民族文化活动，繁荣群众文艺创作，活跃群众文化生活。负责本辖区内文艺、新闻通信业务的培训；整理民族民间文化艺术遗产，进行文物宣传和保护，指导村委会、居委会文化室工作。受县文化行政主管部门的委托，对本区域内的文化市场、文化个体经营户和新闻出版业务进行管理；受县广播电影电视管理部门委托，负责本区域内广播电视稽查工作，取缔、制止、处理非法销售广电器材、非法安装、私自建台；负责本区域内文化行业经营工作。

9．财政所。主要职责为认真贯彻执行党和国家的财经方针政策，发扬艰苦奋斗、勤俭建镇的优良传统，严格执行财政法规和各项财经制度。负责组织和管理本镇预算内收支，完成镇财政总收支任务和上级下达的财政任务，负责镇政府经管的各项预算外资金和镇级自筹资金的筹集、使用和管理。管好用好各项财政资金，提高资金的使用效益。认真搞好支农资金、农业发展基金和财政扶贫专项资金等的发放工作，做好各项支农工作，促进农村经济的发展；管理、兑现各项涉农补贴资金。建立健全财务会计制度，配合有关部门加强对镇机关、事业和村集体经济组织的财务管理和监督，加强财会队伍建设。负责与其他单位的经济业务往来、新型合作医疗的征收上缴，退耕还林资金、良种直补和各项农资补贴资金等发放。

10．林业站。主要职责为认真贯彻执行中央、省（自治区、直辖市)、市、县的各项方针政策及法律法规；提供林业法律、法规、政策的咨询服务；负责本镇林木林地权属的登记、发放和动态管理、林权流转管理、林权抵押管理；收集、发布林权流转交易、林权证抵押、市场交易行情等相关信息；负责本镇林权林地纠纷调解处理；配合林业行政主管部门开展资源调查，造林检查验收、林业统计和森林资源档案管理工作，掌握辖区内森林资源消长和野生动植物物种变化情况；协助林业行政主管部门管理林木采伐工作，负责林木采伐的伐区调查设计、监督伐区作业和伐区验收、造林绿化和森林防火工作、绿化费和义务植树统筹费的征收、管理和使用、苗木新品种和林业新技术的引进、试验、推广、自用材采伐证和县内运输证的办理。

（案例来源：作者调研）

### 2.3.2 乡镇财税制度

2002年开始的税费改革，取消了乡统筹费、农村教育集资以及专门面向农民征收的行政事业性收费和政府性基金、集资。如2006年河北省农民除向国家交纳农业税及其附加、农业特产税及其附加，承担“一事一议”的筹资筹劳外，不再承担任何面向农民的行政性收费。随着乡村财税制度的改革，乡镇的财政制度也随之进行了调整。乡镇原先的预算外收入和自筹资金收入被取消，只剩下预算内收入。这部分收入由3个部分组成（按照征收渠道划分）：一是财政收入部分，即转移支付收入，由县级财政直接拨付；二是地税收入，包括地方工商税收和企业所得税、个人所得税等；三是国税收入（主要是增值税）留存部分① （吴理财，2005）。一般来说，目前全国乡镇工作人员工资基本由上一级即县级财政统筹管理，乡镇日常办公经费以县级财政转移支付为主，农村公共事业建设经费基本由县级财政直接统筹，乡镇这一级只负责上传下达，并不直接管理经费。有些地方政府规定乡镇财政可以从辖区内地税和国税收入中获得一定比例的税收返还，这给乡镇政府推动地方经济增加税收提供一定动力。但大部分乡镇的财政收入仍以转移支付资金收入为主，当办公支出超额或临时聘用人员超编时，经常会面临财政缺口问题。下文以Z乡作为案例，对其财税情况进行分析。

**案例**

Z乡地处河北省太行山区，总面积72.6平方公里，共辖9个行政村，54个村民小组、62个自然村。全乡总人口5 934人，共有1 571户，其中劳动力3 253人。2002年，Z乡实行税费改革后，实行的是综合财政预算制度。上述三类收入中，第二、三项收入即地税和国税收入，由国税和地税税务系统负责收取，县政府没有为Z乡设立税收考核

---

① 吴理财．农村税费改革之政治性后果．三农中国网站 http：//www.snzg.cn/shownews.asp?newsid=8586，2005-10-28.

基数，即地税、国税收入与乡级转移支付数额不挂钩，也不成为考核乡镇的指标。而第一类财政收入部分，乡政府负责代县财政征收农业税、农业税附加、耕地占用税和契税，并全部按任务数上交县级财政。县财政则每年向乡政府拨付转移支付。X县在税费改革后仍然对乡镇实行“统收统支”的财政体制，同时对农村税费改革后涉及的收支及农村税费改革专项转移支付实行单独的管理体制。如表2-2所示，县级按照“统一支出标准、综合平衡、确保运转”的原则，分为3部分对乡级转移支付进行核定。这3部分为乡镇预算外人员经费①、乡镇机关公用经费（按照编制人员人均620元/年，车辆20 000元/年和电话7 200元/年的支出标准核定）和乡镇专项经费（农村义务教育按农业人口数人均3元核定；计划生育经费按农业人口数人均2元核定；优抚经费按2001年享受优扶补助的人数人均1 000元核定；民兵训练经费按农业人口数人均0.8元核定；乡村道路经费按两个口径核定，一是按农业税计税土地亩数核定，每亩1元，二是按农业税额的3%核定）。

虽然乡村税费改革专项转移支付资金按原先的“村提留和乡统筹”的基本内容为标准进行核定。但是，为了保证乡村组织在税费改革后的正常运转，县财政在核准转移支付资金时主要考虑保证机构的人员工资和办公经费。人员工资：预算内乡干部人员工资由县财政直接保障，预算外乡干部人员工资由转移支付资金中的人员经费保障。村级转移支付确保村干部工资。对应清退的人员，财政部门停止供给一切经费，乡镇机关及事业单位不得在银行单独开户，资金往来均通过乡镇财政设在银行的明细账户进行反映，严格控制各单位人员反弹和经费开支。因为有了县财政的直接保障，Z乡乡干部的工资没有发生过拖欠，人员工资得到了基本保障。办公经费：如表2-2所示，Z乡镇转移支付资金为17.46万元，直接拨付乡镇的资金有10.94万元，除去人员经费后，Z乡直接掌握的转移支付资金为8.06万元，用

① 此处指的预算外人员即指X县1997年后分配进乡镇工作的乡干部。他们属于预算外事业单位编制，税费改革前由其工资由乡镇自筹资金解决，税费改革后由乡镇转移支付负担。

于支付办公经费和3种专项经费，这对于一个管辖6 000人口的乡镇来说仅能维持最基本运转。村级转移支付除去村干部工资后也仅能保证村级组织的最基本运转。因此乡村两级几乎不能依靠转移支付资金提供较大的乡村公共产品。

**表 2-2　X 县对 Z 乡 2002 年农村税费改革专项转移支付资金分配表**　　千元

<table>
<tr><td colspan="3">农业人口（人）</td><td>5 586</td></tr>
<tr><td colspan="3">计税土地面积（亩）</td><td>5 243</td></tr>
<tr><td colspan="3">乡级转移支付资金合计</td><td>174.2</td></tr>
<tr><td rowspan="7">直接拨付乡镇部分</td><td colspan="2">小计</td><td>108.9</td></tr>
<tr><td colspan="2">人员经费</td><td>28.8</td></tr>
<tr><td colspan="2">公用经费</td><td>48.3</td></tr>
<tr><td rowspan="4">专项经费</td><td>小计</td><td>32.4</td></tr>
<tr><td>计划生育经费</td><td>11.2</td></tr>
<tr><td>优抚经费</td><td>12</td></tr>
<tr><td>修建乡村道路经费</td><td>9.2</td></tr>
<tr><td rowspan="3">通过县直主管部门拨付部分</td><td colspan="2">小计</td><td>65.3</td></tr>
<tr><td colspan="2">农村义务教育</td><td>60.8</td></tr>
<tr><td colspan="2">民兵训练经费</td><td>4.5</td></tr>
</table>

Z乡乡政府的支出可以分为4个部分：基本办公支出，主要用来支付电费、水费、电话费和办公用品等，每年需要4万元；消费性支出，支付小汽车还贷、汽油费和司机工资等损耗约6万元/年；隐性支出，用来支付招待费、烟酒和礼品费以及自身福利等，每年需要8万元；还有一部分是由县财政代扣的费用，其中包括临时工工资、优抚费、报刊费等费用约5万元。每年乡镇政权的正常支出就需要23万元，而转移支付只有10万元左右。通过乡领导干部的活动能力，Z乡每年向县财政追加的经费在3万～8万元，但仍面临支出缺口。

从负债情况来看，2005年Z乡政府负债约76万元，大部分为若干年前所欠。具体为“某铺石工程”欠款、修建乡政府办公楼和中学教学楼欠款、贷款及借其他单位和个人款用于修车、汽油、计生仪器、饭费等（表2-3）。

**表2-3　2005年Z乡乡政府负债列表**

| 负债项目 | 金额（元） |
| --- | --- |
| 中学教学楼、政府房屋工程 | 489 807.00 |
| 某铺石工程 | 32 682.00 |
| 贷款及借其他单位和个人款用于修车、汽油、计生仪器、饭费等 | 236 928.00 |
| 合计 | 759 417.00 |

（案例来源：作者调研）

### 2.3.3　乡镇干部的身份

按照是否被组织部门提拔为干部职务进行分类，乡干部可以分为2类：乡主要领导干部和乡一般干部。乡主要领导干部包括乡党委书记、乡长、乡人大主席、乡纪委书记、乡副书记、副乡长、武装部长等具有领导职务的群体，有正科和副科两级职务。乡一般干部则是除了主要领导干部以外的一般乡干部。是否是领导干部是乡镇政权运作中最重要的身份特征，领导干部群体中的身份排序也十分严谨，按正科和副科的级别高低排序，同一级别中，则按照在党组织中的位置从高到低进行身份排序。

按照编制，乡政府干部又具有不同的身份。有行政编制、事业单位编制以及无编制。其中行政编制为公务员身份，到一定级别后，只有公务员编制的干部才能进行提拔；事业单位编制，分为全额拨款事业编、半额拨款事业编和自收自支事业编。在事业单位编制中还分为干部编制和工人编制。由于编制类型意味着前途发展问题以及工资保障水平，因此乡干部们都非常在意自己的编制。编制成为乡干部眼中除“是否是领导干部”以外的另外一种重要的身份象征。在对基层干部的绩效管理以及设计激励机制时，应充分考虑编制的重要性，可以起到促进和激励的作用，而不应该让“编制”成为干部消极怠工的原因和理由。

乡干部还有一种身份与他们的工资密切相关，这就是“机关干部、机关工人和技术人员”的分类。不同身份按照不同的职称等级进行职称晋升，如机关干部有“办事员、科员等”、机关工人有“初级工、中级工和高级工”、专业技术人员有“技术员、中级技师和高级技师”等。不同身份的人，具体管理的机构也不同。副科以上机关干部由组织部门管理，副科以下机关干部和专业技术人员由人事部门管理，工人身份的由劳动部门管理。经过多年人事制度的系列改革，对干部和工人加以区分的这种身份已经慢慢成为职务、职称和职业的分类，成为核算工资所依据的标准。然而，乡干部中大多数人都仍然非常在意自己是否是“干部身份”，如某位在乡政府工作了三十年的乡干部，一直以来都为自己没有成为“机关干部”而是“技术工人”而不平。因为自己没有成为“干部”，身份没有得到落实。下面以 Z 乡为案例对乡政府干部的编制和人员情况进行说明和介绍。

案例

从 2006 年 Z 乡编制设置和实际工作人员情况来看，编制情况如下：Z 乡共有 28 个编制，其中有 15 人在 Z 乡正常工作，剩下 13 个编制中退休 4 名，借调 6 名，调任[①]其他部门未转编制的 3 名。实际工作人员情况如下：Z 乡现有实际工作人员（乡干部称为“点名的工作人员”）21 人，15 人占乡编制，6 人不占乡编制，他们是乡财政所 2 人、借调人员 1 人、临时工 1 人、新调来的未转编制人员 2 人。机构改革后，Z 乡工作人员从 1999 年的 35 人减少至 2006 年的 21 人，其中被借调走了 6 名编制内人员、借调进 1 名编制内人员、聘用了 1 名临时人员。编制人员和实际工作人员不相符的比例较大，这说明虽然实行了严格的制度措施，但对乡镇人员增减的控制还存在许多非制度化因素。编制内人员借调，乡镇政府就需要聘请临时工作人员，又造成开支压力。由县公共

① 借调和调任不一样。借调是指工作关系未改变，只是短期借调工作。而调任是指已经改变工作关系。

财政保证工资的借调人员本应为Z乡农村社会服务，他们的借调造成Z乡公共管理和公共服务资源的一种流失。

（案例来源：作者调研）

## 2.4 推进乡镇政府职能转型 促进乡村治理现代化

在实际工作中，乡镇政府的公共服务职能转型仍然缓慢，面临着工作压力大、条块矛盾等问题。随着改革的进行，乡镇政府公共服务职能在加强，公共行政职能和权力在压缩，但对乡镇政府的公共管理的水平要求越来越高。上级考核的压力、乡村社区的复杂性等使得乡镇政府日常工作面临较大的压力，造成乡镇政府权力小、责任重、压力大的现状。农村社会正处于转型期，利益主体多元化，各种矛盾也层出不穷。保持农村社会的“稳定”成为上级政府交给乡政府的最重要的政治任务。虽然乡镇成立了服务中心，工作人员却还肩负着艰巨的行政任务。县级各职能部门需要寻找到乡镇的“那条腿”，需要乡干部们去具体落实工作。服务中心的工作人员和乡领导干部不仅要完成县级职能部门的各项任务，同时还要完成乡政府负责的各项集中工作任务，例如招商引资、安全生产、企业服务、计划生育、包村工作、矛盾调解、组织村委换届、防火、防汛、征兵等。因此，“服务中心不服务”，难以实现向“服务型”政府转型。另外，垂直管理上收了地方政府的权力，限制了地方政府的不当行为，有利于上级政府的宏观调控。为了让乡镇机构与县职能部门通力合作，县委县政府设置了让乡镇机构和县职能部门互相考核的机制。但在实践过程中，派出机构与乡镇政府之间仍存在“条块矛盾”。派出机构与乡镇政府工作任务时有重叠，需要相互配合才能把工作做好。但由于派出机构由县级或县级以上职能部门管理，其工作人员往往并不积极、主动配合乡镇政府的工作，造成条块之间互相踢皮球。

针对上述问题，2017年中共中央办公厅、国务院办公厅印发《关于加强乡镇政府服务能力建设的意见》，文件指出加快乡镇政府职能转变步伐，着力强化公共服务职能。扩大乡镇政府服务管理权限。按照权力下放、权责一致的原则，除法律法规规定必须由县级以上政府及其职能部门行使的行政强制和行政处罚措施，以及行政许可事项外，对直接面向人民群众、量大面广、由乡镇服务管理更方便有效的各类事项依法下放乡镇政府，重点扩大乡镇政府在农业发展、农村经营管理、安全生产、规划建设管理、环境保护、公共安全、防灾减灾、扶贫济困等方面的服务管理权限。推进乡镇行政执法改革。推动行政执法重心下移，探索乡镇综合执法有效形式，开展综合执法工作。落实行政执法责任制，建立健全乡镇政府与县级执法部门的协作机制，强化乡镇政府在执法事项上的综合协调，以及对派驻执法机构和人员的日常管理。统筹乡镇站所管理体制改革。乡镇事业站所可以实行以乡镇管理为主、上级业务部门进行业务指导的管理体制；经省级政府批准，也可以实行以上级主管部门为主或按区域设置机构的体制。下面以 G 乡为例，介绍和分析当代乡镇组织的转型困境。

### 案例

G 乡地处江西东北部，全乡约 23 000 人，共有 82 个自然村，13 个行政村和 1 个街道居委会。耕地面积水田 2.8 万亩，旱地 2.4 万亩。G 乡是农业乡镇，种植品种水稻、甘薯、甘蔗等。青年人以外出务工为主，主要在江苏、浙江、广东、上海等地做生意和务工。

G 乡乡党委包括乡党委书记、党委副书记、党委委员、纪委书记、组宣委员。乡党委副书记和党委委员同时也担任政府职位。其中，一位党委副书记同时担任乡政府乡长。另一位党委副书记同时担任乡政府副乡长，分管乡政府综治、维稳、民政和扶贫工作。党委委员同时担任 G 乡派出所所长，纪委书记同时分管政府环保、农业和兽医工作。组宣委员分管组织和宣传以及党建办工作，同时分管政府安全生产工作。乡人大主席目前空缺，由某主任科员主持乡人大工作，还没有正式任命，除人大工作外，还需要负责政府乡村治理、危房改造、乡村振兴、重点工程、征地拆迁以及垃圾治理工作。武装部门目前空缺，由武装副部长主管民兵、武装工作。乡党委设有党政办公室和党建办公室。乡政府机构设置较多，主要有文化站、信访办、民政所、扶贫办、经管站（三资办）、农业站、水利站、林业站、计生办、新村办、危房改造办、农医所、劳保所、安监站、兽医站、环保所、综治办以及综合执法队。县直管但设在乡政府的站所有：财政所、土管所、派出所、粮管所、司法所以及国税分局。G乡还设有武装部长、关工委、妇联等民兵和群团组织。全乡工作人员在岗在编28人，实际在乡政府工作的25人；聘用人员16人，其中在综合执法队工作的9人，其他聘用人员7人。

自上至下的行政职能要求乡镇政府设有上级所有职能部门对应的“那条腿”。因此乡镇机构设置必须齐全。这些机构包括乡镇政府内部的“块块”机构站所，也有县级及以上政府组织直接派出的“条条”部分。为了应对条块分割带来的乡镇行政能力不足，G乡成立了乡综合执法大队，全部为临时聘用人员，增加G乡的辖区管理能力，有利于完成许多行政性工作任务。调查显示，乡镇综合执法大队强化了乡政府在执法事项上的综合协调能力，其执法形式主要以劝说管理为主，需要进行罚款、扣押等行政处罚行为时，必须要有县级执法部门的协作。以“权力下放、权责一致”为原则进行乡镇服务管理职能扩大的改革难以在短时间内完成，需要县乡联动。在财政收支上，G乡政府体现了“吃饭”财政的特点。即主要依靠上级转移支付，支出缺口较大。G乡财政收入分为两大块，一是转移支付资金。每年县级财政直接拨付转移支付资金490万元。其中160万元为村两委和小组干部工资，330万元为在编工作人员的工资。二是辖区税收收入返还。G乡2018年税收任务为5 000万元。G乡税源少，此税收任务每年能完成60%左右。税源主要分为增值税和所得税。增值税税源分配为国家50%、省5%、乡45%。所得税税源的返还乡政府的比例为32%。由于税收任务完不成，返还性收入就没有保障，乡政府财政支出经常出现缺口，表现在办公和工作运转经费不足。即上级转移支付保障了乡干部基本工资和村组干部的误工补贴，但在日常办公和运转以及临时工的工资支出方面支出压力较大。税收返还给乡政府的机制为乡镇招商引资、发展经济工作带来一定的动力。但G乡政府工作人员认为没有时间和精力来推动经济增长，因为日常行政性工作负荷很重。在乡村公共事业过程中，G乡乡政府起上传下达作用。乡村公共事业发展基本采用专项资金方式，如新农村建设、秀美乡村建设、道路建设、土地整治工程、低保、医保、地力补贴（农业综合补贴）等，乡镇政府需要配合县级部门进行项目设计、项目数据上报、项目运行等工作，保证项目的成功完成。但在具体的资金分配、使用、工程建设等环节则直接由县级职能部门管理。即乡村公共产品供给和公共服务提供主要由县级各职能部门以“项目制”的形式直接到村、到户、到人运行。在公共服务方面，实际上乡政府所做的主动性和全局性工作较少，主要责任是辅助上级部门完成各项自上而下的任务。综上所述，G乡乡政府体现出压力型、被动型和完成任务型的行政特点。随着对乡镇机构职能调整的要求，乡镇政府的主要工作应向服务型转变。但其行政性工作压力非常大。主要体现在扶贫、维稳、信访、环保、重点工程建设等方面，同时纪检、监察、审计等部门的检查工作也有较大的工作负荷和压力。

（案例来源：作者调研）

# 第 3 章

# 村 级 组 织

## 3.1 村级组织的设置

### 3.1.1 村级党组织的设置和职责

《中国共产党农村基层组织工作条例》规定：乡镇党的委员会（以下简称乡镇党委）和村党组织（村指行政村）是党在农村的基层组织，是党在农村全部工作和战斗力的基础，全面领导乡镇、村的各类组织和各项工作。必须坚持党的农村基层组织领导地位不动摇。党的农村基层组织必须高举中国特色社会主义伟大旗帜，坚持以马克思列宁主义、毛泽东思想、邓小平理论、“三个代表”重要思想、科学发展观、习近平新时代中国特色社会主义思想为指导，坚决维护习近平总书记党中央的核心、全党的核心地位，坚决维护党中央权威和集中统一领导，牢固树立“四个意识”，坚定“四个自信”，做到“四个服从”，坚持党要管党、全面从严治党，以提升组织力为重点，突出政治功能，努力成为宣传党的主张、贯彻党的决定、领导基层治理、团结动员群众、推动改革发展的坚强战斗堡垒。党的基层组织是农村全部工作的领导，是核心。这主要体现在 3 个方面：一是政治领导。乡镇党委的基本职责是保障党的路线方针、政策在本辖区贯彻执行，村党支部有权向上级党组织反映不同意见，但必须无条件执行上级党组织的决议。

二是组织领导。乡镇党委在组织上是村支部的直接领导机构，其中一个职责是选拔、培养、任命村支部的主要成员。三是思想领导。通过宣传教育、思想意识灌输，提高村党支部党性观念、政治素质，保证与乡镇以上党委保持高度一致。

《中国共产党农村基层组织工作条例》规定村级党组织设置：有正式党员 3 人以上的村，应当成立党支部；不足 3 人的，可以与邻近村联合成立党支部。党员人数超过 50 人的村，或者党员人数虽不足 50 人、确因工作需要的村，可以成立党的总支部。党员人数 100 人以上的村，根据工作需要，经县级地方党委批准，可以成立党的基层委员会，下设若干党支部；村党的委员会受乡镇党委领导。

村党的委员会、总支部委员会、支部委员会每届任期 5 年，由党员大会选举产生。党员人数 500 人以上的村党的委员会，经乡镇党委批准，可以由党员代表大会选举产生。

村党组织的主要职责是：（一）宣传和贯彻执行党的路线方针政策和党中央、上级党组织及本村党员大会（党员代表大会）的决议。（二）讨论和决定本村经济建设、政治建设、文化建设、社会建设、生态文明建设和党的建设以及乡村振兴中的重要问题并及时向乡镇党委报告。需由村民委员会提请村民会议、村民代表会议决定的事情或者集体经济组织决定的重要事项，经村党组织研究讨论后，由村民会议、村民代表会议或者集体经济组织依照法律和有关规定作出决定。（三）领导和推进村级民主选举、民主决策、民主管理、民主监督，推进农村基层协商，支持和保障村民依法开展自治活动。领导村民委员会以及村务监督委员会、村集体经济组织、群团组织和其他经济组织、社会组织，加强指导和规范，支持和保证这些组织依照国家法律法规以及各自章程履行职责。（四）加强村党组织自身建设，严格组织生活，对党员进行教育、管理、监督和服务。负责对要求入党的积极分子进行教育和培养，做好发展党员工作。维护和执行党的纪律。加强对村、组干部和经济组织、社会组织负责人的教育、管理和监督，培养村级后备力量。做好本村招才引智等工作。（五）组织群众、宣传群众、凝聚群众、服务群众，经常了解群众的批评和意见，维护群众正当权利和利益，加强对群众的教育引导，做好群众思想政治工作。（六）领导本村的社会治理，做好本村的社会主义精神文明建设、法治宣传教育、社会治安综合治理、生态环保、美丽村庄建设、民生保障、脱贫致富、民族宗教等工作。

在经济建设方面，党的农村基层组织应当加强对经济工作的领导，坚持以经济建设为中心，贯彻创新、协调、绿色、开放、共享的发展理念，加快推进农业农村现代化，持续增加农民收入，不断满足群众对美好生活的需要。具体任务包括：（一）坚持以公有制为主体、多种所有制经济共同发展的基本经济制度，巩固和完善农村基本经营制度，坚持农村土地集体所有，坚持家庭经营基础性地位，坚持稳定土地承包关系，走共同富裕之路。（二）稳定发展粮食生产，发展多种经营应当同支持和促进粮食生产相结合。（三）推动乡村产业振兴，推进农村一二三产业融合发展，让农民合理分享全产业链增值收益。（四）坚持绿水青山就是金山银山理念，实现农业农村绿色发展、可持续发展。（五）领导制定本地经济发展规划，组织、动员各方面力量保证规划实施。（六）组织党员、群众学习农业科学技术知识，运用科技发展经济。吸引各类人才到农村创业创新。党的农村基层组织应当动员和带领群众全力打赢脱贫攻坚战，如期实现脱贫目标，巩固发展脱贫攻坚成果、防止返贫，组织发展乡村致富产业，推动农民就业创业，教育引导农民既"富口袋"又"富脑袋"，依靠自己的辛勤劳动创造幸福美好生活。党的农村基层组织应当因地制宜推动发展壮大集体经济，领导和支持集体经济组织管理集体资产，协调利益关系，组织生产服务和集体资源合理开发，确保集体资产保值增值，确保农民受益。

在精神文明建设方面，党的农村基层组织应当组织群众学习习近平新时代中国特色社会主义思想，培育和践行社会主义核心价值观，开展中国特色社会主义和实现中华民族伟大复兴的中国梦宣传教育，爱国主义、集体主义和社会主义教育，党的路线方针政策教育，思想道德和民主法治教育，引导农民正确处理国家、集体、个人三者之间的利益关系，培养有理想、有道德、有文化、有纪律的新型农民。党的农村基层组织应当加强群众培训，通过新时代文明实践中心（所、站）、农民夜校等渠道，深入宣传教育群众，用中国特色社会主义文化、社会主义思想道德牢牢占领农村思想文化阵地。党的农村基层组织应当改善农村人居环境，倡导文明健康生活方式。传承发展提升农村优秀传统文化，保护传统村落，加强农村文化设施建设，开展健康有益的文体活动。改善办学条件，普及义务教育。开展文明村镇、文明家庭创建活动，破除封建迷信和陈规陋习，推进移风易俗，弘扬时代新风。党的农村基层组织应当加强和改进思想政治工作。宣传党组织和党员先进事迹，宣传好人好事，弘扬真善美，传播正能量。了解群众思想状况，帮助解决实际困难，引导群众自觉听党话、感党恩、跟党走。党的农村基层组织应当加强对党员、群众的无神论宣传教育，引导党员、群众自觉抵制腐朽落后文化侵蚀，弘扬科学精神，普及科学知识。做好农村宗教工作，加强对信教群众的工作，管理好宗教活动场所，依法制止利用宗教干涉农村公共事务，坚决抵御非法宗教活动和境外渗透活动。必须在意识形态上站稳立场，旗帜鲜明反对各种错误观点，同一切歪风邪气、违法犯罪行为作斗争。

### 3.1.2 村民委员会的产生、设置和职责

**1. 村民委员会的产生**

1980 年前后，由于人民公社解散，村庄公共事务管理出现真空，在广西壮族自治区河池地区的宜山县等地，一些村民自发召开村民会议，选举产生村民委员会负责全村的公共事务，并制定了相应的村规民约。广西村民自发建立村委会的做法在 1982 年引起彭真等中央领导的关注。1982 年底，“村民委员会”被正式载入《宪法》，并强调村民委员会的基层群众自治组织性质。1987 年 11 月，第六届全国人大常委会第二十三次会议通过《村民委员会组织法（试行)》。1988 年《中华人民共和国村民委员会组织法》正式实施。在全国农村实行村民自治，这一变革具有极其深刻的意义，被称作“静悄悄的革命”①（范瑜，2008)。

**2. 村民委员会的选举**

《中华人民共和国村民委员会组织法》规定：村民委员会的设立、撤销、范围调整，由乡、民族乡、镇的人民政府提出，经村民会议讨论同意，报县级人民政府批准。村民委员会主任、副主任和委员，选举村民委员会，由登记参加选举的村民直接提名候选人，候选人的名额应当多于应选名额。由村民直接选举产生村民委员会委员。任何组织或者个人不得指定、委派或者撤换村民委员会成员。村民委员会每届任期三年，届满应当及时举行换届选举。村民委员会成员可以连选连任。

① 范瑜．村民自治：中国基层民主的发展进步．学习时报，2008-06-02.

村民委员会的选举，由村民选举委员会主持。村民选举委员会由主任和委员组成，由村民会议、村民代表会议或者各村民小组会议推选产生。年满十八周岁的村民，不分民族、种族、性别、职业、家庭出身、宗教信仰、教育程度、财产状况、居住期限，都有选举权和被选举权；但是，依照法律被剥夺政治权利的人除外。村民选举委员会应当组织候选人与村民见面，由候选人介绍履行职责的设想，回答村民提出的问题。

选举村民委员会，由登记参加选举的村民过半数投票，选举有效；候选人获得参加投票的村民过半数的选票，始得当选。选举实行无记名投票、公开计票的方法，选举结果应当场公布。选举时，应当设立秘密写票处。登记参加选举的村民，选举期间外出不能参加投票的，可以书面委托本村有选举权的近亲属代为投票。

本村 1/5 以上有选举权的村民或者 1/3 以上的村民代表联名，可以提出罢免村民委员会成员的要求，并说明要求罢免的理由。被提出罢免的村民委员会成员有权提出申辩意见。罢免村民委员会成员，须有登记参加选举的村民过半数投票，并须经投票的村民过半数通过。村民委员会应当自新一届村民委员会产生之日起十日内完成工作移交。工作移交由村民选举委员会主持，由乡、民族乡、镇的人民政府监督。

**3. 村民委员会的设置**

《中华人民共和国村民委员会组织法》规定：村民委员会是村民自我管理、自我教育、自我服务的基层群众性自治组织。村民委员会由主任、副主任和委员共 3～7 人组成。村民委员会成员中，妇女应当有适当的名额，多民族村民居住的村应当有人数较少的民族的成员。村民委员会根据需要设人民调解、治安保卫、公共卫生与计划生育等委员会。村民委员会成员可以兼任下属委员会的成员。人口少的村的村民委员会可以不设下属委员会，由村民委员会成员分工负责人民调解、治安保卫、公共卫生与计划生育等工作。村民委员会成员不脱离生产，根据情况，可以给予适当补贴。

村民委员会可以根据村民居住状况、集体土地所有权关系等分设若干村民小组。村民小组是目前中国乡村社会普遍的社区自治、集体经济组织，它是由自然村落组成的社区组织，是村民长期生活、生产的生存环境，是村民自治的基本组织，是村民自治的先天、后天自治组织。村民小组在村民自治中发挥着重要作用，是村民自治活动的基层组织，是村级组织联系村民的桥梁和纽带，是村民自治最坚实的基石[①]（梁信志，2012）。

村民小组组长由村民小组会议推选。村民小组组长任期与村民委员会的任期相同，可以连选连任。属于村民小组集体所有的土地、企业和其他财产的经营管理以及公益事项的办理，由村民小组会议依照有关法律的规定讨论决定，所做决定及实施情况应当及时向本村民小组的村民公布。召开村民小组会议，应当有本村民小组十八周岁以上的村民 2/3 以上，或者本村民小组 2/3 以上的户的代表参加，所做决定应当经到会人员的过半数同意。

2018 年中央一号文件指出，应推动乡村治理重心下移，尽可能把资源、服务、管理下放到基层。继续开展以村民小组或自然村为基本单元的村民自治试点工作。村民小组在许多农村地区已经成为村民自治的具体单位，特别是在耕地、林地等资源管理职责，以及服务和管理职能等的具体单位，其自治职能和运行机制应参照村民委员会具体规定执行。

**4. 村民委员会的职责**

村民委员会作为基层群众性自治组织，是社区层次的自我管理、自我教育、自我服务的组织。一方面是自治性，体现自己的事情自己管理的自治精神，另一方面是合法性，要在法律、法规的规定和范围内组织村内的公共管理活动。《中华人民共和国村民委员会组织法》规定其职责包括：

（1）发展生产。村民委员会应当支持和组织村民依法发展各种形式的合作经济和其他经济，承担本村生产的服务和协调工作，促进农村生产建设和经济发展。

（2）管理集体财产和保护资源。村民委员会依照法律规定，管理本村属于村农民集体所有的土地和其他财产，引导村民合理利用自然资源，保护和改善生态环境。村民委员会应当尊重并支持集体经济组织依法独立进行经济活动的自主权，维护以家庭承包经营为基础、统分结合的双层经营体制，保障集体经济组织和村民、承包经营户、联户或者合伙的合法财产权和其他合法权益。

---

① 梁信志．村政组治［M］．社会科学文献出版社，2012：162.

（3）宣传和文化发展。村民委员会应当宣传宪法、法律、法规和国家的政策，教育和推动村民履行法律规定的义务、爱护公共财产，维护村民的合法权益，发展文化教育，普及科技知识，促进男女平等，做好计划生育工作，促进村与村之间的团结、互助，开展多种形式的社会主义精神文明建设活动。多民族村民居住的村，村民委员会应当教育和引导各民族村民增进团结、互相尊重、互相帮助。

（4）社区建设，提供公共服务。村民委员会应当支持服务性、公益性、互助性社会组织依法开展活动，推动农村社区建设。2018 年中央一号文件也指出，要加强农村社区治理创新。创新基层管理体制机制，整合优化公共服务和行政审批职责，打造“一门式办理”“一站式服务”的综合服务平台。在村庄普遍建立网上服务站点，逐步形成完善的乡村便民服务体系。村民委员会的社区建设以及公共服务职能将进一步加强。

（5）遵守和执行村民会议决议。村民委员会及其成员应当遵守宪法、法律、法规和国家的政策，遵守并组织实施村民自治章程、村规民约，执行村民会议、村民代表会议的决定、决议，办事公道，廉洁奉公，热心为村民服务，接受村民监督。

村委会在具体工作中，往往会遇到自治工作与行政工作叠加，工作任务重的情况。2018 年中央一号文件指出，要集中清理上级对村级组织考核评比多、创建达标多、检查督查多等突出问题。这明确了要减轻村委会的行政压力，要创新村委会的各项工作机制，建立多层次的基层协商。

### 3.1.3 村民委员会和基层政权组织的关系

村民委员会与基层党组织和基层政府组织的关系如图 3-1 所示，中国共产党在农村的基层组织，按照中国共产党章程进行工作，发挥领导核心作用，领导和支持村民委员会行使职权；依照宪法和法律，支持和保障村民开展自治活动、直接行使民主权利。乡、民族乡、镇的人民政府对村民委员会的工作给予指导、支持和帮助，但是不得干预依法属于村民自治范围内的事项。

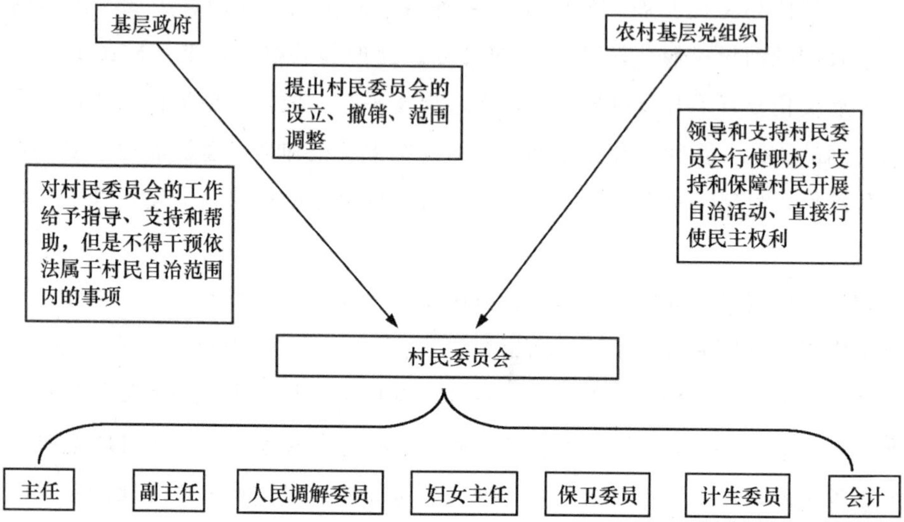


**图 3-1　村民委员会与基层政权组织的关系**

## 3.2　村民自治的运行机制

随着农村社会的转型变迁，村民自治已经普遍开始实行。虽然建立了较好的民主治理体系，但在实际的运作中，“行政化”的倾向也比较明显①（罗兴佐，2016）。法律对村民自治的运行机制有明确的规定：

### 1. 村民委员会要向村民会议负责，向其做工作报告

村民委员会的年度工作报告需经村民会议审议，接受村民会议评议工作。村民会议有权撤销或者变更村民委员会不适当的决定；有权撤销或者变更村民代表会议不适当的决定。村民会议可以授权村民代表会议审议村民委员会的年度工作报告，评议村民委员会成员的工作，撤销或者变更村民委员会不适当的决定。涉及村民利益的事项，经村民会议讨论或授权村民代表会议讨论决定，决定方可办

① 罗兴佐．村级治理的行政化倾向与改革的民主化路径［J］．华东师范大学学报：哲学社会科学版，2016(1)：7-9.

理：本村享受误工补贴的人员及补贴标准；从村集体经济所得收益的使用；本村公益事业的兴办和筹资筹劳方案及建设承包方案；土地承包经营方案；村集体经济项目的立项、承包方案；宅基地的使用方案；征地补偿费的使用、分配方案；以借贷、租赁或者其他方式处分村集体财产；村民会议认为应当由村民会议讨论决定的涉及村民利益的其他事项。

**2. 村民会议和村民代表会议的召开机制和运行**

村民会议：村民会议由村民委员会召集。村民会议由本村十八周岁以上的村民组成。有十分之一以上的村民或者三分之一以上的村民代表提议，应当召集村民会议。召集村民会议，应当提前十天通知村民。召开村民会议，应当有本村十八周岁以上村民的过半数，或者本村三分之二以上的户的代表参加，村民会议所做决定应当经到会人员的过半数通过。法律对召开村民会议及做出决定另有规定的，依照其规定。召开村民会议，根据需要可以邀请驻本村的企业、事业单位和群众组织派代表列席。村民会议可以制定和修改村民自治章程、村规民约，并报乡、民族乡、镇的人民政府备案。

村民代表会议：人数较多或者居住分散的村，可以设立村民代表会议，讨论决定村民会议授权的事项。村民代表会议由村民委员会成员和村民代表组成，村民代表应当占村民代表会议组成人员的五分之四以上，妇女村民代表应当占村民代表会议组成人员的三分之一以上。村民代表由村民按每五户至十五户推选一人，或者由各村民小组推选若干人。村民代表的任期与村民委员会的任期相同。村民代表可以连选连任。村民代表应当向其推选户或者村民小组负责，接受村民监督。村民代表会议由村民委员会召集。村民代表会议每季度召开一次。有五分之一以上的村民代表提议，应当召集村民代表会议。村民代表会议有三分之二以上的组成人员参加方可召开，所做决定应当经到会人员的过半数同意。

**3. 建立村民委员会多层次基层协商格局**

村民委员会工作过程中，应发挥自治章程、村规民约以及新乡贤的作用。依托村民会议、村民代表会议、村民议事会、村民理事会、村民监事会等，形成民事民议、民事民办、民事民管的多层次基层协商格局。还应全面建立健全村务监督委员会，推行村级事务阳光工程。村民委员会的工作机制和职能见图 3-2。

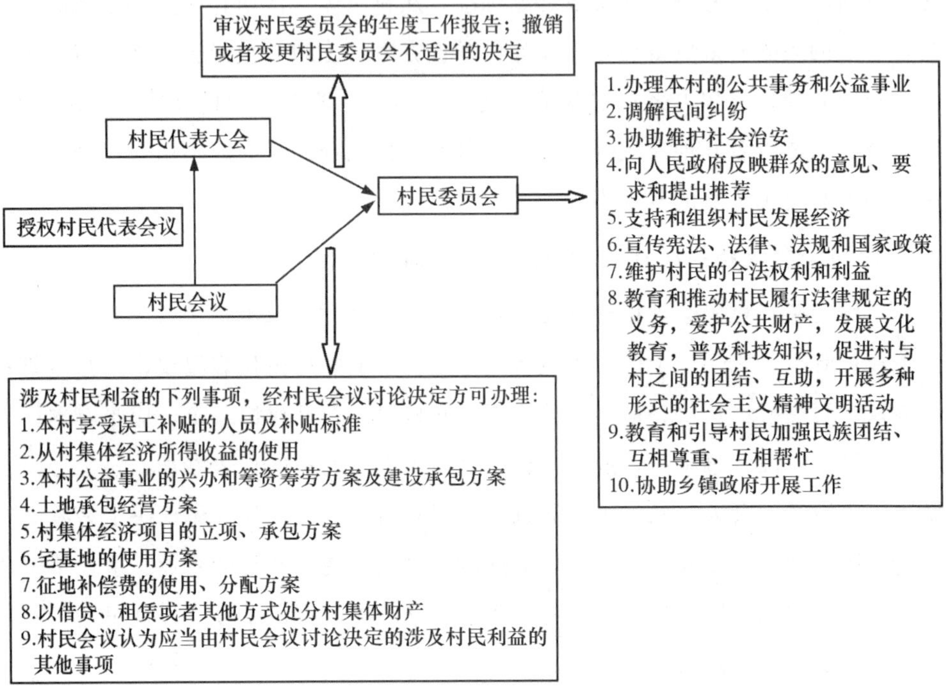


图 3-2　村民委员会的工作机制和职能

## 3.3　村干部的角色和行为分析

“角色”是指与人们的某些社会地位、身份相一致的一整套权利、义务的规范与行为模式，它是人们对具有特定身份的人的行为期望，它构成社会群体或组织的基础。在村干部的研究中，徐勇（2002）将角色引入政治学当中，运用了社会的研究角度，注重分析村干部在村级治理中的个体行为选择①。村干部的角色是村干部在村中的职责扮演者，村干部因其所处的社会地位，对其角色有国家行政系统的要求、村民对村干部的期盼等，还要考虑村干部自身作为个体对行政制度的适应和其行为选择。

① 徐勇．村干部的双重角色：代理人与当家人．二十一世纪（网络版），2002(7).

村干部群体的角色和行为有着鲜明的时代特征。在新中国成立初期，重家庭出身和政治积极性；在 20 世纪 50 年代末至 80 年代初，突出政治表现、工作积极性和个人表现；自 80 年代中后期以后，注重发展经济与致富的能力，进入经济能人时代；90 年代中期以后，则着重“能否镇得住地盘”的强势力时代①（肖唐镖，2006）。相应地，50 余年来，村干部经历了从“毛式干部”到“邓式干部”，再到“强人式干部”的变迁②（肖唐镖等，2001）。所谓“邓式干部”，即指“先富群体从政”或“富人村干部”现象③（刘亚伟等，2004），如在浙江省 2002 年第六届村委会选举后，全省新当选的 133 222 位村委会成员中，属“先富群体”的约占 30%；义乌市的比例高达 60%，在新当选的 421 名村主任中更占到 65%；永康、东阳、瑞安、乐清等地，其人数占当选村委会成员的比例也都在 60%④（张旭光等，2003）。所谓“强人式干部”，在江西农村主要以强宗大族背景为主要特色，但在有些地区的农村，治村的“强人”甚至蜕变为“恶人”，如阎云翔调查的黑龙江农村案例⑤（阳敏，2004），就以黑恶势力背景为典型。贺雪峰（2015）研究指出：在征地拆迁的农村，狠人、能人更容易当村干部；经济发达地区，富人治村不可逆；中西部农业型农村，好人村干部最为普遍⑥。

从“乡镇政府—村干部—农民”三层结构来看，农村处于国家的最底层，国家的政策通过国家在基层政府即乡镇政府来实现，而农民则通过与农村干部的接触来实现自身的利益表达。在这样一种治理体制之下，村干部居于乡镇政府和村民之间，是乡镇政府与村民之间的桥梁，乡镇政府不直接参与管理村民，因此，村干部的作用就显得尤为重要。总的来说有三种看法，即“乡村社区利益的保护人”“国家代理人”，以及介于两者之间的“双重”身份⑦（谢丽丽，2011）。

---

① 肖唐镖．什么人在当村干部？——对村干部社会政治资本的初步分析［J］．管理世界，2006(09):64-70.

② 肖唐镖，邱新有，唐晓腾．多维视角中的村民直选：对十五个村委会选举的观察研究［M］．中国社会科学出版社，2001.

③ 刘亚伟，詹成付．我们仍在路上：村民选举与村民自治研究论文集［M］．西北大学出版社，2004.

④ 张旭光，任强．先富群体竞选“村官”现象的调查与思考［J］．资料通讯，2003(09):6-10.

⑤ 阳敏．阎云翔．一个人类学家和他的村庄［J］．南风窗，2004(17):82-83.

⑥ 贺雪峰．是谁在当村干部？［J］．决策，2015(10):13.

⑦ 谢丽丽．我国基层自治组织中村干部角色研究综述［J］．科学发展，2011(9):89-95.

### 1. “乡村社区利益的保护人”

国外学者 Vivienne Shue（1988）认为，基层干部主要是忠实于自己的社区，和传统的地方绅士阶层一样，他们绝不是党和国家机器的组成部分，他们为抵抗国家权力的侵入提供了一道防护层①。村委会是一个经济实体，其与国家利益之间缺乏真正的直接联系，因而在实践中，村干部成了农村集体利益的“当家人”，以维护村集体利益为行为准则②（于建嵘，2002）。

**案例**

位于山东省泰安市的叶家庄村，曾是个“穷乡僻壤”的小山村，村里只有一条羊肠小道，村民 470 人。尽管在 2005 年村子修了主街，但由于没有与外界直通的大道，导致村里没有发展项目，青壮劳动力大多外出打工，村内只剩下老人和孩子，严重制约了村里的经济发展。

可就在近几年，这里有了翻天覆地的变化，300 亩茶园已成为带动叶家庄村民致富的主导产业，使村容村貌焕然一新。村里巨大的变化离不开身残志坚的村党支部书记朱新荣的辛勤付出。

多年的拼搏让朱新荣身上有一种坚韧的力量。16 岁时，朱新荣开始了人生的第一份工作——木匠，但当时的工资也只够他勉强糊口。直到 17 岁时，他当上了派出所联防队员，生活才稍有好转。但一直想有更大作为的朱新荣不满足现状，一心想创业。2004 年，他终于创办了自己的建筑装饰公司，然而正当生意日渐红火之时，年仅 30 岁的朱新荣被诊断出股骨头坏死。尽管不能再像以前那样行走自如，但他仍坦然面对人生。

2009 年，村里的老书记累病了，几位老党员找到朱新荣，希望他能回到村里担任村党支部书记，带领村民致富。那时朱新荣的公司已经发展得不错了，但是他觉得自己有责任和义务带领村民共同致富。

---

① Vivienne Shue. The reach of the state [M]. Stanford University Press，1988.

② 于建嵘．新时期中国乡村政治的基础和发展方向 [J]．中国农村观察，2002(1):58-64,82.

令朱新荣没料到的是，刚刚接手便碰到了棘手的问题。2009 年年底，农村低保家庭申请开始，通知一出，不少人提着烟酒上门，朱新荣把他们一一送走。随后，他拖着病腿走村串户进行摸排。他了解到，村里的周大婶一家虽然年年提出申请，但因种种原因，始终未列入低保家庭名单。在朱新荣的多方努力下，周大婶家终于通过了低保家庭申请。渐渐地，村里的大小问题被一个个解决了。村风正了，人心顺了，朱新荣开始琢磨起村子的发展之路。朱新荣带着村两委全体成员去华西村学习，学习后大家商量认为，叶家庄村的发展得从旅游业开始，要打造特色乡村旅游。于是，朱新荣出面借了两万元钱，组织村两委成员规划建设叶家庄生态休闲景区，聘请泰安市旅游局等旅游专家与规划设计人员进行整体规划，并争取上级财政支持。

在朱新荣的带领下，村民用了两年的时间将茶园建成，随后又建 1 000 多立方米的沼气池，专门为茶园供暖、提供肥料等，打造生态循环农业经济。随后的两年间，叶家庄村又筹划建设了小地主私人农场。这里的土地按平方出租给市民，合作社按照租户要求种植蔬菜，保证绿色、无公害，让市民体验一把当“地主”的感觉。

如今，叶家庄村已经走上了科学发展的道路。在朱新荣的带领下，村里不断完善村中基础设施，将村内两条主干道、背街小巷、主要生产路全部硬化；村内修建 3 处塘坝；街道全部绿化，共栽植绿化苗木 1.5 万余株，生态环境优良。2014 年，该村被评为“泰山区乡村文明示范村”。

7 年来，朱新荣一瘸一拐地行走在山岭之中，带领乡亲们修路、发展特色高效农业，把一个空壳村变成了富裕文明小康村。叶家庄的每一项富民惠民工程都倾注了他的心血与汗水。朱新荣通过自己的努力，向父老乡亲交出了一份合格的答卷，彰显党员本色。

（案例根据以下资料整理：《村书记身残志坚带领村民致富》，央视网新闻频道，责编薛姚 http：//news.cctv.com/special/thx/2016/251/index.shtml.）

### 2. “国家代理人”

与上述观点不同，许多学者认为村干部只不过是国家利益在乡间的代理人。他们并不代表乡村社会，也不是乡村利益的保护者，而是国家利益的代理人。一些学者对于中国地方“保长”的分析也指出，随着国家对于乡土社会的渗入，作为中间人物的“保长”越来越成为国家利益的代理人。美国学者萧凤霞（Helen F. Siu）根据她本人对中国南方农村的长期研究，认为地方干部通过党和国家而获得权力，党和国家的意识形态和政策方针是他们权力的合法性的唯一来源。他们已经完全为党和国家所同化了，所以他们效忠的不是自己的社区，而是国家，因此他们不是村民利益的代言人，而是党和国家在农村的代理人①（Helen F. Siu，1989）。在基层行政机构里的“保长”，事实上是政府力量在基层的一个工具，他的主要权力来源是依附于政府权力的。20 世纪初期的地方绅权，已不再是传统的长老权力，而是成为统治者的代理人，成为政府权力的向下延伸。随着中国现代化进程的推进，村干部要完成许多自上而下的工作任务，成为国家基层组织中的重要力量。村干部成为国家主导的农村发展进程中的国家意图代理人，完成政府工作是日常工作的重要任务。

案例

江西省 YJ 县 HW 村党支部书记 XZY，男，45 岁。从 2003 年至今（2018 年）一直担 H 乡 HW 村党支部书记，连任整整 14 年。

2016 年 8 月，HW 村被定为第三批宅改试点村，在农村，有两件事不能干：一是挖人祖坟，二是拆人房子，谁要敢动这两样，就算脾气再好的人，也会急红眼。宅改却是两件事都要做，XZY 认为是党的人就要干党的事，再硬的骨头也要啃。为了推动宅改的开展，他首先拆了丈母娘的老宅院，惹怒了丈母娘，天天站在门前咒骂他，难听的话连珠炮般砸过来，躲都没地儿躲。他的心不好受，但是他认为做好农村的工

① Baker H D R，Helen F. Siu. Agents and victims in South China：accomplices in rural revolution. xxiv，378 pp. New Haven and London：Yale University Press，1989. [J]. Bulletin of the School of Oriental & African Studies，1990，53(3)：587-588.

作就应该从干部开始，再就是党员，最后才是群众。他的以身作则鼓舞了其他村干部和党员，也消除了群众的顾虑，大大加速了宅改的进程，其中下万组不到 20 天就拆除了空心房、废旧禽畜舍 48 家，面积达 1 万多平方米。宅改过程中，五保户、特困户等特殊群体的住房现状最令 XZY 心忧：他们大多住在面积大、破旧的危房里，又没有经济能力盖新房，拆了旧房就没了“安身立命之所”；如果不拆，全村的“宅改”又很难推进。为此，XZY 带领村“两委”班子，充分整合民政、扶贫等各类资金，在村里建起了全区唯一的一幢“幸福楼”，集中安置全村的特困户。“做梦都没想到，到老了还能住上这么好的楼房。”已经住进“幸福楼”的万元华老人脸上写满了幸福与满足。

在 HW 村，年轻人基本外出务工，孩子大多由爷爷、奶奶照管，家庭教育环节相对薄弱，尤其到了假期，孩子们的看管就成了难题。HW 村创建了余江区第一个“儿童快乐之家”，为儿童提供宽敞的活动场所，配置了图书、报纸杂志、活动器械等设施，组织志愿者老师为孩子们讲解课外知识，教孩子们唱歌、跳舞，开展游戏、体育等课外活动，极大地丰富了孩子们的业余生活。同时，搭建了一个与家长沟通、交流的互动平台，解决了外出务工人员的后顾之忧。“办实事、做好事、解难事”这是 HW 村村民对 XZY 的一致评价。XZY 无怨无悔地将青春热血挥洒基层一线，用实干诠释时代担当，14 年的农村基层工作，他以实干实绩向组织和群众交上一份份满意的答卷，先后被评为“龚全珍式的好干部”、全省优秀党支部书记、县综治先进个人。

（案例来源：作者调研）

**3. “双重代理人”的两种选择：“守夜人”和“贪污谋利者”**

角色的扮演过程是角色朝着符合大众期望的目标前行，以一种社会的共同期望值为角色最终达成目标，个体逐渐适应这一目标的过程。但是在实际环境中，角色在扮演过程中，总是会出现各种角色失调的情况。主要的失调表现就是角色的冲突。在现实中，一方面，村干部由村民任免，但却主要在替政府办事；另一方面，乡镇政府需要村干部配合工作，但自身负担沉重，无法提供利益上的激励[①]（唐晓腾，2002）。在“强国家—弱社会”“强政府—弱村庄”的博弈格局中更是难之又难。在一些集体经济几乎没有的“空壳村”中，村干部如果得不到足够的报酬，他们就既不会成为称职的国家代理人，也不会成为称职的农村当家人，而仅仅扮演的是“撞钟人”或是“守夜人”的角色[②]（吴毅，2001）。但在村庄集体性、经营性资产较多，又缺乏法治监管，同时民主治理和村民自治缺乏有效监督的地区，村干部的双重代理人身份，就会转变成为“谋利贪污”。他们在缺乏监督的情况下，无视党纪和法律，变成“小官巨贪”，走上腐败之路。

案例

数据显示，中国约60万的行政村里有数百万农村基层干部。由于缺乏有效监管，加上新型城镇化进程中土地开发带来的巨大利益诱惑，“小村干部、大腐败”成为中国社会转型期一个值得关注的现象。

高立庄，北京西南四环的一个村。每天，南方进京的动车从这里呼啸而过。尽管没有支柱产业，但“生”在首都，土地就成了这个村最大的本钱。以“土”换“金”，城镇化飞速发展为村民带来巨额财富的同时，陈伟杰也因“村官”身份，成为“土地爷”。身为村干部，在“金土”交易面前，他连连失守。

**坐地生财，廉洁底线失守**

当权力与土地利益结合在一起，它的含金量就会倍增。一旦廉洁底线失守，权力就会成为失控的恶魔，把人推向腐败的深渊。

陈伟杰，北京市丰台区花乡高立庄村原党总支委员，高立庄村投资管理公司原董事长兼总经理。2014年9月1日，陈伟杰因受贿罪、非国家工作人员受贿罪，被判处有期徒刑17年。

1971年出生的陈伟杰是改革开放浪尖的一代。初中文化的他，也

---

① 唐晓腾．村干部的“角色冲突”——乡村社会的需求倾向与利益矛盾分析［J］．中国农村观察，2002(4):61-67.

② 吴毅．“双重角色”“经纪模式”与“守夜人”和“撞钟者”——来自田野的学术札记［J］．开放时代，2001(12):114-117.

曾吃苦耐劳、踏实肯干。由于政治素质过硬，再加上颇具经济头脑，陈伟杰很快被委以重任——高立庄村党总支委员、高立庄村投资管理公司董事长兼总经理。2007年，36岁的陈伟杰走马上任。

刚上任的时候，陈伟杰也怀有一腔热情，理思路、谋发展。但伴随着土地资源市场价值的激增，陈伟杰权力的“含金量”也不断增加。在征地拆迁的过程中，他发现，往日名不见经传的村民一夜之间得到了少辄几百万元，多辄上千万元、上亿元的补偿款。

牛车瓦房，豪车豪宅——巨大的反差让陈伟杰这个“土地爷”有了坐地生财的欲望。在“金土”交易的不断刺激之下，在满目豪奢的物质世界里，陈伟杰的世界观、人生观发生偏移，拜金主义思想开始膨胀，私欲开始填补他的心灵空白。

出借村集体资金1.9个亿、帮助企业贷款11个亿，索贿240万元。“拿了这么多的钱，肯定跟帮过他们公司有关，整体上是对应的。”狱中的陈伟杰如此剖析自己。他认为，这些靠拆迁获利的“土豪”们是靠着自己才发财的，他理所当然该分一杯羹。

贪如火，不遏则燎原；欲如水，不遏则滔天。开豪车、住豪宅——为了实现自己的“土豪”梦，陈伟杰的廉洁底线逐渐瓦解，丧失了理想信念，彻底迷失了人生方向。短短7年间，他就利用职务便利，在旧村改造、征地拆迁等业务中，多次向孙某、刘某、潘某等人索取贿赂，共计人民币1 625万余元。

“这就是资源性腐败——从村集体的土地、矿产和林业等资源中谋利。”中国社会科学院法学研究所副研究员支振锋说，“而且，越是涉案金额大的村干部腐败，越是和资源关系密切。”在中国人民大学危机管理研究中心主任唐钧撰写的《官员形象危机报告（2012）》中，村干部贪腐问题最突出的共性便是与土地利益的关联性极强。

浙江省永嘉县新桥村原村委会主任余乾寿，在拆迁和安置房项目中，贪贿3 000余万元；深圳市龙岗区“村官”周伟思，在旧城改造项目中曾涉嫌收受一房地产公司逾千万元“好处费”……当权力与土地利益结合在一起，它的含金量就会倍增。一旦廉洁底线失守，权力就会成为失控的恶魔，把人推向腐败的深渊。

“我家里的4个老人身体都不好，妻子没有工作，还要照顾3个孩子。如果上天再给我一次机会，我一定踏踏实实做人，绝不会再做违纪违法的事情。”审判庭上，陈伟杰声泪俱下。可是，世上没有后悔药。陈伟杰终为自己的贪婪付出代价，只能在囹圄中反省自己的罪行，为他人敲响警醒的钟声。

**特权轻法，法治防线失守**

法治意识淡薄，监管乏力，权力再小，也能变成腐败的恶魔。

据了解，高立庄村有三套班子：党总支委员会、村委会、高立庄村投资管理公司。由于村党总支委员会成员包括了村委会和投资管理公司的主要领导，所以，党总支会议就能把主要的事情定下来。“村委会和高立庄投资管理公司很少开会了，拆迁的事情都是陈伟杰全权负责。”该村原党总支书记说。甚至在一次出借村集体1.9亿元资产的时候，陈伟杰也只需“跟党总支书记碰了下头，就同意了”。

村干部法治意识淡薄，村级组织管理混乱，这不仅为权力失控提供了机会，更为腐败的发生埋下了伏笔。身兼村党总支委员以及村企董事长兼总经理两职，陈伟杰集党务、企业决策权于一身，职位不高，能量却很大。

“他的房子是违章建筑，按规定可以不补偿，但我还是给他补偿了。”在2008年的一次拆迁中，陈伟杰违规操作使企业主刘某获利。为此，他要了30万元好处费。一次拆迁，要30万元；再一次拆迁，要100万元……在“土”与“金”的交易间，陈伟杰手中的权力一次又一次失控。

法治意识淡薄，监管乏力，权力再小，也能变成腐败的恶魔。据调查，“村官”腐败案件频频产生的一个重要原因就是“村官”法律意识的淡薄。“村官”文化程度相对较低，对相关法律规定认识模糊，基本的法律常识缺失。例如，长春市二道区岗子村原村委会主任张某，是公认的“老好人”。在多起案件中，他都在涉案的审批表、虚假协议、证明上签过字。提审问他：“你知道你的签字意味着什么吗？”他回答：

“村民办事不容易，村支书让我签我就签了……要知道犯罪，我说什么也不签。”

我国《村民委员会组织法》明确规定，村集体经济所得收益的使用以及征地补偿费的使用、分配方案等涉及村民利益的事项，经村民会议讨论决定方可办理。其他村民自治法规规定，在村干部日常权力运行中，民政部门管选举、农委管集体资产和离任审计、违纪行为归纪检监察、土地征用由国土部门管……可谓方方面面都有监督者。

“但是，看上去有不少部门管理，其实是多家管理谁都没有管理。”有学者将对村干部的监管概括为“内部监督太软，外部监督太难。”村民自下而上的监督阻力重重。“法律规定，村里的最高权力机构是村民会议，但现在，村民自治往往变成‘村委会自治’。”支振锋说。内部的监督，同样疲软乏力。记者梳理发现，在一些农村，党组织（党支部）、自治组织（村委会）和集体经济组织（经联社），多由一套人马运作。“几块牌子，一套班子”导致有的“村官”身兼数职，集党务、村务和财权于一身。陈伟杰案就是一个典型。

权力失控的地方，总是腐败的重灾区。但法律是一把高悬的利剑，挑战法律者，必将受到严惩。如今，等待陈伟杰的是17年的囹圄之苦。

**依法民主治村，挤压腐败行为活动空间**

依法规范村级组织及其责任人的职权，健全管理制度，实行村务公开和民主决策，才能避免陈伟杰之流在监督上的盲区，坐在肥沃的利益土壤上，继续吞噬民脂民膏。

海口市5名村干部利用协助征占土地的职务便利，侵吞村民征地补偿款近1 300万元；深圳市龙岗区“村官”周伟思在旧城改造项目中坐地生财，涉嫌受贿5 000多万元；北京市高立庄村陈伟杰受贿1 625万余元……

近年来，“村官”腐败问题日益突出，犯罪手段及犯罪形式亦趋多样化。据不完全统计，2013年以来，全国各地公开“村官”违纪违法案件171起。其中，涉案金额超过千万的案件有12起，涉案总金额高达22亿。统计发现，“千万级村干部”大多来自广东、浙江、江苏以及北京等经济较发达地区。12起案件中，与土地、拆迁相关的有7起。

蚊蝇之腐猛于虎。小官巨贪现象正成为破坏农村法治建设的一大罪魁祸首，其对社会公平正义也造成了极大的伤害。

（案例根据以下资料整理："村官巨贪"戏码缘何不断上演——从陈伟杰受贿案看"村官"腐败现象，记者曹溢，中国纪检监察报，发布时间：2014-10-22 08:22 http://www.ccdi.gov.cn/xcjy/yajs/201410/t20141022_43647.html.）

## 3.4 加强基层组织建设　深化村民自治实践

乡村治理现代化，村级组织的发展是重要的基石。村级的基层党组织以及村民自治组织如何发挥作用，进行创新，夯实基础，实现治理有效，民主管理，是农村发展过程中的重要挑战和基本问题。

《中国共产党农村基层组织工作条例》指出党的农村基层组织应当加强对各类组织的统一领导，打造充满活力、和谐有序的善治乡村，形成共建共治共享的乡村治理格局。村党组织书记应当通过法定程序担任村民委员会主任和村级集体经济组织、合作经济组织负责人，村"两委"班子成员应当交叉任职。村务监督委员会主任一般由党员担任，可以由非村民委员会成员的村党组织班子成员兼任。村民委员会成员、村民代表中党员应当占一定比例。村级重大事项决策实行"四议两公开"，即村党组织提议、村"两委"会议商议、党员大会审议、村民会议或者村民代表会议决议，决议公开、实施结果公开。党的农村基层组织应当健全党组织领导的自治、法治、德治相结合的乡村治理体系。深化村民自治实践，制定完善村规民约，建立健全村务监督委员会，加强村级民主监督。推广新时代"枫桥经验"，推进乡村法治建设，提升乡村德治水平，建设平安乡村。依法严厉打击农村黑恶势力、宗族恶势力、宗教极端势力、"村霸"，严防其侵蚀基层干部和基层政权。坚决惩治黑恶势力"保护伞"。

十九大报告提出，要健全自治、法治、德治相结合的乡村治理体系，实现国家治理体系和治理能力现代化。2018年中央一号文件提出，坚持自治为基，加强农村群众性自治组织建设，健全和创新村党组织领导的充满活力的村民自治机制。推动村党组织书记通过选举担任村委会主任。发挥自治章程、村规民约的积极作用。全面建立健全村务监督委员会，推行村级事务阳光工程。依托村民会议、村民代表会议、村民议事会、村民理事会、村民监事会等，形成民事民议、民事民办、民事民管的多层次基层协商格局。积极发挥新乡贤作用。推动乡村治理重心下移，尽可能把资源、服务、管理下放到基层。继续开展以村民小组或自然村为基本单元的村民自治试点工作。

近年来全国关于基层治理的创新探索很多，如广东清远“自治下沉”、湖北秭归“基层小微治理”、浙江德清“理事会”、浙江宁海的“五议决策法”、四川成都的“村民议事会”、河南邓州的“四议两公开”等，这些探索均丰富了基层治理的内涵。广东清远的“村民自治重心下移”，就是将行政村一级的村民自治下移到自然村一级，行政村改为农村综合服务站，为农民提供各种服务，从而发挥自然村一级的自治作用[①]（贺雪峰，2016）。湖北秭归县提出的“基层小微治理”，则是针对“小事”的治理，其涉及的多是与群众切身利益紧密相关的事务[②]（李永萍，2016）。探索建设村落理事会，通过吸纳在村精英、调动村庄内部资源以及民主协商，实现村庄良性治理[③]（杜姣，2017）等。学界也普遍认同，村两委的“行政化趋向”给村民自治实践的深化带来较大的压力。为了应对这一问题，需要推动治理的下移。随着自上而下的行政约束力强化，村民委员会的运转日益行政化，难以获取来自村民的自下而上认同[④]（蔡禾等，2016）。村委会向上负责使其对乡村事物回应弱化，“村实组虚”成为基层治理问题。要走出困境就要再造治理单元即治理下沉[⑤]（刘建平等，2016）。在组一级建立村民

---

① 贺雪峰．广东清远村民自治下移的探索［J］．农村工作通讯，2016(21):35-37.

② 李永萍．基层小微治理的运行基础与实践机制——以湖北省秭归县“幸福村落建设”为例［J］．南京农业大学学报：社会科学版，2016(5):46-54.

③ 杜姣．村治主体的缺位与再造——以湖北省秭归县村落理事会为例［J］．中国农村观察，2017(5):32-45.

④ 蔡禾，胡慧，周兆安．乡贤理事会：村庄社会治理的新探索——来自粤西Y市D村的地方经验［J］．学海，2016(3):46-54.

⑤ 刘建平，陈文琼．“最后一公里”困境与农民动员——对资源下乡背景下基层治理困境的分析[J]．社会科学文摘，2016(3):49-51.

理事会，使大量公共事务和公益事业在组内议决，具有长效性和方向价值[1]（徐勇等，2011）。不仅有助于反映和维护自然村落村民的利益，参与和协助村民委员会的工作，也是在组织村民，推动村民自治从个体参与到群体参与、从分散化利益表达到组织化利益表达的重要机制[2]（项继权等，2017）。下面的案例，介绍了乡村治理下移的具体的做法之一——在村组建立理事会。治理资源下移使得乡村治理过程中许多困难得到了解决。

案例

2015 年，YJ 县全县推动宅基地改革试点工作。为了积极推动完成宅基地改革工作，G 乡积极探索以村民理事会为主体的村民自治模式，以深化村民自治实践，依托自然村、村民小组建立村民理事会。YJ 县宅改实行了“县委指导、乡镇统筹、村两委、理事会”四级联动的机制。四级联动的机制，对乡村治理中村民自治实践产生了直接的影响，使得村级治理资源下移。由村民小组和村民理事会为主体的村民自治小组，承担了大量的商议讨论、细则执定、具体执行工作。

YJ 县 G 乡 HW 村有 8 个自然村组，共设 7 个村民小组。有一个自然村组人数较少，不到 50 人，所以把它并为其他村民小组管理。每个村民小组有 3～4 位村民小组干部。村民小组干部主要是平常在村以务农为主业的村民，并且多为 45～65 岁的有劳动能力的男性。其中，大多数自己在家种田，子女外出务工或经商。若是农忙的时候，村两委都会把重大事项推迟安排给村民小组，因为小组干部没空。为了增加基层治理资源，HW 村依托 7 个村民小组建立了 7 个村民理事会。全村两委干部 6 人，村民小组干部 21 人，村民理事会理事 56 人，其中由村民小组干部兼任理事会理事的 21 人（表 3-1）。

① 徐勇，周青年．“组为基础，三级联动”：村民自治运行的长效机制——广东省云浮市探索的背景与价值［J］．河北学刊，2011，31(5)：96-102.

② 项继权，王明为．村民理事会：性质及其限度［J］．福建论坛：人文社会科学版，2017(9)：155-160.

**表 3-1　YJ 县 G 乡 HW 村村民理事会基本情况**

| 名称 | 理事人数 | 小组人数 | 成立时间和事由 | 发挥功效 |
|---|---|---|---|---|
| XJ | 7 | 546 | 2015 年成立，宅改 | 宅改，水利建设，合作医疗普及，乡村文化建设 |
| WJ | 6 | 425 | 2015 年成立，宅改 | 修理，宅改，幸福楼，养老金 |
| HJ | 7 | 427 | 2016 年成立，宅改 | 宅改，上级治理任务，协商征地款 |
| LJ | 7 | 497 | 2015 年成立，宅改 | 宅改，土地确权 |
| SD | 7 | 300 | 2012 年成立，山地优质稻合作社 | 建立 SD 合作社并吸引全村人加入，成立“爱心基金会”和“敬老爱老基金会” |
| LD | 7 | 286 | 2015 年成立，宅改 | 水利建设，修路，新农村建设 |
| ZD | 12 | 336 | 2015 年成立，宅改 | 宅改，修路 |

1. 村民理事会成员即理事的推选

村民理事会以村民小组为单位建设，村民理事会的成员也主要由村民小组干部担任。村组干部之外的理事成员，首先由村两委干部综合考虑家族利益关系以及村民的德行、能力和时间等因素进行推选，然后广泛征求村民小组成员和自然村居民的意见，进行委任。理事会成员要求集体观念强、办事公道、在群众中享有较高威望，重点从党员干部、村民代表、致富能手、妇女骨干、农村五老（老党员、老干部、老模范、老教师和老军人）等人中推选。一般由理事长和理事共 5～7 人组成，任期三年。通过“小组干部＋党员代表＋家族代表＋其他人员”的组织架构，有效地激活了“有主体”的村民自治，缓解了自治单元过大带来“无社会”的自治，基层组织弱化引发“无组织”的自治，村民需求的表达困境带来“无主体”的自治等难题。

2. 村民理事会的功能

村民理事会的性质是以村民自治为基础的非正式的自治组织，负责处理本村组项目监督、建章立制等具体事务，只要是本村集体的事情，就要通过召开理事会来解决。G 乡村民理事会的功能体现在：

（1）村组出现矛盾时，村民理事会可以及时出面调解处理，能够消除大量矛盾纠纷，维护农村社会稳定。村民理事会充分发挥村级事业的“组织员”，为民办事的“服务员”，党的政策的“宣传员”，矛盾纠纷的“调解员”的作用，弥补了乡村干部精力不足、管理力度难以到位等问题，促进了社会稳定。

（2）村民理事会在村两委领导下，自主开展工作，对群众生产生活最亟待解决的问题，进行广泛讨论。由于理事本身就具有代表性，可以迅速收集村民意愿、表达村民心声，也容易将乡村工作的内容和精神传达给群众。起到了良好的收集民意，上传下达的功能和作用。

（3）村民理事会的推行，激发村民参与村级事务管理的热情，使广大村民深刻意识到“自己的事情自己办、自己的家园自己建”，激发了村民主人翁意识，彰显了村民自治的生命力。

3. 村民理事会存在的问题

（1）农村空心化带来的人力资源问题。大部分的年轻人都在外务工，理事成员的选择后继乏人。

（2）理事成员流动较大，难以稳定。很多理事成员也是家中生计承担者，需要工作和谋生。长期从事公益性的理事工作，没有经济报酬又浪费时间，同时还要得罪人，所以很多理事会在从事一段时间后，选择退出。这就造成村民理事成员流动较大，队伍难以稳定。

（3）众口难调。虽然村民理事会都来自各大族姓中权威人士，但利益分化的当下，集体行动也难以达成。村民理事会工作要想获得村民的全部支持仍然较难。

（4）宅基地改革过后，外部资源进入村庄内部少，村庄变化小，村治资源少，村民理事会也面临无事可议和解散的风险。

2015 年，YJ 县被列为全国农村宅基地制度改革试点。宅基地改革涉及每家每户的切身利益，容易引起乡村社会的矛盾和纠纷。工作难度高，工作任务艰巨。要想取得试点的成功，必须触动部分村民的根本利益，但同时又必须充分尊重农民意愿，激发广大农民群众自主参与的热情。为了积极推动完成宅基地改革工作，YJ 县在合村并组后村委会行政设置下，重新发挥小组（自然村落）治理有效性，吸纳乡贤作为村治精英进入理事会，且将原来村组干部吸纳进理事会，同时在每个家族选代表进入理事会，与村级组织共同完成各项治理工作。实践证明，YJ县通过宅改建立了村民理事会，将治理资源放在村民小组和村民理事会，这种治理资源下移的创新处理，有效地激活了村民自治，缓解了自治单元过大、基层组织弱化、村民需求表达困难等难题。可以说，上述实践是通过农村宅基地改革试点的推动下进行的乡村基层治理体制的创新。

（案例来源：作者调研）

# 第 4 章

# 农村集体经济组织

## 4.1 农村集体经济组织的内涵和理论溯源

### 4.1.1 农村集体经济组织的内涵

《中华人民共和国宪法》规定中华人民共和国的社会主义经济制度的基础是生产资料的社会主义公有制，即全民所有制和劳动群众集体所有制。农村集体经济组织实行家庭承包经营为基础、统分结合的双层经营体制。农村中的生产、供销、信用、消费等各种形式的合作经济，是社会主义劳动群众集体所有制经济。参加农村集体经济组织的劳动者，有权在法律规定的范围内经营自留地、自留山、家庭副业和饲养自留畜。国家保护城乡集体经济组织的合法的权利和利益，鼓励、指导和帮助集体经济的发展。

《中共中央、国务院关于稳步推进农村集体产权制度改革的意见》指出农村集体经济是集体成员利用集体所有的资源要素，通过合作与联合实现共同发展的一种经济形态，是社会主义公有制经济的重要形式。《宪法》的规定指明农村集体经济组织是指劳动群众集体所有的一种公有制，其实质是组成该集体经济组织的全体成员劳动者共同拥有生产资料，共同劳动，共享收益的一种经济组织形式。根据《宪法》《物权法》等法律规定，农村集体经济组织依法代表成员集体行使农村集体资产所有权，承担农村集体资产经营管理事务。充分理解农村集体经济组织的内涵，要注意区分以下几点：

**1. 农村集体经济组织与村两委的区别**

农村改革以来，基于农村土地集体所有制以及实行家庭承包经营为基础、统分结合的双层经营体制，每个行政村都是一个农村集体经济组织，管理耕地、林地、四荒地、水塘等资源。但并不是每个行政村都成立了“农村集体经济组织”。随着中国经济的发展，特别是在中国东部等较发达地区，农村集体积累了庞大的经营性资产，成为除土地资源以外还具有更多实体经济能力的经济体，农村集体经济组织的建立就比较普遍。现阶段由县级以上地方政府主管部门负责向农村集体经济组织发放组织登记证书，农村集体经济组织可据此向有关部门办理银行开户等相关手续，以便开展经营管理活动。据农业农村部 2018 年的数据显示，2018 年全国现在共有 23.8 万个村、75.9 万个村民小组建立了集体经济组织，占总村数的 40.7%，村民小组占比超过 15%。与此同时，已有超过 13 万个村组通过产权制度改革，将农村集体资产折股量化建立了股份经济合作社[①]（农业农村部，2018）。可见，村民委员会作为村民自治组织，村党支部作为党的基层组织，对行政村的公共事务起自治管理以及领导的作用。农村集体经济组织是基于劳动群众集体所有制的经济组织。《中共中央、国务院关于稳步推进农村集体产权制度改革的意见》指出：应在基层党组织领导下，探索明晰农村集体经济组织与村民委员会的职能关系，有效承担集体经济经营管理事务和村民自治事务。有需要且条件许可的地方，可以实行村民委员会事务和集体经济事务分离。妥善处理好村党组织、村民委员会和农村集体经济组织的关系。

**2. 农村集体经济组织和农民专业合作社的区别**

《宪法》明确提出，农村中的生产、供销、信用、消费等各种形式的合作经济，是社会主义劳动群众集体所有制经济。可见，农村集体经济组织是一种合作经济。但它和农民专业合作社的合作经济不同。后者注重生产者的生产和交易活动，而农村集体经济组织的合作，是资产、资源的合作，注重的是成员资格权以

---

① 《农业农村部介绍农村集体产权制度改革进展情况》，农业农村部，2018 年 6 月 19 日 http://www.gov.cn/xinwen/2018-06/19/content_5299654.htm#allContent.

及受益权。在《中共中央、国务院关于稳步推进农村集体产权制度改革的意见》中提到“农村集体经济是集体成员利用集体所有的资源要素，通过合作与联合实现共同发展的一种经济形态，是社会主义公有制经济的重要形式。”农村集体经济组织是集体资产管理的主体，是特殊的经济组织，可以称为经济合作社，也可以称为股份经济合作社。农村集体经济组织不仅仅是一种合作经济，还是一种股份经济合作社。

**3. 农村集体经济组织和公司企业的区别**

农村集体经济组织是一类特殊的经济组织，它不同于公司企业。公司企业的股权可以随时转让，可以集中到少数人手里。但农村集体经济组织的股权有成员资格界限，只能在农村集体经济组织成员中进行内部流转，集体资产也不能由少数人控制，而是劳动群众共有的资产。公司企业可以倒闭，但由于农村集体经济组织的特殊情况，其在资产清算时面临难题。另外，农村集体经济组织属于股份经济合作社，其与股份制企业也不同。《中共中央、国务院关于稳步推进农村集体产权制度改革的意见》指出农村集体经营性资产的股份合作制改革，不同于工商企业的股份制改造，要体现成员集体所有和特有的社区性，只能在农村集体经济组织内部进行。股权设置应以成员股为主，是否设置集体股由本集体经济组织成员民主讨论决定。股权管理提倡实行不随人口增减变动而调整的方式。改革后农村集体经济组织要完善治理机制，制定组织章程，涉及成员利益的重大事项实行民主决策，防止少数人操控。因此，和公司企业不同，农村集体经济组织是特殊的经济组织和特别法人。

### 4.1.2 农村集体经济组织的理论溯源

马克思和恩格斯的社会主义合作思想是农村集体经济组织设立和发展的理论基础。傅立叶、欧文等社会主义先行者的思想和实践对马克思和恩格斯的思想影响较大。傅立叶是法国杰出的空想社会主义者，也是对当时资本主义进行无情揭露和抨击的社会活动家。傅立叶在批判资本主义的基础上所构想的理想社会叫作“和谐制度”，他的合作经济思想体现在对这种理想社会制度的论述中，《经济的和协作的新世界》一书的论述最为系统和全面[①]（程同顺，2003）。傅立叶认为人类就是为了协调与各种协作而被创造出来的生物，协作应该成为唯一的社会制度。但是在资本主义制度下，人们之间是分散的、不协调的，因此他主张要组织新的理想的和谐社会。他所构想的和谐社会的基层组织称为“法朗吉”，主要特点有：法朗吉的所有制是一种合作所有制；人人都要参加劳动，同时也保证人人都有工作；法朗吉以农业生产为主；全部生产收入平均分配给成员[②]（洪远朋，1996）。欧文是英国杰出的空想社会主义者。他关于合作公社的设想是随着不断地进行试验而逐渐丰富起来的[③]（程同顺，2003）。1817年，他在《致工业和劳动贫民救济协会委员会报告书》中已对“合作公社”作了初步的阐述。1820年在《致拉纳克郡报告》一书中，则进一步发展了他的“合作公社”思想。而在《新道德世界书》中对“合作公社”的内容做了比较全面的论述。欧文关于合作公社的思想主要有：财产公有、管理民主化、实行按需分配、各种劳动相结合等。欧文于1824年在美国创办了“新和谐公社”，在4年后宣告实验失败。马克思曾对此给予高度评价，认为“这些伟大的社会试验的意义不论给予多么高的估计都是不过分的”“在英国，合作制的种子是由罗伯特·欧文播下的”[④]（马克思、恩格斯，1972）。

马克思和恩格斯的合作经济思想是在特定的历史时期形成的，主要是围绕着资本主义如何向社会主义过渡的核心展开的。他们的合作经济思想主要体现在《资本论》《国际工人协会成立宣言》《法兰西内战》《哥达纲领批判》《法德农民问题》等论著中。他们的合作经济思想论述如下方面：

### 1. 生产合作化

马克思认为资本主义社会的基本矛盾在其发展过程中，由工人自己组织起来的合作工厂，使人们看到了在资本主义生产方式范围内进行资本所有权扬弃的可能性。他在给第一国际日内瓦会议代表的指示中明确表示：“我们建议工人们与其从事合作贸易，不如从事合作生产。前者只能触及现代经济制度的表面，而后

---

①③ 程同顺．中国农民组织化研究初探［M］．天津人民出版社，2003.

② 洪远朋．合作经济的理论与实践［M］．复旦大学出版社，1996:19-21.

④ 马克思，恩格斯．马克思恩格斯选集［M］．第2卷．人民出版社，1972:132-133.

者却动摇它的基础，建议一切合作社把自己总收入的一部分作为行动和言论两方面来宣传自己的原则的基金，也就是说，除了传播自己的学说，还要促使建立新的生产合作社①（马克思、恩格斯，1964）”。生产合作的思想，是马克思合作经济思想的重要内容。在当时的英国，供销和消费类型的合作社在存在的各种类型的合作社中占相当大的比例，马克思认为走生产合作化道路才能改变工人或农民被剥削的本质。

**2. 自愿和示范原则**

马克思指出，无产阶级政党在引导广大的工人和农民开展生产合作化运动时，应坚持自愿的原则，而不应违背工人阶级或小农的意愿，更不应采取直接掠夺等不正当手段。恩格斯也指出，“当我们掌握了国家权力的时候，我们绝不会用暴力去剥夺小农”“我们对于小农的任务，首先是把他们的私人生产和私人占有变为合作社的生产和占有，但不是采用暴力，而是采用示范和为此提供社会帮助”。“我们不会违反他们的意志而用强力干预他们的财产关系”“如果他们下决心的话，就使他们易于过渡到合作社，如果他们还不能下决心，那就甚至给他们一些时间，让他们在自己的小块土地上考虑考虑这个问题”②（马克思、恩格斯，1972）。

**3. 社会主义的所有制和分配制度**

马克思和恩格斯指出，在无产阶级的社会主义革命中，应该根据不同国家和地区的客观条件，分别实行农村土地的国家所有制或集体所有制；无论是实行国家所有制的土地，或者是实行集体所有制的土地，都必须由合作社实际占有，由合作社支配使用。可见农业生产合作社，既可以建立在土地国家所有制的基础上，也可以建立在土地集体所有制的基础上。在农业生产合作社的内部经济关系和分配，也可以是多种形式的。既可以有从一开始就实行合作社内纯全公有制和纯全按劳分配的合作经济形式，也可以有实行公有制与私有制并存、按劳分配与按资分配并存的合作经济形式。

① 马克思，恩格斯．马克思恩格斯全集［M］．第16卷．人民出版社，1964:218-219.

② 恩格斯．法德农民问题，1894，选自《马克思、恩格斯选集》［M］．第4卷．人民出版社，1972:310-311.

**4. 全国大生产合作社**

马克思、恩格斯的社会主义合作社是把小块土地结合起来并且在全部结合起来的土地上进行大规模经营，强调联合起来的合作社按照总的计划组织全国生产，并且要走向生产资料全国性集中，全国规模地经营农业，以形成全国大生产合作社①（马克思、恩格斯，1972）。

## 4.2 农村集体经济组织的发展历程

中国农村的集体经济组织产生于20世纪50年代初期的农业合作化运动，经历了初级社（互助组）、高级社、人民公社，再到家庭联产承包阶段，经历了从分散的个体劳动，到集体所有、集体经营，再到统分结合、双层经营等阶段，如今又步入了全面改革的新的发展阶段。

### 4.2.1 土地改革阶段

土地改革，发生于20世纪40年代末期到50年代初期的中国大地上。早在1925年，毛泽东同志就在进行大量调查研究的基础上，把马克思主义的基本原理与中国革命的具体情况相结合②（曲红澎，2009），写出了《中国社会各阶级的分析》，为土地改革的进行奠定了理论基础。“打土豪、分田地”和减租减息斗争，为土地改革提供了大量的实践依据。土地改革的基本要求和主要任务是：把封建主义的地主阶级土地私有制改变为新民主主义的农民群众土地私有制。在旧中国，占总人口不到10％的地主和富农，却占有60％～70％，甚至80％以上的农村耕地。这些地主和富农通过对土地的占有，对劳动农民在经济上进行残酷剥削，在政治上进行压迫。农民和地主阶级的矛盾成为当时中国社会的主要矛盾。而中国共产党领导的新民主主义革命就是要解决这个矛盾。解决这个矛盾的关键

① 马克思，恩格斯．马克思恩格斯选集［M］．第2卷．人民出版社，1972：314-379．

② 曲红澎，胡丽娣，曾明星．读《中国社会各阶级的分析》［J］．魅力中国，2009(35)．

问题是土地所有权问题，就是要变地主的土地所有权为劳动农民的土地所有权，实现“耕者有其田”，同时解放和发展农村生产力[①]（陶艳梅，2011）。到新中国成立前夕，中国拥有1亿人口以上的解放区已经完成了土地改革任务。新中国成立以后，中央人民政府于1950年6月颁布了《中华人民共和国土地改革法》，在全国大大加快了土地改革的进程。到1952年，除了一些少数民族地区外，全国大陆基本上完成了土地改革任务。通过土地改革，全国农民从地主阶级手中夺回7亿多亩土地，真正实现了“耕者有其田”。农民成为土地的主人，生产积极性空前高涨。据东北的统计显示，土改之后70%的农民的粮食生产以及牲畜、大车、衣物、房屋均有增加[②]（邓力群，1996）。土地改革任务的完成，宣告一个时代的结束。

### 4.2.2 互助组和初级社阶段

为了解决劳动力、农具等不足的问题，当时已有许多农民为了避免出卖土地的命运自发地组织起来，开始了各种各样的互助合作。1951年12月《中共中央关于农业生产互助合作的决定》[③]指出：“农民在土地改革基础上发扬起来的生产积极性，表现在两个方面：一方面是个体经济的积极性；另一方面是劳动互助的积极性。”同时提出：“根据运动发展的一般规律和发展农村生产力的必要性，党在目前对于发展互助合作运动的方针，应该有下列三个方面：一是在全国各地，特别是在新解放区和互助运动薄弱的地区，有领导地大量地发展互助合作运动的第一种形式（即临时性的季节性的简单的劳动互助）。二是在有初步互助运动基础的地区，必须有领导地逐步地推广第二种形式（即比简单的劳动互助有更多内容的常年互助组）。三是在群众有比较丰富的互助经验，而又有比较坚强的领导骨干的地区，应当有领导地同时又是有重点地发展第三种形式（即土地入股的农业生产合作社）。”

① 陶艳梅．建国初期土地改革述论［J］．中国农史，2011(1):105-111.

② 邓力群．中国的土地改革［M］．当代中国出版社，1996.

③ 中央关于农业生产互助合作的决议．人民网，http://gx.people.com.cn/n2/2016/0115/c365307-27553310.html，2016年1月15日．

党中央和毛泽东同志提出的上述设想、政策等，是建立在对农村当前客观形势的冷静分析基础上，符合农村实际情况，也得到了广大农民的积极响应。由于农户互助合作的积极性很高，所以很多贫下中农又自发办起了一些未经批准的初级社。据辽东省1953年统计，这种“自发社”已达164个。到1953年，全国参加互助组和初级社的农户已经有4 800万户左右，占总农户的50%[①]（西村成雄，1986）。在这个时期，这种互助合作的生产关系是基本适应当时生产力发展水平的，互助合作运动的发展是健康的，农民是欢迎的，农业是增产的。正如中共中央《关于建国以来党的若干历史问题的决议》中指出的那样：“对个体农业，我们遵循自愿互利、典型示范和国家帮助的原则，创造了从临时互助组和常年互助组，发展到半社会主义性质的初级农业生产合作社，再发展到社会主义性质的高级农业生产合作社的过渡形式。”这条道路是符合中国国情的[②]（贾绘泽，2011）。

农村在土地改革之后走互助合作的道路是由经济发展的客观规律决定的，是受生产力决定生产关系这个科学原理支配的，是广大农民群众在实践中的必然选择[③]（范守信，1998）。从1949年到1953年，农村集体经济组织萌芽，农村集体经济组织的雏形日渐产生，其具体组织形式就是互助组和初级社[④]（王琢，1996）。在不改变农民土地私有权的基础上，把分散的农户联系起来，解决农户在各自分散的生产活动中遇到的困难，以促进农业生产发展是互助组和初级社的基本特点。此时，农村集体经济组织处于产生和发展的初始阶段。

### 4.2.3 高级社阶段

从1954年到1956年，农村集体经济的组织形式由初级社过渡到高级社。这个时期，迎来农业合作化运动发展的高潮。高级社与初级社的不同之处是土地所有权由农民个体私有变为集体公有。

---

① 西村成雄，刘家磊．东北地区的土地改革与互助合作运动［J］．黑河学刊（地方历史版），1986(03)：59-70.

② 贾绘泽．《关于建国以来党的若干历史问题的决议》研究综述——纪念《关于建国以来党的若干历史问题的决议》发表30周年［J］．高校社科动态，2011(2)：19-24.

③ 范守信．土改后的中国农村和党的互助合作政策［J］．党史研究与教学，1998(1)：14-20.

④ 王琢，许滨．中国农村土地产权制度论［M］．经济管理出版社，1996.

土地改革形成了以农民土地私有制为基础的农村个体经济体制。这种个体经济，从所有制关系的角度来看是属于私有制经济；从生产资料的占有者直接从事生产劳动的角度来看又是属于劳动者经济。土地改革后形成的农村个体经济，是建立在生产资料私人占有基础上的小商品经济，这种小商品经济受自发的价值规律支配。在价值规律的作用下，特别是在当时我国农村生产力水平还很低的情况下，必然会出现两极分化，即一部分小生产者势将破产，不得不出卖土地，成为丧失土地的劳动力出卖者；而另一部分则发财致富，买进土地，积累了资金和生产资料，成为生产资料的占有者雇工生产。当时，这种苗头在个别地方已经出现。在这种情况下，毛泽东同志（毛泽东，1955）指出：现在农村中存在的是富农的资本主义所有制和像汪洋大海一样的个体农民的所有制。……农村中向两极分化的现象必然一天一天地严重起来。失去土地的农民和继续处于贫困地位的农民将要埋怨我们，他们将说我们见死不救，不去帮助他们解决困难。向资本主义方向发展的那些富裕中农也将对我们不满，……这个问题，只有在新的基础之上才能获得解决。这就是……逐步地实现对于整个农业的社会主义的改造，即实行合作化，在农村中消灭富农经济制度和个体经济制度，使全体农村人民共同富裕起来①。

在1956年6月30日由第一届全国人民代表大会第三次会议通过的《高级农业生产合作社示范章程》规定："年满十六岁的男女劳动农民和能够参加社内劳动的其他劳动者，都可以入社作社员。入社由本人自愿申请，经社员大会或社员代表大会通过。""入社的农民必须把私有的土地和耕畜、大型农具等主要生产资料转为合作社集体所有。""农业生产合作社按照社会主义的原则，把社员私有的主要生产资料转为合作社集体所有，组织集体劳动，实行'各尽所能、按劳取酬'，不分男女，同工同酬。"

高级社实行土地等主要生产资料的集体所有制，性质是社会主义的，方向是完全正确的。这是我国农业社会主义改造的伟大成果。从此，形成了至今仍在实行的以土地公有制为基础的农村集体经济体制。但是，中共中央《关于建国以来党的若干历史问题的决议》也指出："这项工作中也有缺点和偏差。在1955年夏季以后，农业合作化以及对手工业和个体商业的改造要求过急，工作过粗，改变

① 毛泽东. 关于农业合作化问题. 人民日报，1955年10月17日.

过快，形式也过于简单划一，以致遗留了一些问题。”

### 4.2.4 人民公社阶段

1957年以后，在“左”的思想指导下，刚刚成立的高级社还没有来得及巩固，又掀起了人民公社化运动。1958年8月29日，党中央公布了《关于在农村建立人民公社问题的决议》，仅仅经过一个多月的时间，全国的人民公社就由零发展到23 630个，入社农户达1.2亿户，占总农户的99%以上。在公社化过程中，出现了“共产风”、浮夸风、瞎指挥风，再加上严重的自然灾害，极大地挫伤了农民积极性，造成农业生产大幅度下降。针对这种情况，党中央在1960年11月3日发出紧急指示，要求各地坚决反对和彻底纠正“一平二调”的“共产风”错误，允许社员经营少量的自留地和小规模的家庭副业，恢复农村集市，并把基本核算单位由公社改为生产大队。1962年2月13日党中央又发出了《关于改变农村人民公社基本核算单位问题的指示》，提出了以生产队为基本核算单位，实行“三级所有、队为基础”，提出了要坚持自愿原则，注意克服平均主义。1962年9月27日，党的八届十中全会通过并颁布了《农村人民公社工作条例(修正草案)》(即“六十条”)，从政策上纠正了人民公社初期存在的严重问题。这时农村形势逐步好转，农业生产得到顺利恢复和发展。在实行人民公社体制期间，为了解决人民公社体制的弊端，农村许多地方曾经做出大量有益的探索，比如20世纪60年代初期安徽、四川、广西、浙江等地出现的包产到户①（陈者香，2010)。具体是指：“定产到田，责任到人”，在保持土地集体所有制的基础上，把地块定出产量，把田间管理包给农户，再按产量记工分、给奖励。这一办法弥补了原来计算工分中讲数量、不讲质量的缺点。更好地体现了多劳多得，提高了社员的责任心和生产积极性，起到了很好的增产增收的效果。但在当时“左”的思想影响下，这种做法被大力批判，很快就被制止了。以至于在“文化大革命”期间，小段定额包工的办法都被批判和纠正。

① 陈者香．安徽六十年代的“责任田”与七十年代的“大包干”[J]．百年潮，2010(12):55-59.

“三级所有、队为基础”①（辛逸，2001）的人民公社体制存在了20年时间，其做出的贡献也应给予充分肯定。首先，人民公社制度为“工业优先发展”战略实施提供了有力的制度和经济保障。人民公社实施期间，中国的农业生产有较大增长，农业生产条件得到显著改善，随着农业生产条件的改善和科学技术的推广应用，粮食产量有一定程度的提高。其次，人民公社制度以及相配套的农村户籍制度和粮食统购统销制度等，以较低成本，维持了我国农村的基本稳定，抑制了农村人口的流动，为工业发展和城市发展提供了发展机遇和环境。再次，人民公社时期，中国的农业生产基本农田水利设施得到了较好建设、修缮和维护，为农业生产提供了基础，农村启动改革后二三十年里，农业生产都依靠的是人民公社时期打下的良好的水利设施的基础。另外，人民公社制度下培养了大量具有国家观念和集体观念的基层干部。这为后来的农村改革奠定了干部基础和组织条件。但发展到20世纪70年代，人民公社的弊端更加明显地暴露出来，主要表现为政社合一的经济体制，高度集中的劳动组织形式，平均主义“大锅饭”的分配形式等带来的管得过多，管得过死的问题和弊端，使农民对农业生产经营没有积极性，没有主动性，农村经济发展停滞不前。

### 4.2.5 “家庭经营，统分结合”阶段

党的十一届三中全会以后，确立了家庭联产承包责任制为农村生产的基本制度，确立了集体与农户相结合的双层经营体制，创新了农村集体经济组织的经营形式。党中央充分尊重群众的意愿和选择，对于家庭联产承包为主的责任制和统分结合的双层经营体制，给予充分的肯定，把它作为建设具有中国特色的社会主义农业发展道路来加以评价。党的十三届八中全会又进一步明确：把以家庭联产承包为主的责任制、统分结合的双层经营体制，作为我国农村集体经济组织的一项基本制度长期稳定下来，并不断充实完善。实行家庭联产承包制是我国农村改革的最伟大成就之一，是在党的十一届三中全会精神指导下我国亿万农民在实践中的伟大创造。邓小平同志在1992年初说到：“农村搞家庭联产承包，这个发明

① 辛逸．试论人民公社的历史地位［J］．当代中国史研究，2001，8(3)：27-40.

权是农民的。农村改革中的好多东西，都是基层创造出来，我们把它拿来加工提高作为全国的指导[①]（邓小平，1992)。”

家庭联产承包责任制，适应了农业生产的特点，适应我国生产力发展水平，使得农民获得了农业经营自主权，这克服了人民公社的某些弊端。同时，形成了以土地等生产资料集体所有为特征、家庭承包经营与集体统一经营相结合，继承了集体经济的积极成果，能够充分发挥集体和农户两方面的积极性。这形成了新的经营体制和运行机制，在形式和内容上有较大的灵活性，可以容纳不同水平的生产力，具有很好的适应性和旺盛的生命力。这是继土地改革、合作化运动之后，我国农村生产关系的变革，发展了我国农村集体经济合作形式和制度。

首先从生产资料所有制来看。集体经济引进家庭联产承包之后，并没有改变土地等基本生产资料的社会主义劳动群众集体所有权。土地等基本生产资料仍然是集体所有，只是把所有权与经营权适当分离[②]（马举魁，2004)，使农民有了土地经营自主权，因而能够充分发挥集体和家庭经营的积极性，促进农业劳动生产率的提高，促进农村分工和商品经济的发展，为进一步发展社会主义集体经济创造了条件。其次从分配关系来看。群众称新的分配方式是“交足国家的，留够集体的，剩下都是自己的”。这种分配方式，兼顾了国家、集体、个人的利益关系，很好地体现了按劳分配、多劳多得的原则。把劳动报酬与生产的最终成果联系起来，就是把劳动者的责、权、利有机结合起来，克服了平均主义“大锅饭”的弊端，使“各尽所能、按劳分配”得到了较好的体现。另外除了国家对农民的种植和对粮食定购等宏观调控指导以外，农民可按照市场需求和经济规律发展商品经济。这一点便体现出社会主义有计划的商品经济的特征。

1983 年 10 月 12 日，在《中共中央、国务院关于实行政社分开建立乡政府的通知》中提道：在双层经营体制初步确立的基础上，党中央明确要求，实行政社分开，在建立乡政府和村民委员会的同时，也建立起农村集体经济组织的管理机构。农村集体经济组织又换以新面貌，如生产合作社、生产联合社、经济联合社、农工商公司等。后来，党中央积极引导集体经济发展出台的各项政策，都为

---

① 邓小平．在武昌、深圳、珠海、上海等地的谈话要点，1992.1.18—2.21．邓小平文选第三卷．人民出版社，1993.

② 马举魁．关于家庭联产承包责任制与农村土地制度改革的思考［J］．理论导刊，2004(08):44-46.

集体经济的健康发展提供了好的思路。实行家庭联产承包、建立双层经营体制以后，大大解放了农村生产力，促进了农村经济从传统向现代化的转变，向商品经济的转变，推动了商品经济的发展。主要农产品产量有较大增长，乡镇企业异军突起，在国民经济中发挥着越来越大的作用。农民生活水平也得到了较大提升，贫困地区基本解决了温饱，部分经济发达的地区开始向小康生活过渡。多种多样的集体经济组织形式，继承了集体经济组织的积极成果，又有很大创新，适应了现阶段农村的社会主义生产关系和生产力发展要求。据统计资料显示，1991 年全国农村集体经济总收入占农村经济总收入的 68.5%。1990 年末全国农村集体经济组织的集体企业、生产性固定资产原值 2 314 亿元，占农村经济固定资产总值的 59.4%[①]（王惠恩等，1992）。

## 4.3 农村集体经济组织的发展现状

### 4.3.1 农村集体经济组织发展状况

进入 21 世纪，农村集体经济组织的发展进入了新的阶段。党的十八大以来，以习近平同志为核心的党中央积极稳妥地推进农村集体产权制度改革，助推乡村振兴。习近平总书记在党的十九大和 2017 年中央农村工作会议上，强调要深化农村集体产权制度改革，全面开展清产核资，进行身份确认、股份量化。李克强总理也对这项改革多次提出明确要求。农业农村部、中央农办落实中央决策部署，以“扩面、提速、集成”作为深化农村集体产权制度改革的行动指南，全面动员部署，广泛宣传培训，有序推进改革。总的来看，改革进展平稳，成效显著。

2015 年，中央部署在 29 个县开展农村集体资产股份权能改革试点，经过 3 年试点探索，各项试点任务已经全部完成，取得了预期成果。29 个试点县共清查核实集体资产 1 125.6 亿元，确认集体成员 918.8 万人；共有 13 905 个村组完

① 王惠恩，吕炳华．乡村集体经济组织建设必读［M］．辽宁人民出版社，1992:3-4.

成改革，量化集体资产 879 亿元，累计股金分红 183.9 亿元，改革给集体和农民带来了实实在在的好处。2016 年 12 月发布的《中共中央、国务院关于稳步推进农村集体产权制度改革的意见》，是指导新时期农村集体产权制度改革的纲领性文件，共有 36 项任务，涉及 31 个部门。2017 年，农业部、中央农办确定在 100 个县开展农村集体产权制度改革试点，试点周期两年。2018 年，农业农村部、中央农办按照“扩面、提速、集成”的改革总体要求，进一步扩面的改革试点，包括吉林、江苏、山东 3 个省开展整个省的试点工作，河北石家庄市等 50 个地市开展整市试点，天津市武清区等 150 个县开展整县试点，目前中央试点单位共涉及 1 000 个县左右，约占全国总数的 1/3。2018 年全国已有 18 个省份自主确定了 266 个省级试点县。农业农村部数据显示，2018 年，全国已有超过 13 万个村组完成改革，确认集体成员超过 1 亿人[①]（人民日报，2018）。

2016 年底，全国农村集体账面资产总额 3.1 万亿元，村均 555.4 万元，一些大城市的城郊村账面资产可能是 2 000 万元，要评估土地的话可能就是两个亿，甚至数亿。经过多年的发展，全国现在共有 23.8 万个村、75.9 万个村民小组建立了集体经济组织，占总村数的 40.7%，村民小组占比超过 15%。与此同时，已有超过 13 万个村组通过产权制度改革，将农村集体资产折股量化建立了股份经济合作社。根据农业农村部的统计，截至 2016 年底，全国农村集体资产总额是 3.1 万亿元（不包括土地等资源性资产）。在统计的 55.9 万个村中，经营收益5 万元以上的村达到 14 万个，占总数的 1/4。集体没有经营收益或者经营收益在5 万以下的村有 41.8 万个，占总数的 74.9%。东部地区村均集体资产总额 1 027.6 万元，中部地区村均 271.4 万元，西部地区村均 175 万元[②]（人民日报，2018）。

通过农村集体产权制度改革，发达地区农民收入构成中股金分红占比达 15%～20%，证明了改革对农民收入增长的显著促进作用。从全国来看，农民收入四大构成中财产性收入占比仅为 3%～4%，欠发达地区尤其偏低，表明增加农民财产性收入潜力和空间甚大。深入推进农村集体产权制度改革，有利于激活农村资源要素活力，有利于增加农民收入特别是财产性收入，切切实实增强获得

①② 《农村集体产权制度改革扩大 扩面、提速、集成，今年吉林、江苏、山东 3 省全省开展》，《人民日报》，2018 年 6 月 20 日，10 版，http://paper.people.com.cn/rmrb/html/2018-06/20/nw.D110000renmrb_20180620_2-10.htm.

感[①]（张红宇，2017）。但是对于既缺少集体经营性资产，又没有对建设用地需求的广大中西部一般农业地区来说，不存在进行农村集体产权制度改革的必要与可能，更不可能给农民分红以及增加农民所谓的财产性收入[②]（贺雪峰，2018）。

### 4.3.2 农村集体经济组织发展类型

《中共中央、国务院关于稳步推进农村集体产权制度改革的意见》指出农村集体资产包括农民集体所有的土地、森林、山岭、草原、荒地、滩涂等资源性资产，用于经营的房屋、建筑物、机器设备、工具器具、农业基础设施、集体投资兴办的企业及其所持有的其他经济组织的资产份额、无形资产等经营性资产，用于公共服务的教育、科技、文化、卫生、体育等方面的非经营性资产。这三类资产是农村集体经济组织成员的主要财产，是农业农村发展的重要物质基础。根据这个分类，现阶段中国农村集体经济组织可以分为资源性资产为主的农村集体经济组织和经营性资产为主的农村集体经济组织。

**1. 资源性资产为主的农村集体经济组织**

资源性资产为主的农村集体经济组织，其主要的集体资产为农民集体所有的土地、森林、山岭、草原、荒地、滩涂等资源性资产，经营性资产较少。他们大部分处于中西部地区中农业生产为主的地区和山区，属于传统型的农村集体经济组织，在农村地区占比较大。随着改革的推进和发展，这类农村集体经济组织主要以其资源性资产作为其集体经济收入来源，但收入水平并不高。2018 年农业农村部数据显示，74.9％的村每年集体经营收益在 5 万元以下或者没有收益[③]（农业农村部，2018）。

---

① 张红宇．实施乡村振兴战略需进一步深化农村改革［J］．农村经营管理，2017(11)：1.

② 贺雪峰．农村集体产权制度改革之辩［J］．决策，2018(5).

③ 《农业农村部介绍农村集体产权制度改革进展情况》，农业农村部，2018 年 6 月 19 日 http：//www.gov.cn/xinwen/2018-06/19/content_5299654.htm#allContent.

案例

广西壮族自治区贵港市DX镇DT村是一个市郊的贫困村，距离贵港市区13公里，距离DX镇15公里，DT村位于DX镇与贵港市之间，驾车30分钟即可到达港北市区。全村826户4 164人，中共党员67名（其中预备党员2名），共15个自然屯19个村民小组。全村林地4 750亩，耕地面积2 462.6亩（其中水田2 316.19亩、旱地146.41亩）。农民主要种植优质稻，经济作物主要有玉米、花生，养殖鸡、鸭、猪、牛等。这两年村扶贫产业引进了顺阳蔬菜种植（含蜜思枣、红心番石榴、桑葚等）、百香果、沃柑（砂糖橘）、澳洲坚果育苗基地、小龙虾生态养殖基地等，并发展林下经济稔子鸡养殖。

DT村现有6个合作社、1个农业公司，全村土地大面积流转，截至2017年底，DT村的7个合作社与农业公司流转本村土地共1 813亩，占DT村能流转的总耕地面积2 462亩的73.6%（说明：DT村龙涡瀑布所处的山林地1万多平方公里受到港北区政府和DX政府保护，不得开发和利用）。

1. DT村集体经济发展状况

2017年集体经济收入共36.8万元。一是DT村将上级扶持村集体经济发展试点项目资金200万元投入万圣庄园合作社合作项目，在DT村及周边扶持百香果种植和乡村旅游项目，不参与经营和管理，不承担任何经营风险。合作社负责经营和管理，自负盈亏，每年按项目资金200万元的8%（即16万元）支付给DT村作为村集体经济收益金。二是将2017年港北区贫困村集体经济扶持资金5万元入股贵港市港北区绿顺生态种养专业合作社，合作期5年，每年村集体收益8%（即4 000元）为固定分红的模式。三是2017年完成的30千瓦光伏，1个半月收入0.41万元电费。四是DT村2017年贵隆高速公路集体土地征收补偿款及征地工作奖励经费20万元。

截至2018年7月底，DT村集体经济收入为18.2万元。主要是上级扶持村集体经济发展试点项目资金200万元投入万圣庄园合作社合作项目，2018 年村集体收益金 16 万元（即 8%的入股分红）。另外，上半年 DT 村土地流转管理费收入 2.2 万元。

2. 2018 年村集体经济收入情况

第一，解决 DT 村收取土地流转管理费问题。根据区组织部文件精神，经请示 DX 镇主要领导同意，事前先行主动宣传文件精神，积极和合作社负责人沟通，充分做好思想工作，支持 DT 村扶贫产业发展，助力贫困户脱贫增收。2018 年 5 月 22 日召开村民小组会议和村两委会议讨论协商，一致同意通过征收村土地流转管理费问题，确定每年每亩收取流转土地管理费 20 元。拟制了收取土地流转管理费协议书，村委和各合作社签订了协议书，主动收缴相关费用，截至 7 月底，已收取土地流转管理费 2.2 万元，个别合作社还未上交土地流转管理费，下一步继续追缴入账。

第二，加快小龙虾养殖基地建设。引进广西 ZR 农业发展有限公司在 DT 村发展小龙虾养殖项目后，DT 村委干部和驻村干部积极配合和协助小龙虾养殖基地做好土地流转工作，采取公司＋合作社＋农户的经营模式，已在 DT 村流转土地 300 亩（有租用贫困户的土地，雇用贫困户劳动力 1 人；租金为每年每亩 700 元），上缴村委土地流转管理费每年每亩 20 元），发展稻虾生态养殖农业基地。截至目前，养殖基地厂房建设和投苗养殖、聘请贫困户劳动力、设立宣传牌等工作已完成。

（案例来源：作者调研）

**2. 经营性资产为主的农村集体经济组织**

经营性资产为主的农村集体经济组织，除了资源性资产之外，还拥有大量的用于经营的房屋、建筑物、机器设备、工具器具、农业基础设施、集体投资兴办的企业及其所持有的其他经济组织的资产份额、无形资产等经营性资产，并且大部分都利用集体经济建立起了用于公共服务的教育、科技、文化、卫生、体育等方面的非经营性资产。这类农村集体经济组织主要分布在中国东部地区以及中西部地区的城镇周边。其经济活跃程度、创新程度以及创造的财富总值在中国经济总量中占有重要的份额。

## 案例

南街村隶属漯河市临颍县城关镇，紧靠107国道，西临京广铁路和京广高铁，东临京港澳高速公路。全村有回、汉两个民族，3 700多口人，500亩耕地，总面积1.78平方公里。村党委下设24个党支部，有党员730多名。改革开放以来，南街村充分发挥农村基层党组织的战斗堡垒作用，大力发展集体经济，走共同富裕道路，实现了物质文明和精神文明建设的飞速发展。经济建设上围绕农业办工业，围绕龙头企业上配套项目，大搞粮食深加工，深化农业产业化，壮大了集体经济，建立了国家大型一档企业——河南省南街村（集团）有限公司，该公司拥有员工7 000人，建有方便面厂、面粉厂、调味品公司、食品饮料公司、啤酒厂、麦恩公司、湿面厂、胶印公司、彩印公司、工艺品公司、旅游公司、制药厂等26家企业，在湖北、安徽、陕西、河北等地建有方便面和调味品分厂，年产值突破20亿元。随着经济实力的增强，南街村实行"工资+供给"的分配制度，村民免费享受水、电、气、面粉、节假日食品、福利卡消费、住房、上学、医疗等多项福利待遇，经济上没有负担，生活上没有后顾之忧，全体村民居住在几十栋配备齐全的花园式的现代化公寓里，人人安居乐业、家家生活幸福。街道宽阔平坦，道旁绿树成荫，路灯彩灯交相辉映，厂房住宅鳞次栉比。成立了艺术团、军乐队、盘鼓队、门球队、腰鼓队、秧歌队、女子健身舞蹈队、戏迷协会，建起了娱乐活动中心、太极拳馆、文化园、图书馆、档案馆、卫生院、康寿乐园等。同时，大办教育事业，投巨资建起了现代化高标准的幼儿园、中小学和高中，还办起了报社、广播站、电视台和网站。

南街村从过去贫穷的"难街村"到现在的集体经济如火如荼发展的南街村，经历了发展阵痛期、探索制度演变期、创业期，解决了许多看似无法克服的问题。刚开始在全国推行联产承包责任制时，南街村的土地与集体资产也一样分到各家各户。不过，土地承包下去了，农民反倒外出打工，大量土地荒芜；而两个承包出去的面粉厂和砖厂，因为承包者不发工资、不上缴利润而引起了众怒。村领导甚至也遭埋怨。就在全国最后一批249个人民公社解体时，南街村反其道而行之，重新完成了逆向的分合过程。承包出去的企业被收归集体，撂荒的土地由集体统一耕种。1986年2月5日。南街村村委会的一纸公告悄然贴出“关于回收部分闲置责任地的告示”：针对我村（南街村）大量田地荒芜，并结合村办企业发展的需要，村委会决定收回大量闲置田地，农户由村里安排工作，吃粮问题由村里统一供应……段林川说：“土地都是自愿交的。有力量耕种的我们一般还不收，一直到1990年土地才全部收归集体。”这一看似与联产承包责任制背道而驰的做法，却在南街村悄无声息地拉开了大幕。当初南街村的领导发现，很多外出的村民回村时常拎着个“价格不菲”的方便面袋子，最多耗二两面粉的一团面就要卖一块多钱。河南地区盛产小麦，并且还没有一家方便面厂，几个村干部觉得搞方便面厂能赚钱，便就设想着上马方便面项目。于是，这些村委会干部有的化装成买主去其他的方便面厂偷经学艺，有的在风雪夜里在银行行长家门口请求贷款，有的啃着干馍南下北上考察方便面设备……1989年，在村民的好奇与欢呼中，南街村在河南地区率先上马了第一条方便面生产线。当年产值便突破了2100万元，方便面厂日益兴旺。为了满足生产需求，南街村建起了多个面粉厂；围绕着农产品深加工的主线，南街村上马了锅巴生产线；而生产方便面需要大量调味品，村里又建起了调味品厂；产品需要包装，南街村又与日本企业合资建起了彩印厂、油墨厂，而生产方便面的下脚料又可以供村办养殖场使用……如此，环环相扣，优势互补，一个农、工、贸一体化的产业格局在南街村逐步兴盛。1992年时，南街村的工业产值达到了2个亿，1994年为8个亿。而到了1997年时，南街村的工业产值达到了17亿元。此时的街村拥有方便面厂、食品厂、包装材料厂、胶印厂、彩印厂、啤酒厂等26个企业，职工人数12000多人。

（案例根据以下资料整理：

1. 南街村官网 http://www.nanjiecun.cn/.

2. 蒋志荣，余群力，蒋志荣．中国十大名村　河南南街村、北京韩村河村［M］．兰州大学出版社，2009.）

## 案例

华西村位于江苏省江阴市华士镇。1961年10月15日，华墅人民公社17大队，因在华墅人民公社最西边，故名华西大队。吴仁宝任华西大队党支部书记。初建时，华西大队人口667人，集体资产2.5万元，欠债1.5万元，人均分配53元。2001年6月，华西村周边的3个行政村加盟华西村，合并成为华西一村。华西村周边的20个经济薄弱村先后加入华西村大家庭。面积由原来的0.96平方公里扩大到30平方公里，人口由原来的2 000多人增加到5万多人。建村50多年来，华西人始终坚持党的信仰不动摇，坚持社会主义道路不动摇，坚持改革开放不动摇，通过70年代“造田”、80年代“造厂”、90年代“造城”、新世纪“育人”，把华西建设成了文明和谐的社会主义新农村。其实，用三句话就可以概述其艰难而充满传奇色彩的创业历程：抓农业起家，抓二、三产业发家，建城镇安家。

首先是抓农业起家。从1964年开始，华西村人民在老书记吴仁宝的带领下，发起了学大寨活动，制定了华西村十五年规划，可以把规划精神概括为“五个一”，村庄劳动采用战斗队形式。终于，华西村提前7年实现了十五年规划。其次是抓二、三产业发家。1968年以后，华西村农业收入迅速增加，他们把农业和副业的积累资金全部投入工业，于1969年兴办了华西五金加工厂，随后又创办了板网厂、塑纺厂、药械厂等。十一届三中全会后，华西村上了钢铝型材、冷轧、带钢、焊管、锻造等项目，实现了华西村一、二、三产业综合发展的转变。1994年华西村一、二、三产业总值达16.16亿元，其中工业生产总值占94%。最后是建城镇安家。为了便于管理和服务，华西村从1965年开始搞新农村建设活动，他们统一规划、设计、施工，把原来的12个小自然村合并建设为一个社会主义新农村。80年代中期，华西人又提出了“三化三园”的小城镇发展目标。三化即美化、绿化、净化；三园也就是远看像林园，近看像公园，细看农民生活在乐园。华西村“三化三园”的目标已经实现。20世纪90年代以来，华西以“体力转脑力、数量转质量”为举措，一手抓传统产业的技改提升，一手抓三产服务业的转型升级，成功拓展了金融投资、旅游服务、仓储物流、远洋海工、农产品批发市场及矿产资源等一大批新兴产业。2017年，华西再次实现“双增”：可用资金比上一年增6.99%，交税比上一年增2.71%。在半个多世纪的发展进程中，先后获得了“全国先进基层党组织”“全国模范村民委员会”“全国文明村镇”“全国文化典范村示范点”等多项荣誉。历届党和国家领导人，都对华西给予了充分肯定和高度评价。国内外各界人士，称赞华西是“天下第一村”。

在2017年12月18日，一则“中国最富村到负债289亿　天下第一村华西村到底经历了什么?”的新闻在网络上发酵，该文称，昔日的天下第一村，如今也走到了亟须转型的岔路口，截至2016年3月，华西集团总负债389.07亿元，资产负债率为68.78%，其中有息负债245.7亿元。新闻一出，引起很多人的关注，真假引人怀疑。根据大公国际于2017年7月17日的信用评级显示，华西集团截至2017年3月，总资产541.26亿元，利润总额为0.55亿元，资产总负债率为67.83%，较2016年有所上升。可以说，负债情况基本属实。从其净利润总额、资产回报率等核心财务指标来看，“走到了亟须转型的岔路口”，主营业务钢铁亏损太多，仅靠金融投资维持表面的营利，是不争的事实。能人经济随着企业规模的不断扩张、能人生老病死等，存在着很大的局限性，往往是“成也萧何败也萧何”。未来的华西村将要走向何方？我们将拭目以待。

(案例根据以下资料整理：

1. 华西村官网 http://www.chinahuaxicun.com/.

2. 中国最富村到负债289亿　天下第一村华西村到底经历了什么？http://www.sohu.com/a/211266912_481540.

3. 华西村负债389亿　集团要职由吴仁宝家族成员分管. https://c.m.163.com/news/a/D62UD22R00018AOP.html?spss=newsapp&fromhistory=1.

4. 何敏翔. 百个符号看江苏[M]. 江苏人民出版社，2014.04.

5. 国家知识产权局直属机关党委编著. 伟大的中国精神 [M]. 知识产权出版社，2015.

6. 曹昭 . 关于南街村、华西村、小岗村的实地调查和比较研究 [J] . 当代经济，2015(2):61-63.

7. 何鹏程. 探索中国精神 大国筋骨是这样炼成的（权威珍藏版）[M]. 广东经济出版社，2015(06).）

## 案例

北京城西南50公里处，有一个村子叫韩村河，总面积2.4平方公里，全村910户，2 980人。十几年前，人们把韩村河称作“寒心河”。1978年，全村总收入只有91.3万元，人均收入118元，粮食亩产429公斤。韩村河是一个贫穷落后的小村庄，集体收入低，村民生活条件差。1978年，田雄和几名回乡的老三届毕业生，组建了一支30多人的集体建筑队，进入了北京市房山区的建筑市场。从此走上了一条艰苦创业路。1982年，田雄率领村建筑队闯进了北京。一个农民建筑队要在建筑企业林立的京城找到活干，难度可想而知。1984年，一个难得的机遇降临到这支建筑队面前：国家决定兴建一座具有中华民族特色的宾馆——紫玉饭店。这是一座仿古建筑，总面积8 400平方米，雕梁画栋，曲径回廊，“花活儿”多，工程难度大，工期却只有短短的6个月。面对如此苛刻的要求，许多国有大建筑企业纷纷摇头不应，而韩村河村建筑队却在合同书上签下了名字。时间一天一天过去了，韩村河村建筑队凭着严格的管理和过硬的技术实力，紫玉饭店工程提前半个月交付使用，质量达到优秀。紫玉饭店一炮打响，韩村河建筑队的信誉大增。随后，他们又一鼓作气，承建了北京前门全聚德烤鸭店、长春堂、京瑞大厦、金伦大厦、司法部办公楼、火柴厂高层住宅楼、甘露园小区、建工西里危改小区等一大批北京市优工程。据村里工作人员介绍，1980年初，韩村河施工队在多个项目中赚得了不小的利润。很多人就主张分钱，但田雄和村里主要领导都坚持将赚的钱投入到扩大再生产中，使村里的施工队不断壮大。1999年，韩村河按照现代企业制度的规则，制定了韩村河村企业改制方案。基本框架是：以韩建集团为母体，设立北京韩建集团有限公司，并对集团所属企业进行公司制改制。改制后的北京韩建集团净资产为4.2亿元，其中的8 400万元股权分别由韩建集团5大公司经理个人买断，占股份的20%，其余占80%股份的3.36亿元由原韩建集团集体出资控股。现在，当年小小的韩村河建筑队已成为由36个附属企业组成、最高年产值20亿元、结算收入15.6亿元、年实现利税2亿元、在全国乡镇集体企业中排名“头号状元”的国家资质特级的大型建筑企业集团——韩建集团。韩建集团先后被评选为全国乡镇集体建筑企业第一名、京郊经济发展十佳单位第一名，位列北京市集体企业营业收入和利税总额两个百强第一名，成为首都和全国乡镇企业的一面旗帜。

从1993年初到1998年底，韩建集团拿出5.3亿元的资金，共建成11个住宅小区、581栋小别墅、21幢多层公寓式住宅楼，另有一个工业小区、一个山庄宾馆、两个公园、一个教育中心。为了让所有的村民乐于买楼并买得起楼，韩村河村又制定了很多优惠措施。在韩村河档案馆里看到当时的一些规定“每户由平房搬上别墅楼的村民，原住房面积可与新楼等面积冲抵，不用交费；每户从平房搬到楼房时一次性奖励3万元；房屋价格低，每平方米只售300～400多元；楼房款不用一次性付清，每年5 000～10 000元逐年分期付款。”韩村河村的其他福利性规定有：村里每年拿出资金，对60周岁以上的老年人实行生活补助。凡年满60岁的老年人，每月享受补助150～250元（每岁2.5元），每月9日按时发放；对村民给予口粮、副食补贴，每年无偿供应全村每位村民150公斤面粉；对供水、取暖补贴，每年韩建集团为村民取暖无偿投入近1 000万元；对村民收取的各项费用一律由集体支付，村民不用花一分钱；全村实行了合作医疗保险，本应个人交纳的统筹医疗费用全部由集体负担，农业户口的村民每年还享受120元的医疗补助；对已领取独生子女证的夫妇，由集体出钱给其办理500元的养老储蓄和500元的养老保险；对残疾人给予就业、社保优先待遇。在以往只有国家干部和企业事业单位职工才能享受到的劳保福利待遇，韩村河的村民不但全能享受，而且远远超过后者的幅度。

韩村河村依靠韩建集团的经济支撑，改变了贫穷落后的面貌，成为家家住别墅、村民安居乐业、各项产业蓬勃发展的生态型花园式美丽乡村。。

（案例来源：作者调研并根据以下资料整理：

1. 刘永富．发展集体经济　走向共同富裕——北京市房山区东营乡韩村河村调查［J］．求是，1994(14):43-46.

2. 张志．韩村河：新农村的高端实践［J］．小康，2006(3)：60-61.

3. 佚名．北京房山韩村河村［J］．农民文摘，2017(7).）

### 4.3.3 农村集体经济组织发展问题

**1. 管理主体问题**

在农村集体经济组织的管理主体问题上，理论讨论和实践摸索一直在进行。在 20 世纪 80 年代政社分开后，我国农村集体经济组织没有成立相应的管理机构，有很多地区由基层政府行使对集体经济组织的各项权利。基层政府在集体资产的经营权、控制权上拥有大量的权利。后在经济转型过程中，逐步发现基层政府对集体经济的发展具有积极和消极两方面的作用，基层政府侵蚀集体资产等越来越突出，而其积极作用因制度的不断完善越来越不重要。

2016 年 12 月发布的《中共中央、国务院关于稳步推进农村集体产权制度改革的意见》指出，在清产核资基础上，把农村集体资产的所有权确权到不同层级的农村集体经济组织成员集体，并依法由农村集体经济组织代表集体行使所有权。属于村农民集体所有的，由村集体经济组织代表集体行使所有权，未成立集体经济组织的由村民委员会代表集体行使所有权；分别属于村内两个以上农民集体所有的，由村内各该集体经济组织代表集体行使所有权，未成立集体经济组织的由村民小组代表集体行使所有权；属于乡镇农民集体所有的，由乡镇集体经济组织代表集体行使所有权。由集体统一经营资产的村（组），特别是城中村、城郊村、经济发达村等，应建立健全的农村集体经济组织，并在村党组织的领导和村民委员会的支持下，按照法律法规行使集体资产所有权。集体资产所有权确权要严格按照产权归属进行，不能打乱原集体所有的界限。

在改革的推进过程中，中央要求，要把全部农村集体资产的所有权，确权到不同层级的农村集体经济组织成员集体。在推进过程中，要严格按照这一要求，保持农村集体资产权属关系稳定。属于村民小组农民集体所有的，就确权到村民小组；属于村农民集体所有的，就确权到村集体；属于乡镇农民集体所有的，就确权到乡镇。这样做，也可以减少清产核资过程中的矛盾，提高工作效率。对集体资产所有权有争议的，除法律、法规已有规定的外，可以协商解决；协商不成的，可以列为待界定资产，也可以通过仲裁或司法程序解决[①]（农业农村部，2018）。

**2. 特别法人和产权问题**

农村集体经济是集体成员利用集体所有的资源要素，通过合作与联合实现共同发展的一种经济形态，是社会主义公有制经济的重要形式。《物权法》第五十九条规定，农民集体所有的不动产和动产，属于本集体成员集体所有。在法律上第一次明确了集体所有权的主体为成员集体。实践中，为了维护全体成员共同利益、经营管理集体财产等目的，必须有一个实体组织作为依托，农村集体经济组织是农村集体经济组织成员集体作为所有权主体，在法律主体上的表现形式。随着农村集体资产总量不断增加，农村集体经济组织参与市场竞争越来越频繁，对专门立法的需求也越来越迫切。国家正在抓紧制定对农村集体经济组织的组织架构、成员身份、权责关系等问题做出明确规定的法律。2017 年中央一号文件明确要求，要“抓紧研究制定农村集体经济组织相关法律”。2017 年 10 月 1 日开始实施的《民法总则》已经将农村集体经济组织列为特别法人，这在农村集体经济组织立法进程中具有里程碑意义，明确赋予了农村集体经济组织法人地位。2018 年中央一号文件要求，要“研究制定农村集体经济组织法”。各地在推动地方立

① 《农业农村部介绍农村集体产权制度改革进展情况》，农业农村部，2018 年 6 月 19 日 http://www.gov.cn/xinwen/2018-06/19/content_5299654.htm#allContent.

法方面已经取得了一些积极进展，党的十八届三中全会以来，上海市、江苏省、浙江省、广东省人大都颁布了《农村集体资产管理条例》，为全国农村集体经济组织立法提供了有益参考。赋予农村集体经济组织以法人地位，不仅可以保护民事活动相对方的利益，而且也能够最大限度地保护农村集体经济组织成员的利益。

《中共中央、国务院关于稳步推进农村集体产权制度改革的意见》指出要以明晰农村集体产权归属、维护农村集体经济组织成员权利为目的，以推进集体经营性资产改革为重点任务，以发展股份合作等多种形式的合作与联合为导向，坚持农村土地集体所有，坚持家庭承包经营基础性地位，探索集体经济新的实现形式和运行机制。将农村集体经营性资产以股份或者份额形式量化到本集体成员，作为其参加集体收益分配的基本依据。改革主要在有经营性资产的村镇，特别是城中村、城郊村和经济发达村开展。已经开展这项改革的村镇，要总结经验，健全制度，让农民有更多获得感；没有开展这项改革的村镇，可根据群众意愿和要求，由县级以上地方政府做出安排，先进行试点，再由点及面展开，力争用5年左右时间基本完成改革。

农村集体经营性资产的股份合作制改革，不同于工商企业的股份制改造，要体现成员集体所有和特有的社区性，只能在农村集体经济组织内部进行。股权设置应以成员股为主，是否设置集体股由本集体经济组织成员民主讨论决定。股权管理提倡实行不随人口增减变动而调整的方式。农业农村部要求组织实施好赋予农民对集体资产股份占有、收益、有偿退出及抵押、担保、继承权改革试点。建立集体资产股权登记制度，记载农村集体经济组织成员持有的集体资产股份信息，出具股权证书。健全集体收益分配制度，明确公积金、公益金提取比例，把农民集体资产股份收益分配权落到实处。探索农民对集体资产股份有偿退出的条件和程序，现阶段农民持有的集体资产股份有偿退出不得突破本集体经济组织的范围，可以在本集体内部转让或者由本集体赎回。有关部门要研究制定集体资产股份抵押、担保贷款办法，指导农村集体经济组织制定农民持有集体资产股份继承的办法。要以此为契机，健全集体资产管理各项制度，规范集体资产管理和交易行为，加快集体资产监管平台建设，推动集体资产财务管理制度化、规范化、信息化。

### 3. 成员资格问题

农村集体经济组织的成员权主要是指依法取得该组织的成员资格，享有该集体土地上的实体的权利，例如行使、管理和监督集体土地所有权，依法承包土地和获得宅基地使用权[①]（孙宪忠，2010）等。《中共中央、国务院关于稳步推进农村集体产权制度改革的意见》指出要依据有关法律法规，按照尊重历史、兼顾现实、程序规范、群众认可的原则，统筹考虑户籍关系、农村土地承包关系、对集体积累的贡献等因素，协调平衡各方利益，做好农村集体经济组织成员身份确认工作，解决成员边界不清的问题。改革试点中，要探索在群众民主协商基础上确认农村集体经济组织成员的具体程序、标准和管理办法，建立健全农村集体经济组织成员登记备案机制。成员身份的确认既要得到多数人认可，又要防止多数人侵犯少数人权益，切实保护妇女合法权益。提倡农村集体经济组织成员家庭今后的新增人口，通过分享家庭内拥有的集体资产权益的办法，按章程获得集体资产份额和集体成员身份。

## 4.3.4 农村集体经济组织未来发展

农业农村部、中央农办认为，发展集体经济可以是资产租赁型、生产服务型，也可以是企业股份型、联合发展型、农业开发型等多种形式。在实践中，各地要在多种联合与合作中寻求发展集体经济的新路径。结合推进农村集体产权制度改革，鼓励和支持各地从实际出发来搞好统一的经营服务，盘活用好集体的各种资源资产，鼓励发展多种形式股份合作，进一步创新农村集体经济发展思路，拓宽农村集体经济发展路径，壮大农村集体经济的实力[②]（农业农村部，2018）。发展壮大集体经济必须要明晰农村集体资产产权的归属，要维护好农村集体经济组织及其成员的各项权益，必须建立符合市场经济要求的农村集体经济新的运行

① 孙宪忠．物权法实施中的重大问题研究［M］．中国社会科学院法学研究所，2010：369-370.

② 《农业农村部介绍农村集体产权制度改革进展情况》，农业农村部，2018 年 6 月 19 日 http://www.gov.cn/xinwen/2018-06/19/content_5299654.htm#allContent.

机制，一定要确保集体资产保值增值，确保农民真正受益[①]（农业农村部，2018）。可见，农村集体经济组织的发展方向，一定是通过产权制度的改革，保护农民和集体的利益，发展和壮大农村集体经济。进行“清产核资搞实、权属关系理清、集体资产管好”，最终目的就是管好用好集体资产，构建集体经济运行新机制。因此，要以此为契机，健全集体资产管理各项制度，规范集体资产管理和交易行为，加快集体资产监管平台建设，推动集体资产财务管理制度化、规范化、信息化。

案例

昌吉回族自治州是新疆维吾尔自治区的下辖行政区之一。全州东西长 541 公里，南北宽 285 公里，总面积 7.3 万平方公里，人口 1 428 587 人，汉族人口为 1 075 852 人，占 75.31%；少数民族人口为 352 735 人，占 24.69%。全州辖两市五县一区，州政府所在地昌吉市，东距乌鲁木齐市中心 38 公里，西抵石河子市 110 公里，至乌鲁木齐国际机场 18 公里。从 2016 年起，昌吉州率先被自治区确定为农村集体产权制度改革试点地州。通过改革，村集体的家底被真正厘清、理顺了，农民群众真正成了集体家底的投资、决策、受益人。在股份改革试点村，集体资源变资产、资金变股金、农民变股民，广大农民在切实分享集体经济发展成果和改革红利的过程中，阔步走上了乡村振兴的新坦途，也为全新疆深入推进农村集体产权改革提供了可复制、可推广的“昌吉样本”。

作为农村集体产权制度改革的重要基础和关键一步，首先对村集体经济开展清产核资，明晰产权归属。近年来，从试点村到各个村组，昌吉州逐步推动广大村组严格按照“清查、登记、核实、公示、确认、建立台账、审核备案、汇总上报、纳入平台”等流程，在广大群众的支持监督下，打破固有利益，将村集体的资金、资产、资源和债权债务算得一清二楚，同时明晰、理顺产权归属。目前，昌吉州已完成了 102 个村

① 《农业农村部介绍农村集体产权制度改革进展情况》，农业农村部，2018 年 6 月 19 日 http://www.gov.cn/xinwen/2018-06/19/content_5299654.htm#allContent.

组的清产核资工作，清理账面资产总额12.25亿元，其中经营性资产5.62亿元；核实资产总额15.64亿元，其中经营性资产总额5.65亿元。通过清产核资，为昌吉州管好用好村集体资产、壮大村集体经济、长效增加农民收入、遏制基层微腐败打下了坚实基础。

农村集体产权制度改革的根本目的是盘活用好集体资产，使广大农民能够共享集体资产带来的财产权益，实现持续稳步增收。为此，昌吉州大胆探索，在多个试点村逐步将集体资产量化为股金，搞股份合作，使农民成为股民，开始享有分红待遇，初步建立起了农民增收的长效机制。作为全新疆较早取得良好成效的改革试点村之一，2018年以来昌吉市中山路街道小渠子一村成为新疆内各地州参观学习的观摩点。小渠子一村地处昌吉市宁边西路，随着城市规模的扩大，这个村成了典型的城中村，土地被征收，村民收入也越来越少。深化农村集体产权改革，村里通过出租2 400平方米商业办公楼、托管1 100亩再就业创业基地、反租8 600平方米商铺等方式，使村集体经济年收入由2005年的不足2万元，增加至现在的100万元以上，村集体资产也发展到5 000多万元。通过改革，小渠子一村确定分红成员407人，做到了全村人口全覆盖。为了让村民拿的分红更多，村里还设置了30%的集体股改风险金、70%的个人收益分配股。今年年初分红，村民们多的拿到了8 960元，少的也有1 860元。小渠子一村党支部书记杨炳荣介绍，“今年7月份，我们还成立了新疆首个农村集体股份经济合作社，全体村民都领到了股权证，为以后长期稳定分红保障了权益，村里还选举了股民代表、理事会、监事会成员等，合作社逐步正规经营后，将为村民们赚到更多家底，让大家拿到更大的红包！”

在改革过程中，昌吉州还根据各试点村资产类型、区域特点、经济状况以及村民们的意愿，因村制宜，形成了多种模式。比如经营性资产总量较大的小渠子一村属于资产扩张型，股权变化实行的是“生不增、死不减、进不增、出不减”的静态模式；奇台县腰站子村是远郊村，经营性资产单一，资产总量不多，为使集体资产保值增值，实行的是资产增值型，采取增人增股、减人不减股动静结合模式；有一定经营性资产、收益相对稳定的阜康市大墩村，实行一户一证、增人不增、减人不减、配置到人，六年一调整的管理模式。

开启改革以来，昌吉州推动各个试点村积极稳妥走好改革“六大步”，破除层层藩篱，使改革工作高效高质推进，也进一步凝聚起民心民力，建强了基层党组织，完善了乡村治理体系。在改革过程中，昌吉州形成了“四确四定”模式，即：确权定资产、确员定股东、确股定归属、确管定经营”；实现了“三变三不变”，即：资源变资产、资金变股金、农民变股民，保证了农民集体所有的性质不变，农民拥有的合法收益权不变，农民拥有集体股权的份额不变。有效解决了农村集体经济组织对象不明、集体资产权属不清、资产闲置、分配不公和无法分配等问题，形成了可操作、可复制的制度成果，为自治区扩大改革试点积累了经验，提供了样板。

（案例根据以下资料整理：

1. 昌吉回族自治州官网 http：//www.cj.gov.cn/zgxx/xwzx/yw/ms/859471.htm.

2. 新疆首家农村集体产权制度改革股份合作社成立，http：//www.myzaker.com/article/5b78512577ac643e89575c36.）

## 4.4 农村集体经济组织改革和乡村治理

农村集体经济组织发展和改革不仅仅是农业生产和农村经济发展的重要内容，而且也会影响乡村治理结构和乡村治理现代化的改革进程。朱逸等（2012）深入比较了人民公社、乡镇企业和乡政村治三个阶段的治理结构，认为新集体化时期的治理结构应引入经营性治理模式，因为这一时期更加强调农村集体经济对村庄的多重构建[①]。刘行玉等（2010）也看到了集体经济的治理形式与个人权

① 朱逸，纪晓岚．经营性治理：新集体化视域下村庄治理的自在逻辑［C］//上海市社会科学界学术年会，2012.

利、集体生存发展的关系，他们通过研究南街村的集体经济发展模式得出，能人治理构成了企业发展壮大的必备要素，法人治理结构与现代企业制度对保障村庄内个人的权利及集体经济生存、发展具有重要影响①。因此，农村集体经济既是我国农村经济结构的重要组成部分，也是村庄的一种特殊公共物品，属于村庄公共事务的核心范畴②（袁小春，2015）。对农村集体经济进行管理是村民自治的核心内容，也是衡量村集体实现民主管理程度的重要指标之一。郑有贵（2010）认为，农村集体经济组织产权制度的变迁反映了我国乡村治理结构的变化，现行的乡村治理结构制约了农村集体经济的产权，为此他主张“赋权于民”③。强大的集体经济有利于为农村公共服务和乡村治理提供经济支撑，在增强乡村自我发展能力、引导村民参与村庄自治、拓宽农民增收渠道、提供公共服务支撑、促进农民组织化发展等方面发挥着十分重要的作用。

对《中共中央、国务院关于稳步推进农村集体产权制度改革的意见》的文本进行分析，发现在推进农村集体产权制度改革过程中，中央非常强调民主和参与的作用。“发挥农民主体作用，支持农民创新创造，把选择权交给农民，确保农民知情权、参与权、表达权、监督权，真正让农民成为改革的参与者和受益者。”“改革试点中，要探索在群众民主协商基础上确认农村集体经济组织成员的具体程序、标准和管理办法，建立健全农村集体经济组织成员登记备案机制。”“股权设置应以成员股为主，是否设置集体股由本集体经济组织成员民主讨论决定。”“落实农民的土地承包权、宅基地使用权、集体收益分配权和对集体经济活动的民主管理权利，形成有效维护农村集体经济组织成员权利的治理体系。”“稳定农村财会队伍，落实民主理财，规范财务公开，切实维护集体成员的监督管理权。”“改革后农村集体经济组织要完善治理机制，制定组织章程，涉及成员利益的重大事项实行民主决策，防止少数人操控。”“要探索在群众民主协商基础上确认农村集体经济组织成员的具体程序、标准和管理办法，建立健全农村集体经济组织

① 刘行玉，魏宪朝．农村集体经济发展模式探讨——基于南街村的个案分析［J］．中国集体经济，2010(9):5-7.

② 袁小春．基于乡村治理视角的农村集体经济发展研究［D］．福建农林大学，2015.

③ 郑有贵．赋权于民——村集体经济组织产权制度与乡村治理结构的探讨［J］．农村经营管理，2010(9):21-23.

成员登记备案机制。”“指导集体经济组织逐一盘点实物，仔细核对账簿，弄准经营性、非经营性、资源性资产的数量、归属和使用情况，清查过程要确保农民群众参与。”这么多具体的事项中，都一一强调了群众参与、民主决策以及农民的主体地位等问题。这说明农村集体经济组织的改革过程一定要是一个民主、公正、公开和公平的过程，从而形成一种良好的产权管理制度，促进农村集体经济发展，保护农民利益。因此，进行“清产核资搞实、权属关系理清、集体资产管好”，最终目的就是管好用好集体资产，构建集体经济运行新机制。而这一过程，不但能促进民主管理和治理有效，更能理顺、理清村委会与村集体经济组织的关系，在这一过程中，建立村民自治事务的民主议事、民主决策以及推进集体决策的制度化、规范化和法治化，与经济组织的改革过程相符合，成为乡村治理现代化过程的重要内容。

### 案例

2018 年 5 月，农业农村部确定江苏为全国农村集体产权制度改革整省试点省份，要求 2018 年底完成清产核资工作，2020 年完成经营性资产股份合作制改革。苏州市农村集体产权制度改革工作起步早、发展快，在深化改革、构建农村新的治理和发展方式等方面走在全省前列。近几年来，苏州市紧紧抓住农村集体产权制度改革试点的契机，积极探索农村集体经济在市场经济条件下的有效实现形式，重点推进以农村集体资产股权量化为特征的产权制度改革，使集体经济运行机制发生了深刻变革，集体所有制经济焕发出新的生机和活力，极大地促进了农村的经济繁荣和农民的共同富裕。

为了解决农村集体经济产权不清、管理不严、效益低下和民主监督失效等问题，增强农村集体经济的发展活力，构建城乡一体化发展的体制机制，苏州市按照“资源资产化、资产资本化、资本股份化、股份市场化”的改革方向，从 2001 年吴中区木渎镇金星村率先开始进行试点探索，拉开农村集体产权制度改革的序幕，于 2006 年开始全面推进这项改革。在经历 10 年的艰苦探索之后，到 2010 年，全市所有乡镇、

99%的村经济合作社均已完成以社区股份合作制为主要内容的集体产权制度改革。目前，全市累计建立社区股份合作社 1 311 家，涉及农户 122 万户，涉及村级集体总资产 750 多亿元，净资产 460 多亿元。

在推进改革的过程中，苏州严格按照“清产核资、摸清家底，设置股权、量化资产，配置份额、发放权证”等步骤，将村级集体资产，按成员资格和劳动贡献等要素折算成份额进行量化，按人头决策、按份额分配，落实了农村集体经济组织成员对本组织集体资产的股份占有权和收益权。从 2011 年开始，苏州市围绕改革的深化和完善，重点抓了 3 项工作：第一，全面推进股权固化。专门出台《关于社区股份合作社股权固化改革的指导意见（试行)》，指导全市全面开展社区股份合作社股权固化工作，即在将农村集体资产按一定标准以份额量化给该集体经济组织成员以后，对所量化到人的股权份额实行“固化到户、户内共享”的静态管理，做到以户为单位股权份额“生不增、死不减、迁入不增加、迁出不减少”，这在一定程度上解决了成员的继承权问题。截至 2017 年底，全市已基本完成社区股份合作社股权固化工作。第二，试点推进“政经分开”。根据乡村治理法治化和现代化的新要求，按照“公共服务和社会治理职能划归社区，三资管理和经济发展职能留在集体经济组织”的原则，试点探索“政经分开”，重点通过组织机构、管理职能、成员对象、议事决策和财务核算“五个分开”，厘清群众自治组织和农村集体经济组织的职责、功能与权责关系，逐步建立组织健全、职责清晰和互动协作的新型农村治理体系。目前，苏州全市累计有 415 个村试点完成“政经分开”。第三，实现量态扩张向质态提高跃升。鼓励和引导完成产权制度改革的村级集体经济组织打破行业和地域界限，更多地利用市场机制，整合资源、资产和资金，通过参股、联营、长期投资和异地投资等多种方式，扩大联合与合作，跨村甚至跨镇、跨市（区）组建联合发展平台，主动对接新型产业、高端产业和优质产业，创新发展载体，走联合发展、异地发展和转型发展道路。全方位参与到新型城镇化、城乡一体化和农业现代化进程中，与产业转型升级、城市提档发展、“四化同步”演进等大趋势相合拍，实现由“量态扩张”

向“质态提高”的跃升。目前，全市联社、总社和合作社集团等联合发展载体已达120多家，涉及1 200多家合作社和60多万农户。

苏州农村集体产权制度改革工作起步早、发展快，在深化改革、构建农村新的治理和发展方式等方面走在全省前列。截至2017年底，全市农村集体总资产达1 840亿元，村均年稳定性收入达到815万元，形成了新型集体经济的发展模式。改革的根本目的是为了创造更富活力的体制机制，实现更好更快发展。苏州市积极创新农村集体经济管理体制和经营方式，盘活用好存量资产，确保集体资产有稳定收益，进一步壮大农村集体经济，加快形成可持续发展模式。苏州17年来的探索和实践表明，推进农村集体产权制度改革，符合农村发展的实际情况，适应农村生产力发展的客观需要，促进了农村集体经济的发展和广大农民的共同富裕。2017年，苏州农村居民人均可支配收入达到2.99万元，同比增长7.6%，城乡居民收入之比始终保持在2∶1以内。通过改革农村集体产权制度，农民获得了更多的财产权益，也闯出了一条“家家有资本、人人有股权、村村有物业、年年有分配”的富民强村新路。

目前，全市拥有集体资产股权份额的农户比例达99%，成员近400万人，基本建立起了集体经济组织与广大成员持续共享增值收益的长效机制。2017年，苏州全市村均稳定性收入达到817万元，其中资产性、资源性收入比重超过85%，已成为主要来源。2017年，全市社区股份合作社各项分配总额累计超过50亿元，连续多年保持了快速增长势头，涌现出一大批户均分配收入突破2 000元的社区股份合作社和乡镇（街道）。目前，股权分配收入已逐渐成为苏州农民获得稳定的财产投资性收入的重要来源。

（案例根据以下资料整理：苏州农村集体产权制度改革，缘何走在前列？http：//wemedia.ifeng.com/76172475/wemedia.shtml,2018-08-31.）

# 第 5 章

# 农民专业合作社

## 5.1 农民专业合作社的内涵和发展

### 5.1.1 农民专业合作社的概念

2006 年 10 月通过的《中华人民共和国农民专业合作社法》首次从法律上定义了农民专业合作社："农民专业合作社是在农村家庭承包经营基础上，同类农产品的生产经营者或者同类农业生产经营服务的提供者、利用者，自愿联合、民主管理的互助性经济组织。"这个定义和概念强调了农民专业合作社的"专业"合作，也即指生产或经营"同类农产品或同类农业生产经营服务"的生产经营者进行合作社的联合。2017 年修订《中华人民共和国农民专业合作社法》中，"农民专业合作社"的界定产生了变化，去除了"同类"二字。"农民专业合作社，是指在农村家庭承包经营基础上，农产品的生产经营者或者农业生产经营服务的提供者、利用者，自愿联合、民主管理的互助性经济组织。"同时法律规定："农民专业合作社以其成员为主要服务对象，开展以下一种或者多种业务：农业生产资料的购买、使用，农产品的生产、销售、加工、运输、贮藏及其他相关服务，农村民间工艺及制品、休闲农业和乡村旅游资源的开发经营等，以及与农业生产经营有关的技术、信息、设施建设运营等服务。"农民专业合作社的业务范围比较宽泛，涉及农业农村生产生活相关的一、二、三产业。

要充分理解农民专业合作社的概念和内涵，就要注意分析农民专业合作社与农村集体经济组织的区别和联系。上一章关于农村集体经济组织的介绍中，已经分析了农村集体经济组织与农民专业合作社的区别。在此更加强调的是，农村集体经济组织与农民专业合作社都是合作经济，但农村集体经济组织是基于土地集体所有的社会主义公有制的资源和资产的联合，而农民专业合作社是为对抗市场的风险，基于市场经济中“弱者”的资金、技术或生产的联合。农村集体经济组织成员资格的界定是统筹考虑户籍关系、农村土地承包关系、对集体积累的贡献等因素，有争议的由集体成员民主讨论决定；而农民专业合作社则是基于自愿的原则进行合作，“入社自愿、退社自由”。农民专业合作社的注册部门是工商行政管理部门，而农村集体经济组织在现阶段则由县级以上地方政府主管部门（农业农村部门）负责向其发放组织登记证书。

另外，还要注意理解农民专业合作社与一般经济组织公司企业的联系和区别。首先，《中华人民共和国农民专业合作社法》赋予农民专业合作社法律地位，赋予其独立的法人资格，使合作社可以以市场主体身份进入市场和其他经济主体发展业务关系。农民专业合作社与《公司法》《合伙企业法》《个人独资企业法》规定的公司、合伙企业以及个人独资企业一样，成为重要的市场主体和法人。但在具体的实践中，作为市场主体，又存在实质区别：①农民专业合作社以服务成员为宗旨，谋求全体成员的共同利益，不以营利为最终目的；而公司与企业则追求企业利益的最大化。即农民专业合作社是互助性，而公司企业则是营利性的。②农民专业合作社成员以农民为主体，要求农民数量超过80%。而公司、合伙企业、个人独资企业没有对出资人的身份做特别规定。③农民专业合作社成员地位平等，实行一人一票制，也出资无关。而公司企业则是以出资比例来决定决策权力。④农民专业合作社有特定的服务对象，而公司企业则一般没有特定服务对象，主要是面对市场大众。⑤农民专业合作社的财产按份额量化到个人，记载在成员账户中。而股份制的企业，股东的出资构成企业的财产，不将企业的财产按份额量化在股东名下。⑥农民专业合作社成员退出时，可以带走自己加入时的出资和记载在其账户内的由公积金形成的财产份额。而加入企业的股东一般只能以转让股份的形式退出。⑦农民专业合作社的盈余主要按成员与农民专业合作社的交易量比例返还，盈余分配的基础是成员对合作社提供服务的利用程度，即“按惠顾额返还盈余”，而公司股东按出资比例分配利润。

关于农民专业合作社和中华全国供销合作总社的关系，中华全国供销合作总社是全国供销合作社的联合组织，由国务院领导。中华全国供销合作总社设立理事会、监事会，实行理事会主任负责制。目前，中华全国供销合作总社理事会内设机构 14 个，监事会内设机构 1 个，下辖 15 个直属事业单位、15 家主管社团和中国供销集团，中国供销集团管理全资和控股子公司 16 家。其主要职责是：负责研究制订全国供销合作社的发展战略和发展规划，指导全国供销合作社的发展和改革；按照政府授权对重要农业生产资料、农副产品经营进行组织、协调、管理；维护各级供销合作社的合法权益；协调同有关部门的关系，指导全国供销合作社的业务活动，促进城乡物资交流；宣传贯彻党中央、国务院有关农村经济工作的方针政策；代表中国合作社参与国际合作社联盟的各项活动；承办党中央、国务院交办的其他事项。中华全国供销合作总社是一家国务院领导下的正部级国家单位，由政府授权承担组织、协调和管理重要的生产资料和农副产品等职责。

关于农民专业合作社的分类，一般按农民专业合作社生产经营的品种进行分类，有蔬菜合作社，生猪养殖合作社、水稻合作社等。另外还包括组织合作用水灌溉的农民用水合作社、提供农机销售和农机服务的农机合作社以及组织经营乡村旅游的旅游合作社等类型。如果按合作社大小以及规范化程度来划分，有国家示范社、省级示范社、市级示范社、县级示范社等分级。如 2014 年 12 月，农业部、发改委、财政部、水利部、国家税务总局等九部门日前联合下发了《关于公布国家农民合作社示范社名单的通知》，认定北京利民恒华农产品种植专业合作社等 3 759 家合作社为国家农民合作社示范社，北京密云区蔡家甸东沟农民用水合作社等 254 家用水组织为全国农民用水合作示范组织。这些示范社是全国农民合作社发展部际联席会议按照有关规定，在各地组织推荐的基础上，经审查复核和媒体公示后评定的。

### 5.1.2 农民专业合作社的发展动因

2006年《合作社法》颁布后，农民专业合作社的发展非常迅速。其发展动因分析如下：

**1. 小农户家庭生产经营的局限性和合作需求**

农业的家庭经营具有广泛的适应性和生命力，但小农户的家庭生产经营，也存在以下弊端：①小农户家庭生产经营模式难以形成规模化和专业化生产，难以达到规模化和专业化的生产效应。②小农户家庭生产经营模式难以适应市场的变化。小农户家庭生产经营模式的市场交易成本过高。在市场信息以及交易价格谈判方面，小农户生产经营成本较高，面临劣势。在交易过程中，无序竞争，导致相互压价，最后生产者获益最少，受损最多。③小农户家庭生产经营模式导致农业公共基础设施建设协调的成本增加。农业基础设施是公共产品。分散的小农户没有建设基础设施的能力，协调小农户进行基础设施建设的成本较高，从而导致农业基础设施的破坏与萎缩，农村的人、财、物资源难以形成合力。④小农户家庭生产经营模式影响农业科学技术大范围推广应用。有些新技术尽管能有效增产或改善农产品质量，但由于所带来的收益甚微，也难以激发农民应用新技术的积极性。

要解决上述问题，最根本的仍需要农业生产经营组织形式的创新。小农户家庭经营的弊端决定了合作的必要性①（朱启臻，2013）。那么和谁合作呢？常见的模式有“公司＋农户”。然而，小农户与公司合作过程中，往往处于不平等的地位，当获得利润的时候，小农户根据合同能够享受一定的利润外溢，但是如果遇到市场风险，那么小农户也很容易被公司转嫁损失，从而成为最终受损的一方。所以单个农户面对较大规模的市场时，天然处于弱势地位②（黄祖辉，2000）。因此，只要农业生产中最基本的特点——生产的生物性、地域的分散性以及规模的不均匀性存在，农民的合作就存在必然性。农民专业合作社是解决我

① 朱启臻．生存的基础［M］．社会科学文献出版社，2013.

② 黄祖辉．农民合作：必然性，变革态势与启示［J］．中国农村经济，2000(8)：4-8.

国农业商品化程度低、农产品市场一体化程度低、农产品加工程度低、农民组织化程度低和农民面临的交易成本高的重要手段①（杜吟棠，2005）。

在自给自足的农业生产方式下，生产资料的供给和农产品的消费基本可在家庭以及所在社区内实现，市场竞争不强烈，因而也不会为了提升市场竞争力而联合成农民专业合作组织。但在商品化和市场化程度加深后，小农户面对大市场，农产品的市场竞争力成为核心。提高农户在生产资料供应、品种改良、资源利用、包装运输等方面的竞争力，需要专业化的组织，才能节省时间和费用以提高生产效率。单个的生产者如果联合起来，就可以满足这方面的需求。这就是为什么要推动合作经营的原因。可见，在产业化经营中发育农民的专业性合作组织有其经济和社会的合理性。张晓山②（2003）认为专业合作组织可以降低、减少农民进入市场的交易成本和获取规模效益，可以提供信息和技术服务，还可以使农民获得产品加工、销售增值的全部或大部分利润。吴志雄（2004）认为应该在农业产业化经营中发展农产品合作社，发展农业产业化的 3 个要点：①以家庭承包经营为基础。②依托一个企业，企业和农户形成利益共享、风险共担的组织形式和经营机制。③需要通过农产品合作社的形式得以实现③。

**2. 全球化和市场的挑战**

20 世纪 90 年代以来，我国农业与农村经济发生了深刻的变化，这种变化不仅源于我国农产品市场格局由卖方市场向买方市场的急剧转变，更因加入 WTO 以后我国农业逐步与世界农业的全面接轨而日显紧迫④（黄祖辉、徐旭初，2006）。建立在农民家庭经营基础上的市场经济发展，导致农民对社会化服务的强烈需求⑤（孔祥智、史冰清，2008）。全球化将中国农业带入到一个与“封闭”不同的市场环境中，实现了中国农业生产方式和发展方式的重大变革和发展，突出表现在：农业机械装备总量和农业机械化水平不断提高、现代新型农产品流通

---

① 杜吟棠．农业产业化经营和农民组织创新对农民收入的影响［J］．中国农村观察，2005(3)：9-18.

② 张晓山．提高农民的组织化程度 积极推进农业产业化经营［J］．农村经营管理，2003(2)：8-9.

③ 吴志雄．对农产品合作社一些问题的思考［J］．中国农村经济，2004(11)：11-16.

④ 黄祖辉，徐旭初．基于能力和关系的合作治理——对浙江省农民专业合作社治理结构的解释［J］．浙江社会科学，2006(1)：60-66.

⑤ 孔祥智，史冰清．我国农民专业合作经济组织发展的制度变迁和政策评价［J］．农村经营管理，2008(11)：28-32.

组织不断涌现、农业组织体系不断健全等方面[①]（杜志雄、肖卫东，2011）。因此，农民专业合作组织是应对加入WTO挑战、提供农业市场竞争力和增加农民收入的重要措施[②]（孙亚范，2003）。张晓山（2005）也认为农民专业合作组织是中国农业走向世界的必由之路，是应对"入世"挑战、解决"三农"问题的一项治本之策[③]。中国在加入WTO后，因为农民组织化程度低、信息不通畅，小规模分散经营与大市场之间难以有效对接，而农民专业合作经济组织可以成为解决这一矛盾的途径[④]（郭海霞、任大鹏，2005）。因此，农民专业合作组织产生的背景"是市场化取向改革和农业弱质性结合的必然结果"[⑤]（秦岭，2007）。

### 3. 理论界对农民合作问题的研究和实践

虽然农民合作具有非常强的现实需求，农民的合作意愿也比较强，但是这种合作意愿却很难自动顺利地转换成合作的行动，农民在生产实践中依然固守分散的小农经营模式。农民合作一旦走到实践层面，就往往会遭遇理性农民基于自身利益考量后做出的"非理性选择"的阻击，引发主客观选择悖论即农民合作"二元悖论"[⑥]（赵晓峰，2007）。曹锦清基于对"黄河岸边的中国"的考察而做出的中国农民"善分不善合"[⑦]（曹锦清，2000）的经典判断在实践中不断得到验证。为了推动农民的合作，推动中国农业、农村和农民的发展，很多社会组织、高校和研究所等关注合作社的发展问题，参与到支持农民创办合作社的基层实践当中。比如梁漱溟乡村建设中心、晏阳初乡村建设学院、香港乐施会等。晏阳初乡村建设学院在河北定州的翟城村开展了多次有关农民合作能力的培训，在全国十多个省市催化发展起农民专业合作社。晏阳初乡村建设学院在温铁军教授的直接支持下成立，河南省兰考县的农民合作化运动在中国农业大学何慧丽教授组织下展开等。

---

① 杜志雄，肖卫东．全球化视域下的中国农产品贸易与农业发展方式转变［J］．国际贸易，2011(8):27-35.

② 孙亚范．合作社组织文化探析［J］．农业经济，2003(1):12-14.

③ 张晓山．合作经济：解决"三农"问题的金钥匙［J］．中国合作经济，2005(4):23-24.

④ 郭海霞，任大鹏．加入WTO后我国农业补贴立法问题研究［J］．农业经济，2005(8):40-42.

⑤ 秦岭．我国农民专业合作经济组织研究综述［J］．扬州大学学报（人文社会科学版），2007，11(5):94-99.

⑥ 赵晓峰．农民合作：客观必要性，主观选择性与国家介入［J］．调研世界，2007(2):28-31.

⑦ 曹锦清．黄河边的中国［M］．上海文艺出版社，2013.

#### 4. 国家政策的推动

合作社能够渗透到人们生活的方方面面，并在很多国家的社会经济发展中发挥重要作用，一个重要的原因是其背后有政府的立法和经济政策的支持与保护。由于与一般营利性公司相比，合作社的制度安排具有较强的反市场性，这就决定了它对国家扶持具有天然的倾向性，需要国家作为最初的推动力量①（苑鹏，2001）。2007 年以来中央政府和各级地方政府推出了一系列优惠政策，积极扶持农民合作经济组织的发展。2017 年修订的《农民专业合作社法》规定，“中央和地方财政应当分别安排资金，支持农民专业合作社开展信息、培训、农产品标准与认证、农业生产基础设施建设、市场营销和技术推广等服务”“国家政策性金融机构应当采取多种形式，为农民专业合作社提供多渠道的资金支持”“农民专业合作社享受国家规定的对农业生产、加工、流通、服务和其他涉农经济活动相应的税收优惠”。国家政策诱导已经成为促进当前农民专业合作社数量快速攀升的主要的外在驱动力量。政府的支持对于农户加入专业合作社具有推动作用②③（郭红东等，2010；张娜等，2010）。从农民专业合作社发展的外部因素看，政府的政策是影响农民专业合作社发展的重要一环④（郭红东等，2004）。2015 年开始，国家从农资综合补贴存粮中拿出 20%合并过去的规模经营主体补贴和农业补贴的增量部分等，用于支持建立健全农业信贷担保体系，重点解决合作社等农业经营主体“融资难”“融资贵”问题。2007—2017 年中央财政累计安排农民合作社发展资金 118 亿元，年均增长 21.5%，各级农业部门认定示范社超过 18 万家、联合社达到 7 200 多家⑤（彭超、杨久栋，2018）。国家政策的支持已经成为促进农业专业合作社快速发展的主要外在驱动力量。

---

① 苑鹏．中国农村市场化进程中的农民合作组织研究［J］．中国社会科学，2001(6)：63-73.

② 郭红东，陈敏．农户参与农民专业合作社的意愿及影响因素分析——基于中国部分农户的调查［J］．生态经济评论，2010(00).

③ 张娜，王晶晶．农户参与专业合作经济组织行为的影响因素分析［J］．统计与决策，2010(5)：88-90.

④ 郭红东，蒋文华．影响农户参与专业合作经济组织行为的因素分析——基于对浙江省农户的实证研究［J］．中国农村经济，2004(5)：10-16.

⑤ 彭超，杨久栋，《2018 中国新型农业经营主体发展分析报告（二）——基于农民合作社的调查和数据》，《农民日报》，2018 年 2 月 23 日 04 版.

### 5.1.3 农民专业合作社的发展现状

#### 1. 农民专业合作社获得长足发展

近些年来，农民专业合作社的发展数量不断增加，经济总量不断提高。《2018中国新型农业经营主体发展分析报告（二）》显示：截至2017年9月底，全国依法登记的农民合作社达196.9万家，是2012年的2.86倍，是2007年的76倍，特别是近5年年均增速达到37.2%。全国入社农户超过1亿户，占全国总农户数的46.8%，社均成员约60户。根据农民日报社三农发展研究中心调查的579家典型农民合作社的数据显示，2016年农民合作社营业收入社均约为1 857.52万元，分配利润达到196.02万元（主要以国家级示范社为蓝本）。根据全国农村固定观察点调查体系对695个农民合作社的典型调查，合作社的社均资产为1 234.13万元，固定资产（包括房屋、建筑物、机器、设备、工具、器具和农业基本建设设施等）社均为576.52万元，流动资产（现金、存款、应收款项以及种子、化肥、燃料等存货）社均为347.25万元，农业资产（存栏畜禽资产和林木资产等）社均为261.61万元。接受调查的农民合作社社均负债298.94万元，其中，银行欠款154.26万元，亲戚朋友等个人借款90.45万元，此外还有民间借贷、村委会垫资以及部分应付账款、工资等。企业年度经营社均成本为843.56万元，工资性开支为82.99万元，雇工成本66.95万元。农民合作社表现出了较强的带农增收能力。在接受调查的农民合作社当中，能够带动入社农户户均增收2 000～4 000元的合作社达到40.2%，6 000元以上的达到24.9%，2 000元以下的达到18.1%，4 000～6 000元的达到16.9%。

从产业门类上看，根据固定观察点体系合作社调查，从事粮油种植的农民合作社占26.6%，从事蔬菜种植、畜禽养殖的农民合作社各占24.5%，还有24.2%的农民合作社从事瓜果种植，从事农机服务的农民合作社占比为11.9%。而从事花卉行业、水产品和林产品的农民合作社比例较低。从事的行业为两个或两个以上的合作社占比为37.3%。从农民合作社为社员提供的服务上看，提供农产品销售服务的合作社最多，比重为87.7%，另有83.7%的合作社为社团提供农业技术培训服务，还有78.8%的合作社为社员提供农业生产资料购买服务。

从整体上看，合作社在良种引进和推广服务方面稍显不足（占比仅为 28.3%）。另外，在农产品加工服务上面也略有欠缺（占比 41.9%）。在电子商务方面，专业合作社使用互联网购买生产资料、农产品和使用互联网销售生产资料、农产品的行为均高于预期。无论是使用互联网购买农产品、生产资料还是使用互联网销售农产品、生产资料的合作社数量，均要高于未使用互联网购买和销售农产品、生产资料的合作社数量。使用互联网销售农产品、生产资料的农民合作社数量要比使用互联网购买农产品、生产资料的农民合作社数量高出 5.3 个百分点。农民合作社从事产业门类、经营业态由过去单一的生产服务，向生产、供销、信用业务综合合作演变。据估计，超过一半的农民合作社提供产加销一体服务，服务总值达 1.1 万亿元。部分农民合作社积极开展内部信用合作，为成员提供融资服务，有效缓解了农户融资难问题。有的农民合作社与金融机构或者互联网贷款公司合作，引入外部信贷资源，发展供应链金融，解决成员产业发展中的资金瓶颈制约。农民合作社发展还有向社际联合发展的态势。据估计，基层自发成立的农民合作社联合社已经超过 1 万家。这些联合社在构建新型农业经营体系、提高农产品市场竞争力、推进现代农业发展等方面发挥了重要作用①（彭超、杨久栋，2018）。

### 2. 农民专业合作社政策环境已初步建立

党的十九大报告提出实施乡村振兴战略，并将其写入党章作为中央部署的七大国家战略之一。这是党中央着眼于全面建成小康社会、向社会主义现代化强国迈进做出的重大战略决策，为新时代中国特色社会主义“三农”工作提供了总指导、总思想、总要求。2017 年 12 月底召开的中央农村工作会议就乡村振兴战略做出了具体部署。2018 年中央一号文件为实施乡村振兴战略提供了重要指南。这些重大战略部署，为我国新型农业经营主体特别是农民专业合作社发展提供了重大机遇。从党的十八大到十九大，我国已经初步构建了扶持农民专业合作社发展的一系列制度，为农民专业合作社健康发展奠定了良好的物质基础和制度保障。目前，我国已经初步构建了以农民专业合作社法为核心、地方性法规为支撑、规章制度为配套的合作社法律法规体系。国家相继修订了《农民专业合作社

---

① 彭超，杨久栋. 2018 中国新型农业经营主体发展分析报告（二）——基于农民合作社的调查和数据. 农民日报，2018 年 2 月 23 日 04 版.

法》《农民专业合作社登记管理条例》等，相关部门制定完善了合作社登记办法、年度公示报告、规范有序开展信用合作等配套制度，19 个省（自治区、直辖市）制定了地方性法规。我国已经初步构建了以项目制补贴和税收优惠为两翼，信贷担保为保障，示范评定、基础设施、人才培养等为配套的合作社扶持政策体系。2017 年 5 月，中办、国办印发了《关于加快构建政策体系培育新型农业经营主体的意见》，从财政税收、基础设施建设、金融信贷、保险支持、市场营销、人才培养 6 个方面，进一步系统构建了支持农民专业合作社等新型经营主体的扶持政策体系。我国已经初步设计以全国农民专业合作社发展部际联席会议为顶层制度，各级地方政府领导小组、联席会议分层对接的多层级指导服务体系。2013 年 7 月，经国务院批准，农业部会同发展改革、财政、水利、税务、工商、林业、银监、供销等部门和单位建立了全国农民专业合作社发展部际联席会议制度，形成了依法推进合作社发展的强大合力。大多数地方陆续建立了领导小组、联席会议制度，湖北、安徽、江苏等地成立了指导服务合作社的专门机构，加强对不规范和涉嫌违法合作社的风险排查、清理整顿。各地打造省、市、县三级辅导员队伍，开展“千人带万社”“专家一对一”等结对帮扶，为合作社提供全方位服务。各级政府落实国务院“三证合一”登记制度改革意见，自 2015 年 10 月 1 日起，新设立的农民专业合作社领取由工商行政管理部门核发加载统一社会信用代码的营业执照后，无须再次进行税务登记，不再领取税务登记证[①]（彭超、杨久栋，2018）。

**3. 农民专业合作社农户参加意愿多样化**

农民专业合作社参与者的动机和意愿的影响因素复杂，但也呈现出一定的特点。一般来说，商品化程度越高、生产经营规模越大、专业化程度越高、对合作社越了解、文化程度越高的农户入社意愿越强烈。产品商品化程度越高，农户加入合作社的意愿越强烈[②]（郭红东等，2004）；农户的生产经营规模越大，其加入合作社的意愿越强烈[③]（姜太碧等，2009），郭红东和陈敏（2010）调查中发

① 彭超，杨久栋，《2018 中国新型农业经营主体发展分析报告（二）——基于农民合作社的调查和数据》，《农民日报》，2018 年 2 月 23 日 04 版.

② 郭红东，钱崔红．发展新型农民专业合作经济组织：农户的意愿和需求——对浙江省 164 个农户的调查与分析 [J]．农业经济，2004(3):34-36.

③ 姜太碧，朱文．农户加入农民专业合作组织意愿的 Logit 模型分析——以四川省成都、南充、宜宾、广元地区农户为例 [J]．西南民族大学学报（人文社科版），2009，30(3):146-149.

现，农户的经营规模越大，其参与专业合作社的积极性越强，因为规模大的生产自身就享受到规模生产的优势①。农业生产的专业化程度越高，农民加入合作社的积极性越高②（王克亚等，2009）；从事养殖业的比从事种植业的更愿意加入合作社。农民对合作社越了解，其加入合作社的意愿越强烈③（张美珍等，2010）；文化程度越高，农户参与农民专业合作社的意愿越强烈④（卢向虎等，2008）；外出打工收入占家庭收入比重越高，加入合作社的意愿越不强烈⑤（姜太碧等，2009）。另外，农产品的价格波动越剧烈，农户参加合作组织的意愿越强烈⑥（卢向虎等，2008）。经济欠发达地区，农户参加专业合作经济组织的积极性要高于经济发达地区的农产⑦（郭红东等，2004）。

## 5.2 农民专业合作社的发展历程

### 5.2.1 合作社原则的发展溯源

1995年9月，在英国曼彻斯特召开了国际合作社联盟（International Cooperative Alliance，ACI）100周年代表大会，这次大会修订通过的《关于合作社

① 郭红东，陈敏．农户参与农民专业合作社的意愿及影响因素分析——基于中国部分农户的调查[J]．生态经济评论，2010(00).

② 王克亚，刘婷，邹宇．欠发达地区，农户参与专业合作社意愿调查研究[J]. 经济纵横，2009(7)：71-73.

③ 张美珍，陈冲，李录堂．农民参与新型专业合作社影响因素分析[J]. 商业研究，2010(2)：146-148.

④⑥ 卢向虎，吕新业，秦富．农户参加农民专业合作组织意愿的实证分析——基于7省24市(县)农户的调研数据[J]. 农业经济问题，2008(1)：26-31.

⑤ 姜太碧，朱文．农户加入农民专业合作组织意愿的Logit模型分析——以四川省成都、南充、宜宾、广元地区农户为例[J]. 西南民族大学学报(人文社科版)，2009，30(3)：146-149.

⑦ 郭红东，蒋文华．影响农户参与专业合作经济组织行为的因素分析——基于对浙江省农户的实证研究[J]. 中国农村经济，2004(5)：10-16.

特征的宣言》。其宣布合作社的定义、价值和基本原则[①]（ACI，1995）如下：

合作社的定义：合作社是“自愿联合起来，通过共同拥有和民主控制的企业，满足其共同的经济、社会和文化需要和愿望的人们的自治协会”。

合作社的基本价值：自助、自主、平等、公平和团结。合作社社员信奉诚实、公开、社会责任和关心他人的道德价值观。

合作社的基本原则：

第一，会员自愿，对会员开放。合作社是自愿组织，对所有能够使用其服务并愿意承担成员责任的人开放，没有性别、社会、种族、政治或宗教歧视。

第二，民主社员控制。合作社是由成员控制的民主组织，成员主动参与合作社的政策制定和决策。由社员选举出来管理人员要对社员负责。在自然人自愿联合的基层合作社，社员有一人一票的平等投票权，其他层次的合作社也要以民主的方式组织。

第三，社员经济参与。社员对合作社公平地出资，并民主控制其资本。该资本必须有一部分是合作社的共同财产。社员出资是取得社员资格的条件，但出资只获取有限的报偿。合作社的盈余分配用于建立公积金来发展合作社，按社员与合作社的交易额返还给社员，支持社员认可的其他项目。

第四，自治与独立。合作社是社员管理的、自治的、自助组织。如果合作社要同其他组织（包括政府）达成协议，或者要从外部筹资，必须以确保社员的民主管理和自治为条件。

第五，教育、培训与信息。合作社要为社员、社员选举产生的代表、经理和雇员提供教育和培训，使他们能够有效地做出贡献。合作社要把合作的性质和好处告诉公众，特别是年轻人和舆论带头人。

第六，合作社之间的合作。合作社要开展地方性的、区域性、全国性的乃至国际性的合作，以便最有效地为社员服务和加强合作社发展。

第七，关心社区。合作社通过社员同意的政策，为所在社区的可持续发展效力。

---

① What is a cooperative? International Co-operative Alliance，https：// www.ica.coop/en/cooperatives/what-is-a-cooperative.

合作社上述原则表明合作社的性质和原则，不同于以利润为目的的企业，也不同于以公益为目的的社会组织，而是成员共同拥有并进行民主控制的企业组织来实现成员的共同盈利和发展。合作社上述性质和原则，并不是一蹴而就形成的，而是经过了历史的发展。

被称为世界第一个成功的合作社——罗虚代尔公平先锋社诞生于 1844 年的英国罗虚代尔镇。罗虚代尔镇位于兰克夏和约克夏的边缘地带，距离重要的工业城市曼彻斯特约 40 公里，这里是英国的纺织工业中心地区。当时，该镇人口有 25 000 多人，周围有 4 万多居民。这里手工纺织业非常发达，出产毛纺织品和法兰绒已有几百年历史，在英国久负盛名。1820 年，该镇的工场主买进了第一部棉纺织机，以后陆续引进了多种纺织机械。资本主义的机器大工业给手工业者带来了巨大的威胁，那些凭借手工技巧谋生的小生产者无法与使用机器的资本家工厂竞争，相继破产失业。这些手工业者为了维护生存的权利，曾经发起一些捣毁机器等暴乱的行动，但都遭到政府军队的镇压。为了生存，这些手工业者不得不丢弃原有的手工技术，到资本家的工厂里做工，成为现代工厂制度的俘虏。随着失业者的增多，游离于劳动市场出卖劳动力的人数越来越多，劳动市场的供求关系发生了明显变化，从而使劳动力的价格日益下降。在纺织厂工作的工人工资开始约为 1 镑，到了 1840 年降到 7 先令左右，女工只能拿到男工的 1/3，即 2 先令 6 便士。同时，工厂大量使用廉价的童工，每周只发给 1 便士工资。不仅如此，而且工厂主常常以到指定商店购物的购货券代替工资现金，那里的商品不但质量差，而且价格较高，这就使工人获得的实际工资更低。工人在这里受到了双重的剥削，一是工厂主的剥削，一是商业资本家的盘剥，这就使他们的生活状况日益恶化。当时英国下议院一位议员的报告称罗虚代尔镇是“饥饿之城”。为了改变自己的这种处境，罗虚代尔镇的工人举行了一些罢工斗争，目的是推动工厂立法，推行 10 小时工作制，反对降低工资。但是由于当时的工人阶级还处于自发的经济斗争阶段，作为工人阶级争取彻底解放的政治思想武器——科学社会主义还没有产生，所以这些斗争没有取得多大成果。这时，一些工人运动的领导者，决定利用工人自己的力量，组织消费合作社，以解决工人群众的生活困难。1843 年罗虚代尔镇的 13 名工人发起组织合作社，定名为罗虚代尔公平先锋社。经过长期的讨论，他们提出一套成立合作社的计划，并决定筹集股金，自愿入社者每人 1 镑。到 1844 年决定参加合作社的已增至 28 人，共收股金 28 镑。于是，在 1844 年 8 月 11 日举行了成立大会，通过合作社章程。同年 10 月 24 日核准登记，12 月 21 日晚正式开始营业。在罗虚代尔公平先锋社章程中，明确提出了建社的目的是增进社员经济利益，改善社员社会地位及家庭境况。同时制定了发展计划：①设立食品、服装等商店一所。②在自愿互助的基础上，为社员购置或建筑住宅。③建立工厂，制造社员所需物品。④租赁或购置土地，以供失业社员或收入甚微不足以维持生活的社员耕作。⑤建立合作新村，从事生产、分配、教育及自治等工作。⑥提倡节约，在社内设立禁酒食堂一所。为了实现上述计划，同时制定了其经营管理方面的原则：①社员表决权一律平等，即 1 人 1 票，不因出资多少而有差异。②对于政治宗教，保持中立地位。③合作社盈余按社员向合作社购买额多寡分配。④于合作社盈余中提取 2.5%为社员教育费用。⑤按照市价出售货物。⑥实行现金交易，不赊购赊销。⑦遵守公平交易，保质保量的标准。由于合作社开始只有 28 镑股金，经营规模较小，只是在该镇的蛤蟆巷租了一间楼下小铺为营业处，每星期六晚上营业，职员由社员义务担任，所经营的商品也都是生活必需的面粉、白糖、黄油等。在全体社员的努力下，合作社排除了多种困难，逐步发展起来，到 1870 年，股金已达 5 500 英镑，贸易额达到 223 000 英镑。为改善社员生活条件，发挥了很大作用。罗虚代尔社从建立时起，就制定了一套切实可行、公平合理的办社原则，后人把它归纳为以下 8 点：①自愿。②一人一票。③现金交易。④按市价售货。⑤如实介绍商品，不缺斤少两。⑥盈余按购买额分配。⑦重视对社员的教育。⑧对政治和宗教守中立。

1895 年，国际合作社联盟成立，把罗虚代尔社的办社原则作为国际合作联盟的办社原则列入联盟章程，作为国际合作联盟成员国的合作社组织共同遵循的原则，被称为罗虚代尔原则。1934 年国际合作社联盟第十四次代表大会修改联盟章程时，对罗虚代尔原则做了一些修改，保留原来的 6 条，即：①自愿入社；②民主管理（一人一票）；③现金交易；④盈余按购买额分配；⑤重视对社员的教育；⑥对政治与宗教守中立。增加了一条，即：⑦限制股金分红。这是因为随着合作社的发展，股金总额大大增加，如对股金分红部分不加限制，势必影响按购买额分配的比重，就会逐渐偏离合作社的分配原则，滑向资本主义股份公司的道路。去掉了按市价售货和如实介绍商品，不缺斤少两等内容，认为这些已无强调的必要。在1936年国际合作社联盟第十五次代表大会上，除强调参加合作社必须自愿外，还特别强调了“交易限于社员”的原则。1966年国际合作社联盟第二十三次代表大会，对罗虚代尔原则又做了如下修改，保留了原来的五条，即：①自愿入社，公开征集社股；②民主管理（一人一票）；③限制股金红利；④盈余按购买额分配；⑤重视对社员的教育。增加了一条，即：⑥促进国内和国际合作。这主要是从国际合作社联盟的宗旨来考虑的。去掉了现金交易和对政治与宗教守中立等内容。

20世纪20年代以来，在西方国家，合作社普遍被认为是资本主义体系的一个组成部分，是资本主义内部的进化因素，合作社从理想主义转向实用主义，成为西方国家合作社运动的主流。当代资本主义国家的合作社，都以罗虚代尔的这6条原则为依据。特别是前4条，都一致公认，比较严格地遵守。如美国，“他们非常强调组织、参加合作社必须坚持自愿，真正给参加者以管理权”。“合作社的盈余，除留下积累外，按股金和购销额分红（后者分红是主要的）”。他们都有一套健全的民主管理机构和制度。虽然如此，但在实际执行过程中，也不可能原原本本地贯彻罗虚代尔原则。例如民主管理，一人一票，在美国大农场主和小农场主之间就有矛盾。合作社的规模越大，大户对合作社的实际控制权越大。在盈余分配方面也是这样，资本主义合作社，大都遵循限制股金分红，按交售额或购买额比例分红。但也有大型合作社联合体，股金分红额不断增加，这也违背了罗虚代尔分配原则①（周连云，2008）。

### 5.2.2　中国农民专业合作社的产生和发展

#### 1. 新中国成立初期

在中国，组织农民合作有强大的历史惯性和政治冲动。一是农民需要合作，二是不同的农村合作组织建设路径会对农民产生重大影响，这已然是基本共识②

① 周连云，耿建利，《罗虚代尔公平先锋社——对经典合作社的历史回顾》，中华代销合作网，2008-08-29，http://www.chinacoop.gov.cn/HTML/2008/08/29/15195.html.

② 徐勇．中国农村研究．2004年卷［M］．中国社会科学出版社，2006.

（徐勇，2004）。梁漱溟（1934）对中国走合作道理进行了以下阐述：第一，“只有生计问题，能逼着中国人合作是养成中国人团体生活习惯，合作组织能力的最合适的道路。”第二，合作制度是经济竞争压迫下弱者的联合自卫自救。从合作社的产生来考察，“总是弱者散者才需要合作，才容易走向合作的路。中国是出名的散而且弱的社会，没有大工业，都是小工业，农村中也多是小作农；无疑的也都是散者弱者。在此国际竞争底下无法不走合作社的路。”[①] 第三，“中国经济建设的下手处就是组织农民。”因为“生产靠他生产，消费靠他消费。此刻既以他为中国经济问题的主人翁而言组织，那自莫善于合作主义的经济组织了。所以我看中国果然要进行经济建设，头一着就当有计划地大规模普遍推行合作于全国乡村，要于短期内将农民纳入合作组织。第四，在中国必须要重视农民问题，因为“中国大多数人是农民，谁要解决中国问题，谁都得做农民运动；不做农民运动是糊涂的。”而在中国做农民运动，大约“应以合作运动为主”。首先，要想农业进步、农民有出路必走合作之路。因为中国本来就是农业社会，农业与工业不同，最不适宜于资本主义自由竞争。“资本主义自由竞争能刺激工业技术的进步，但于农业则无同样的效果。”所以，“农业的进步一定要靠农民的合作才行。因此，中国经济建设的前途，全靠合作。”其次，从农民本身的自卫自立来看，梁漱溟认为，“人家以合作来解决消费问题，我们则以其来解决生产问题”，“非农业生产者（农民）不能走联合之路，而非联合者即无以求经济上之自卫自立。”“要讲联合，只有农民能联合；因农民是要生活，不是为营利。”所以，要想农民有出路，也只有合作一途。

在革命时期，毛泽东同志在《湖南农民运动考察报告》就强调了合作社的重要性：“合作社，特别是消费、贩卖、信用三种合作社，确是农民所需要的。”[②]（毛泽东，1927）新中国成立前夕，政治协商会议通过的《共同纲领》中有更加完整的表述：“关于合作社，鼓励和扶助广大劳动人民根据自愿原则，发展合作事业，在城镇中和乡村中组织供销合作社、消费合作社、信用合作社、生产合作社和运输合作社，在工厂、机关和学校中应尽快组织消费合作社。”

---

① 梁漱溟．乡村建设论文集［M］．乡村建设出版社，1934：181.

② 毛泽东．湖南农民运动考察报告［M］．人民出版社，2006.

### 2. 农村改革时期

中国实行家庭联产承包经营制度后，农民获得了生产经营自主权，成为独立的市场主体，为了抵抗日益激烈的市场竞争，很多农民选择抱团合作，组建农民合作社以共同抵御风险。1984 年，安徽省天长县界牌乡农民联合创办了改革后我国第一个新型的农民专业合作社——农民水产研究会[①]（郭家瑞，1989）。随后，各地积极探索合作经济组织的发展之路，各种类型的农民合作组织不断出现并且发展迅速。1994 年，山西、山东等地受日本“农协”启发，创办了我国最早的农民专业合作社。1995 年，中共中央、国务院《关于做好 1995 年农业和农村工作的意见》提出，“要进一步深化改革，真正办成农民群众的合作社。”1998 年，中共中央、国务院《关于 1998 年农业和农村工作的意见》提出要“发展多种形式的联合与合作”，对合作社的发展提出了专门的要求和鼓励措施。1998 年《中共中央、国务院关于一九九八年农业和农村工作的意见》指出“发展多种形式的联合与合作：农民自主建立的各种专业合作社、专业协会以及其他形式的合作与联合组织，多数是以农民的劳动联合和资本联合为主的集体经济，有利于引导农民进入市场，完善农业社会化服务体系，要积极鼓励和大力支持。”1999 年《中共中央、国务院关于做好 1999 年农业和农村工作的意见》中指出要“全面清理整顿农村合作基金会”。2000—2002 年的中央一号文件均涉及农业合作组织的发展，主要强调农业产业化经营。

### 3. 税费改革时期

2003 年中央一号文件《国务院关于全面推进农村税费改革试点的意见》再次转向农村，合作社政策进入快速发展的阶段。2004 年的中央一号文件《中共中央国务院关于促进农民增加收入若干政策的意见》指出，要“积极推进有关农民专业合作组织的立法工作”“积极发挥农业科技示范场、科技园区、龙头企业和农民专业合作组织在农业科技推广中的作用”“从 2004 年起，中央和地方要安排专门资金，支持农民专业合作组织开展信息、技术、培训、质量标准与认证、市场营销等服务。”2005 年的中央一号文件《中共中央国务院关于进一步加强农

① 郭家瑞．发展中的界牌乡农民水产研究会［J］．科学养鱼，1989(4):20.

村工作提高农业综合生产能力若干政策的意见》中指出，“支持农民专业合作组织发展，对专业合作组织及其所办加工、流通实体适当减免有关税费。”2006年的中央一号文件《中共中央国务院关于推进社会主义新农村建设的若干意见》中指出要“积极引导和支持农民发展各类专业合作经济组织，加快立法进程，加大扶持力度，建立有利于农民合作经济发展的信贷、财税和登记等制度”。在该阶段，政府对合作社发展的政策态度开始强调“积极推进”“积极发挥”“专门安排资金支持”“适当减免有关税费”“积极引导和支持”“加快立法进程”“加大扶持力度”以及建立配套制度。政府强调合作社发展的重要性，并且将促进合作社的发展纳入政府的日常化工作中，并在实践中开始扶持合作社的发展。

**4.《农民专业合作社法》颁布后**

2006年10月31日，第十届全国人民代表大会常务委员会第二十四次会议通过了《中华人民共和国农民专业合作社法》，并于2007年7月1日开始实施。《合作社法》赋予合作社法律地位，标志着我国农民专业合作社进入依法发展的新阶段。在立法的推动下，相关扶持政策不断完善，扶持态度更加明确。《合作社法》第1条中明确规定“为了支持、引导农民专业合作社的发展，规范农民专业合作社的组织和行为，保护农民专业合作社及其成员的合法权益，促进农业和农村经济的发展，制定本法”。农村经营管理部门依照《中华人民共和国农民专业合作社法》和有关法规政策等，对合作社会计工作进行指导和监督。2009年的《农业部关于加快发展农机专业合作社的意见》（农机发［2009］6号）明确指出要认真落实农机专业合作社的扶持措施，具体来说要加大投入力度、加快人才培养、加强示范指导等。该时期的农业合作社政策不仅强调对农业专业合作社的支持、引导、规范和促进，还进一步强调要对合作社的具体实践工作加以管理、指导和监督：从加快发展到大力发展，从态度、立场上的引导转向实践层面的指导和推进。在具体的工作实践中，强调加强对农民合作社的财政投入力度，尝试通过示范社建设等途径来加快农业合作社的发展。2007年的中央一号文件《中共中央、国务院关于积极发展现代农业扎实推进社会主义新农村建设的若干意见》指出，“大力发展农民专业合作组织。认真贯彻农民专业合作社法，支持农民专业合作组织加快发展。”2007年5月28日公布的《农民专业合作社登记管理条例》（中华人民共和国国务院令第498号）对农业合作社的登记制度进行了明确规定。农业部于 2007 年 6 月 29 日第 9 次会议通过的《农民专业合作社示范章程》对农业合作社的管理章程进行了规范。财政部 2007 年 12 月 20 日印发的《农民专业合作社财务会计制度（试行）》规范了合作社的会计审计工作。2008 年的中央一号文件《中共中央国务院关于切实加强农业基础建设进一步促进农业发展农民增收的若干意见》指出，要“全面贯彻落实农民专业合作社法，抓紧出台配套法规政策，尽快制定税收优惠办法，清理取消不合理收费。各级财政要继续加大对农民专业合作社的扶持，农民专业合作社可以申请承担国家的有关涉农项目”，同年的中央十七届三中全会规定要“扶持农民专业合作社加快发展”。2009 年的中央一号文件《中共中央国务院关于 2009 年促进农业稳定发展农民持续增收的若干意见》明确指出“加快发展农民专业合作社，开展示范社建设行动……加强合作社人员培训。各级财政给予经费支持。将合作社纳入税务登记系统，免收税务登记工本费。尽快制定金融支持合作社、有条件的合作社承担国家涉农项目的具体办法”，农业合作社的规模化建设进入实质阶段。随后农业部相继出台的《农业部关于加快发展农机专业合作社的意见》（农机发〔2009〕6 号）、《关于开展农民专业合作社示范社建设性的意见》（农机发〔2009〕10 号），这些政策都开始对合作社的建设及具体管理提出建议。2010 年的中央一号文件《中共中央国务院关于加大统筹城乡发展力度进一步夯实农业农村发展基础的若干意见》进一步指出“大力发展农民专业合作社，深入推进示范社建设行动，对服务能力强、民主管理好的合作社给予补助”。2010 年农业部为落实 2009 年中央一号文件中“有条件的合作社承担国家涉农项目的具体办法”，制定了《关于支持有条件的农民专业合作社承担国家有关涉农项目的意见》。农业部 2010 年 6 月制定的《农民专业合作社示范社创建标准（试行）》规定了农业合作社的设立标准。

2017 年 12 月 27 日，全国人大常务委员会通过了修订案，修订后的合作社法于 2018 年 7 月 1 日起正式实施。2017 年修订的《合作社法》中，除取消同类限制、扩大合作社业务和服务范围外，还依据实践中出现的新需要，产生了一些新的规定。对农民专业合作社的组织和行为予以进一步规范。如为适应农民财产多样化和农村土地“三权分置”的发展趋势，新修订中扩大了合作社出资方式，除规定货币，实物、知识产权、林权等可以用货币估价并可以依法转让的非货币财产出资外，明确土地经营权可以作价出资，以及章程规定的其他方式作价出资；

为促使农民专业合作社规范运营，设立年度报告制度并要求向社会公示；为保障“入社自愿、退社自由”原则的落实，明确成员入社和除名都应经成员大会或者成员代表大会表决通过。为适应合作社间联合与合作的实践要求，新修订中专门对农民专业合作社联合社的成员资格、注册登记、组织机构等做出了规定。修订后的法律明确，农民专业合作社可以自愿设立或加入农民专业合作社联合社，3个以上农民专业合作社可以出资设立联合社。明确联合社应设立由全体成员参加的成员大会，不设成员代表大会，可以根据需要设立理事会、监事会或者执行监事，理事长、理事应当由成员社选派的人员担任。此外，为引导农民专业合作社提高发展质量，确立了强制退出机制等。同时，2017 年修订案中仍然坚持国家对农民专业合作社的支持政策。第 64～68 条规定：“国家支持发展农业和农村经济的建设项目，可以委托和安排有条件的农民专业合作社实施。中央和地方财政应当分别安排资金，支持农民专业合作社开展信息、培训、农产品标准与认证、农业生产基础设施建设、市场营销和技术推广等服务。国家对革命老区、民族地区、边疆地区和贫困地区的农民专业合作社给予优先扶助。县级以上人民政府有关部门应当依法加强对财政补助资金使用情况的监督。国家政策性金融机构应当采取多种形式，为农民专业合作社提供多渠道的资金支持。具体支持政策由国务院规定。国家鼓励商业性金融机构采取多种形式，为农民专业合作社及其成员提供金融服务。国家鼓励保险机构为农民专业合作社提供多种形式的农业保险服务。鼓励农民专业合作社依法开展互助保险。农民专业合作社享受国家规定的对农业生产、加工、流通、服务和其他涉农经济活动相应的税收优惠。农民专业合作社从事农产品初加工用电执行农业生产用电价格，农民专业合作社生产性配套辅助设施用地按农用地管理，具体办法由国务院有关部门规定。”

### 5.2.3 当前农民专业合作社的实践形态

农民合作组织的迅速兴起归因于它能使生产者分享到加工和销售环节的部分利润，而非将利润全部让给龙头企业或中介商人[①]（黄宗智，2010）。这是农民

① 黄宗智．龙头企业还是合作组织？[J]．中国老区建设，2010(4):25-26.

专业合作社设立的初衷，达到了预期的目标，生产者可以获得加工和销售阶段的红利。但在发展实践中，合作社普遍存在"空壳""精英俘获""大农吃小农"等不符合农民合作社本质规定的现象[①②]（潘劲，2011；邓衡山等，2014）。一般认为，能够坚持合作社原则，特别是"盈余按购买额分配；限制股金分红；民主管理一人一票"等原则的合作社为"真合作社"。实践中，农民专业合作社表现出较大的不确定性，真正按照《合作社法》规定运行的农民专业合作社较少。大多数合作社或由农业企业领办，或由大户控制，很少真正实现"弱者的联合"[③]（周应恒、胡凌啸，2016）。农民专业合作社的现实形态，大约有以下 4 种：

**1. 公司领办合作社，获取政策优惠或降低交易成本**

合作社在财政资金、金融贷款以及税收方面可以享受到特别优惠政策，农业企业对于加入或主动领办合作社有着很高的积极性，可以利用合作社获取政策优惠。农业企业的资金除了来源于自有资金外，很大一部分都是源自银行或信用社贷款，而农民专业合作社则依靠政府补贴或项目扶持[④]（黄祖辉、俞宁，2010）。农业企业等新型主体领办合作社并雇佣或吸引小农户入社，可以获得政府的支持，如各类财政补贴与低息贷款的机会。公司领办型合作社在我国的农民专业合作社实践中普遍存在，并将是未来一段时间内中国农民专业合作社的主要发展趋势[⑤]（郭晓鸣、廖祖君，2010）。

案例

近几年来，呼和木独镇不断加大对农业产业化龙头企业的培育力度，积极构建集约化、专业化、组织化、社会化相结合的新型农业经营

① 潘劲．中国农民专业合作社：数据背后的解读［J］．中国农村观察，2011(6):2-11.

② 邓衡山，王文灿．合作社的本质规定与现实检视——中国到底有没有真正的农民合作社？［J］．中国农村经济，2014(7):15-26.

③ 周应恒，胡凌啸．中国农民专业合作社还能否实现"弱者的联合"？——基于中日实践的对比分析［J］．中国农村经济，2016(6):30-38.

④ 黄祖辉，俞宁．新型农业经营主体：现状、约束与发展思路——以浙江省为例的分析［J］．中国农村经济，2010(10):16-26.

⑤ 郭晓鸣，廖祖君．公司领办型合作社的形成机理与制度特征——以四川省邛崃市金利猪业合作社为例［J］．中国农村观察，2010(5):48-55.

体系，建立龙头企业与农户利益联结机制，发挥龙头企业在开拓市场、联结农户、带动农牧民脱贫致富等方面的积极作用，农牧业产业化得到快速发展，龙头企业不断发展壮大，逐渐实现了企业发展、农民脱贫致富的目标。

杭锦旗宏倡农牧林开发有限公司是呼和木独镇政府2009年引进的旗、市、区三级政府的农牧业产业化重点龙头企业。进驻呼和木独镇8年以来，公司通过标准化基地建设，延伸产业链，全面提高农牧民收入水平，带动周边200多户农牧民致富，联合办合作社带动农户71户。随着企业不断发展壮大，2014年8月在宏倡公司的支持下，所有发包方联合成立牧蒙种植专业合作社，并与宏倡公司签订了规范、合理、平等的经营权入股合同。双方遵从平等协商、自愿、有偿原则。采取“保底收入＋按股分红”的形式，与农牧民结成紧密的利益联结机制。农牧民的股份享受“优先股”待遇，即宏倡公司在无盈利或微利的情况下，确保每年按时、足额支付土地流转费用，直接受益农牧户达70户。平均每年每户增收20 000余元。公司盈利且净利润率达到15%时，平均每户再增收10 000余元，随着公司利润率的提升，所有入股农牧民收入同步增加。公司对合作社财务公开、透明，并由合作社推举代表监督公司运营状况。以巴音温都尔嘎查牧民金玉玺为例，其共有草牧场3 500余亩，以土地经营权入股宏倡公司共同经营后，在公司不盈利的情况下，每年土地收入28 000余元。当公司盈利超过10%时，每增加五个百分点，金玉玺除上述土地收入外，入股分红多增收10 000余元。同时，在平均6个月的农忙时节，宏倡公司以长期雇用、季节工、短工和临时工的形式优先雇用周边农牧民。每年平均用工在300～500人次，合计给付农牧民工资500万～800万元。

（案例根据以下资料整理：《龙头企业与农户利益联结机制，实现双赢效益》，余东梅，内蒙古自治区鄂尔多斯市杭锦旗人民政府网，2017-06-21 http：//www.hjq.gov.cn/qq_hjzc_0002/qq_hjzc_0103/201706/t20170621_1971327.html.）

### 2. 合作社作为中介，协调企业与小农户的利益

张晓山（2009）认为农民专业合作社在“公司＋农户”中的作用主要表现为两种：或是将公司与农户的利益矛盾内部化于合作社之中，或是利用合作社作为公司的业务中介来与农户进行交易①。能否通过合作社在农业企业和小农户之间建立公平合理的利益联结机制，则取决于合作社内部的所有权、控制权和受益权如何在农业企业和农户社员之间进行划分。如果合作社作为农业企业和小农户利益联结机制的载体而存在，那么小农户就可能愿意与农业企业一起成立合作社。另一方面，合作社可以很好地代替企业管理农户，降低企业的组织成本。因此，在这种形态下，农民专业合作社成为平衡小农户和农业企业利益的中间平台，小农户与农业企业共同利用农民合作社实现各自利益诉求。农业企业利用合作社获取政策红利以降低经营成本，而小农户则利用合作社与农业企业进行更有利于自身的谈判，同时使用合作社提供的各项服务。例如，有的农民专业合作社允许入社成员依据合作社在供应链当中的地位和名誉作为担保物，小农户更容易得到担保贷款或小额信贷的机会。

**案例**

瑞田现代农业有限公司是一家集农业种植、农机服务、奶牛养殖、肉牛育肥，种、养、加工、销售相结合的农业全产业链企业。2013 年以来，以“公司＋集体＋合作社＋农民”的合作模式，走出了一条可复制、可推广的模式，让农民流转土地有租金、入园打工有薪金、入股分红有股金。目前，在 5 个村委会建立了专业合作社，流转土地 1.8 万亩，涉及 2 个乡 5 个村 1 100 户农户，其中贫困户 120 户。公司以农业全程种植技术和农机服务入股合作社，合作社负责组织、管理、协调农户，保障公司正常经营秩序。村委会集体负责监督公司经营情况，保证农户利益最大化。公司负责购买籽种、化肥、农药等生产资料，以及全株玉米耕、种、田管、收割、销售等工作，并保证村集体、合作社和农

① 张晓山．农民专业合作社的发展趋势探析［J］．管理世界，2009(5):89-96.

民分红。农户可享受两次分红，一是每亩保底分红 300 元，在土地流转后即可分红。二是除去公司耕作等费用外，按农户、公司、合作社 5∶4∶1 的比例进行收益分红。以 2016 年青贮玉米秸秆市场价格 400 元/吨，亩均产量 3 吨，剔除成本 600 元外，亩均纯收入在 600 元，入股农户每亩第二次分红 300 元左右。

此外，合作社还采取“企业牵头运作，农户入股参与”的方式发展肉牛养殖，由合作社作抵押为贫困户每户担保贷款 5 万元，公司统一运作经营，政府按有关扶贫政策补贴利息，公司负责偿还本金，养殖风险由公司承担，贫困户享受保底分红。为了企业更好地运营发展，与贫困户合作形成长效机制，政府借给企业 600 万元，作为固定资产投入与流动资金，并与企业签订协议，规定企业帮扶分红时间为 10 年，明确资金安全运行。分红方面，公司与贫困户签订协议，银行贷款资金和政府整合资金到账之日起，每年领取 6 000 元的分红，可分两次领取，半年领 2 000 元，满 1 年领取余下的 4 000 元。按照这一模式，可吸纳贫困户 150 户。

（案例根据以下资料整理：《双赢效益的实践——察右前旗建立龙头企业与贫困户利益联结机制纪实》，常耀宗，乌兰察布新闻网，2018-07-04，http：//www.wlcbnews.com/p/32812.html.）

### 3. 大户主导收益分配，小农户边缘化

农民专业合作社内部不同角色的农户受益差异很大，有的合作社被大户主导或少数人所控制。合作社的边界并不明晰，实际中往往以双重标准判定成员边界：争取政府资源支持时尽可能扩大“带动农户”数量，而在盈余分配和量化收益时则尽可能仅仅计入核心持股成员甚至是发起人①②（廖小静等，2016；邓衡山等，

① 廖小静，应瑞瑶，邓衡山，等．收入效应与利益分配：农民合作效果研究——基于农民专业合作社不同角色农户受益差异的实证研究［J］．中国软科学，2016(5)：30-42.

② 邓衡山，徐志刚，应瑞瑶，等．真正的农民专业合作社为何在中国难寻？——一个框架性解释与经验事实［J］．中国农村观察，2016(4)：72-83.

2016)。事实上，由大户领办和控制的合作社在一些地方已成为主要形式[①]（张晓山，2009)，且发展较好的合作社往往都是大户主导，对小农户加入有一定限制。

案例

“青龙生猪养殖合作社”位于四川省三台县刘营镇青龙村，该合作社成立于2008年4月，初始社员23户，2009年发展到213户，2015年时社员数量稳定在328户。该合作社对“合作规模”有自己的真切体会。没有规模就没有谈判地位，但规模过大，超出了自己的管理能力，也必然带来效率和经济上的损失。所以，2012年以来，尽管还有不少养殖户要求入社，但合作社却不再扩大社员数量，以保持与管理能力相适应的“合作规模”。

该合作社坚持农户家庭经营、合作社盈利最终为全体社员分享的原则。按照会计原则计算，该合作社约有70%的可分配利润按社员与合作社的交易量“二次返利”，不过，他们的“二次返利”做得非常巧妙，并且简单易行。

这主要表现在两方面：一是合作社将购进仔猪和饲料的价格差（社员从合作社购买的价格比市场价约低10%）直接留给社员，对于养殖大户（养200～300头生猪）来说，仅一年饲料价格差就形成4万～6万元的“返利”收入。二是合作社将生猪销售价格差（合作社用“青合牌”品牌销售生猪比普通市场价约高5%）直接留给社员。销售价格差所形成的“返利”收入，在生猪行情好的时期直接提升了社员的收入水平，而在生猪行情差的季节则起到了减少亏损、稳定生产的作用。生猪行业的显著特点是季节和年度行情波动较大，只有在市场低迷时“扛”得住亏损，才可能在行情好的时期取得较好的盈利。

该合作社有一个“乐于奉献”的管理团队。该合作社管理人员自建社以来从没有在合作社领取过报酬。合作社的管理团队都是养殖大户，

① 张晓山．农民专业合作社的发展趋势探析［J］．管理世界，2009(5)：89-96.

其合作收益最大，例如，仅饲料进价差每年就有约 6 万元收入，这比普通就业岗位的薪水要多，而且能够长久。所以，合作社管理成员都把管理职务看成是责任，并且都能尽职尽责。该管理团队的这种奉献精神得到了社员和本村村民的认可，合作社成立第 3 年（2011 年），该合作社理事长当选为该村村支书。对于大户而言，他们与合作社的交易量比例大，因而能够从合作社获得更多的服务，分享到更多的合作剩余，获得更大的回报，因此他们更有动机、也更愿意付出额外成本（时间、精力和资金等）去组织农户之间的合作、领头创办合作社。对于小户来说，组织农户合作、创办合作社的潜在收益较少，不足以弥补所付出的成本，因此他们没有组织合作社的动机，而选择被动等待，即等待大户创办合作以后再加入其中，是他们的理性选择。

此外，合作社管理团队和其他核心成员除了可以获得经济收益外，还能获得社会、政治收益。例如，他们能够获得更多的社会尊重，获得一定的政治地位（如管理成员当选村干部、理事长经常参加表彰会）。该合作社为社员争取到了较多的经济利益，其合作成效显著。例如，合作社每年为社员减少仔猪购入成本 40 元/头左右，2010 年以来，通过自繁自养，每年为社员节约养殖成本 150 元/头以上；每年为社员降低饲料成本 200 元/吨；统一销售为社员提高售价 60～100 元/头（2010 年在生猪市场低迷的情况下为社员减少亏损 130 万元，2011 年行情转好后，为社员增收 224 万元）；合作社每年为社员支付保险费 5 万～8 万元，为社员争取到部分短期贷款；合作社统一防疫，防止发生重大疫情，避免了重大损失；等等。

（案例根据以下资料整理：李尚勇，熊航．成功运行合作社的关键——以四川省三台县青龙生猪养殖合作社为例［J］．中国农民合作社，2014(11):48-49.）

## 4. 小农户通过合作社获取技术、社会化服务以及价格保护

对农户而言，加入或成立农民专业合作社可能获得更多的利益。农民专业合

作社的重要功能在于通过将小农户的力量组织起来，提高小农户抵抗风险和抵抗中间商盘剥的能力，也使得小农户更易于使用先进的生产技术和手段[①]（郭庆海，2013）。例如，统一购买农资就是农民专业合作社最基础的一个功能，团购一般比单独购买能得到较为优惠的价格，合作社成员先按市场价向合作社支付，购买后再由合作社按实际交易量的差额进行返利，降低了小农户的生产成本。

案例

江西省S水稻种植合作社最初由6个村民成立于2010年，成立时种植面积216亩，2018年拓展到63户2 040亩。S合作社的发展原则为“人人有活干、个个是股东、家家有钱赚”。周边6个村庄加入的社员数量为103户，其中包括精准扶贫对象11户21人。

合作社的收入包括：①合作社的经营收入，即耕种社员农户未承包的土地的收入。②政府拨款和集体集资，以及可能的项目筹资，如修建仓库使用的是90万元国家项目资金。③加工收入。合作社发现，100斤谷子可以卖120元，也可以加工成65斤大米，若以2.5元/斤的市场价格卖米，可以卖出162.5元，仅百斤谷可增加净利润42.5元。合作社在2016年时注册了2个大米商标，2017年将200多亩田的产量加工成大米，获取收入。合作社的支出包括：①合作社购买机器，建设仓库、办公楼等设施，如办公楼建设花费140余万元，目前尚未付清的工程款项40余万元；②支付管理费用，即对管理者在农忙期间的管理工作计60元/天的工资，以及会计核算工资1 000元/年；③支付雇佣劳动费用，合作社修沟渠、打药、施肥等需要大量雇佣当地农户，同样以60元/天支付工资。

**地块分配**。社员农户将土地流转到合作社（合作社根据田地的好坏，每年支付250～300元/亩土地租金），由合作社进行分配。对于社员农户，“有多少劳动力，能够种多少地就种多少，想种多少就种多少”。如果合作社流入的土地刚好被社员全部承包种植，就由其承包种

① 郭庆海．新型农业经营主体功能定位及成长的制度供给［J］．中国农村经济，2013(4):4-11.

植；如果没有被社员全部承包种植，合作社就会雇工进行经营管理，刨去成本后纯收入属于合作社。

**生产环节**。社员农户在每一生产环节都不需要垫付钱，如使用农药化肥等生产资料，流转种植其他承包户的土地等，社员农户都不需要支付，而是计入统一核算，在最后核算收入时进行扣除。此外，农户还可以得到免费的技术指导，分享畅通的销售渠道，避免市场的价格波动等。

**收粮环节**。合作社并不会派专人收农户稻谷，而是由农户售卖给合作社指定的当地粮食商贩，商贩从农户处运走粮食时不直接向农户付款，农户和商贩同时记账，最后商贩和合作社统一结算，农户再与合作社根据实际情况核算收入。对合作社而言，省去了专门雇人负责收售粮食的成本，而且合作社十分放心，因为农户与商贩的记账一定是十分准确的，正所谓“少记了农户吃亏，多记了粮贩子吃亏”，双方会以最准确的数字记账。

**核算环节**。粮食商贩在收购完所有粮食后，一次性向合作社支付粮款，合作社在扣除各项费用后再逐一与农户根据实际情况核算发放。如果农户临时需要用钱，也可以先从粮食商贩处先结算部分款项，之后农户与合作社结算时再刨除。

**小农户与合作社的利益链接**。S合作社与社员农户的合作关系存在3种基本情况：①社员在外务工或者经商，将自家承包地入股合作社（以田入股），每年分红，分红标准为：每亩地的总收入减去农药、化肥、机械等成本后净利润的30%。一般根据地块质量支付250～300元/亩的分红。②社员在家种地，使用合作社的服务，但是只种自己家的土地，每亩地的总收入减去农药、机械、化肥等成本后的所有利润都是自己的；农资及农机服务由合作社统一提供，按标准价格记账。③社员除了种植自己家的地外，可根据自身劳动能力承包（租种）合作社的土地，自家土地部分获得总收入减去农药、机械、化肥等成本后的所有利润，承包合作社土地部分每亩每年需要交一定数量水稻至合作社，超出部分归自己所有，交由合作社的水稻中，由合作社扣除农药、化肥、机械等成本后，净利润的70%返还给农户，其余30%则作为土地租金。除土地入股合作社或从合作社耕种土地外，还可以在合作社参与管理经营或务工，取得务工收入。

会计核算示例：以2017年为例，每亩地复合肥约120元、尿素20元、农药约50元、除草剂20元、机耕机收约110元，每亩农资成本投入320元左右，晚稻略微贵点，每亩340元左右，全年农资成本投入660元/亩左右。以亩产800公斤为合作社回购标准，超出800公斤的部分属种地农户。假设当年稻谷价格1元/斤，亩产900公斤。某社员农户自己原有的3亩土地全部入股合作社，现在从合作社中承包耕种了10亩。该农户亩产900公斤，超出800公斤的100公斤部分全部归该农户，合作社只核算每亩800公斤的成本情况。每亩的900公斤可卖出1 800元，在其中的800公斤即1 600元中，需刨去合作社统一提供的农资及机械等服务费660元/亩，再刨去纯利润1 600－660＝940元/亩的30%作为田租，即313元/亩的地租，剩下的940－313＝627元/亩属于农户，即该小农户耕种10亩地的收入为200元/亩×10亩（超过800公斤部分）＋627元/亩×10亩（800公斤部分为基本种粮收入）＋300元/亩×3亩（地租收入，根据流转给合作社的土地好坏，获得250～300元/亩的地租收入，此处以300元计）＝9 170元。其中基本部分的纯收入的30%作为地租是合作社的规定，即以纯收入30%计提为地租，10%计提为合作社运转资金积累，剩下60%归种植农户。但由于考虑到增加社员积极性，且避免合作社管理者管理大量集体资金，目前尚未计提过集体积累，故70%全归种植农户。

小农户其他获益环节有：

（1）在购买生产资料时，以合作社名义大量购买能够获得优惠的价格，在稻谷销售时通过合作社与粮食商贩统一谈判，价格能够提高1～2分/斤。

（2）对于机耕机收等服务，合作社先使用耕田机、收割机服务合作社社员的需要，若有时间或机器充裕，也有偿为非合作社社员服务，一般而言，机耕每亩60元/次，非社员每亩100元/次，机收每亩50元/次，非社员每亩 90 元/次，按每年耕种两季水稻算，社员农户每年可节约生产资料成本 140～180 元/亩。

(3) 由于统一采用的良种、管护技术等优势，社员农户种植的水稻比非社员农户每季增产 50～60 公斤/亩。这样算下来，社员农户比非社员农户人均增收约 300 元/亩。

(4) 社员还可以在合作社中挣取劳动工资。在合作社的经营管理中，发生大量的雇工或专业劳动，包括合作社组织的统一打药、施肥、放水等各项工作中的劳动，合作社支付的工资水平为每个工 60～80 元（即 60～80 元/（人·天））。

(5) 土地的租金收入，不管是否耕种，只要将土地流转给合作社，合作社将根据当年平均净收益的一定比例向土地原承包经营户支付地租。

（案例来源：作者调研）

### 5.2.4 农民专业合作社的发展问题

农民专业合作社的产生和发展的制约因素有：土地细碎化、农民分化、合作社企业家匮乏、政府顾虑、农业经济发展路径独特、相关法律制度缺失、与其他组织的潜在矛盾等①（黄祖辉等，2005）。不完善的外部环境，农民素质、合作能力不适应所形成的双重制约，是合作经济组织产生制度变异和利益机制不健全的根本原因②（孙亚范，2008）。当前我国农民专业合作社的发展取得了很大的进步，但也还存在以下问题：

**1. 行政和政府驱动，导致“虚假”发展**

在农民专业合作社发展过程中，政府的支持力度很大，但这也导致政府角色

① 黄祖辉，徐旭初．中国的农民专业合作社与制度安排［J］．山东农业大学学报（社会科学版），2005，7(4)：15-20.

② 孙亚范．农民专业合作经济组织利益机制及影响因素分析——基于江苏省的实证研究［J］．农业经济问题，2008(9)：48-56.

不清，干预过多以及行政驱动发展等问题。现阶段一些农民专业合作社是由基层政府或者相关部门“领办”，故而这些政府部门在事实上充当了农民专业合作组织的领导人，导致农民在合作社中的主体地位虚置[①]（傅晨，2004）。一些地方基层政府对专业合作组织的具体事务干预过多[②]（孔祥智、周琳琅，2006）。行政行为渗透到农民专业合作社的内部治理机制时，“退出权”充分而“决策权”空缺，导致不稳定的“制度均衡”的出现，且大多以财务联结松散、正规度低的非实体性协会作为农民专业合作的组织形式。很多合作社的组成与建立是政府为了完成行政指标，故而缺乏长效的管理运作机制[③]（李昆、傅新红，2005）。政府的扶持多为下指标、定任务，追求数量和形式。地方政府为完成任务，获取政绩，必然以搞运动的方式，追求数量，垒大户[④]（张晓山，2004）。政府在制定发展农民专业合作经济组织的政策时，应该综合考虑各地的经济状况和具体条件，尊重农民的愿望和选择，决不能强求一律[⑤]（郭红东等，2004）。在国际合作运动的发展历程中，部分西方发达国家政府与合作社关系的演变，认为政府扶持农民专业合作组织的重点是为其独立、自主发展建立公共服务平台，营造良好的市场竞争环境，而不是使用行政手段发动运动下指标[⑥]（苑鹏，2009）。在农民专业合作社的发展生命周期（引入期、成长期、成熟期、分化期）中，政府应该发挥不同的作用，但始终要扮演监督者的角色。政府除了起到监督作用，还必须为农业合作社创造良好的外部发展环境[⑦]（赵国杰等，2009）。当前政府对合作社的扶持应转变到完善合作社立法、税收优惠、信贷支持等外部环境和政策支

---

① 傅晨．农民专业合作经济组织的现状及问题［J］．经济学家，2004，5(5)：101-109.

② 孔祥智，周琳琅．当前农民专业合作经济组织发展中的问题和对策［J］．台州学院学报，2004，26(2)：93-96.

③ 李昆，傅新红．政府行政介入农民专业合作中所引致的不稳定制度制衡［J］．江西财经大学学报，2005(3)：38-41.

④ 张晓山．促进以农产品生产专业户为主体的合作社的发展——以浙江省农民专业合作社的发展为例［J］．中国农村经济，2004(11)：4-10＋23.

⑤ 郭红东，蒋文华．影响农户参与专业合作经济组织行为的因素分析——基于对浙江省农户的实证研究［J］．中国农村经济，2004(5)：10-16.

⑥ 苑鹏．部分西方发达国家政府与合作社关系的历史演变及其对中国的启示［J］．中国农村经济，2009(8)：89-96.

⑦ 赵国杰，郭春丽．农民专业合作社生命周期分析与政府角色转换初探［J］．农业经济问题，2009，30(1)：76-80.

持上来[1]（任大鹏等，2008）。

**2. 制度和法律不完善，缺少扶持资金监管**

孔祥智和张小林等（2005）通过对陕、宁、川地区的农民合作经济组织的调查，认为影响农民合作经济组织发展的最关键因素是缺乏应有的制度和法律环境[2]。良好的制度与法律环境需要政府去构建，民众自发参与、组织农民专业合作社是需要政府进行宣传扶持。农民专业合作经济组织发展绩效不理想，宏观制度环境层面的制约是首要因素，表现在政府的扶持力度不够、宏观经济教育制度存在诸多不利因素等方面[3]（赵佳荣，2007）。一些地方的政府对合作社监管工作不完善，导致农民专业合作社项目扶持资金和优惠政策被假合作社套取与使用[4]（夏英，2009）。这种问题并没有因为《农民专业合作社法》的出台得到有效解决。专项资金反映的是根深蒂固的老问题，即政出多门和部门利益[5]（张晓山，2004）。制度和法律的不完善，扶持资金监管力度以及政策和制度不强，导致农民专业合作社发展支持资金瞄准出现偏差。

**3. “泛公司化”现象，合作社原则缺失**

合作社的重要特征、基本原则以及《合作社法》等法律法规，都对农民专业合作社和公司企业进行了区分。但由于各种原因的驱动，农民专业合作社的“泛公司化”现象严重。这不仅仅是在中国出现这种问题，而是在全世界范围“盈余按购买额分配；限制股金分红；民主管理一人一票”等合作社基本原则也都在受到“股金分红难限制”“雇佣职业管理人员，民主管理一人一票难实现”等问题的困扰。不同类型的农业生产经营者，在资源和能力上存在差异，出资不同，在利益分享、公共资产处置等都会不同。在具体的实践过程中，合作社在具体的盈余分配、股金分红以及公共决策等方面就会偏向“泛公司化”，比如不限制股金

---

① 任大鹏，郭海霞．合作社制度的理想主义与现实主义——基于集体行动理论视角的思考［J］．农业经济问题，2008，29(3)：90-94.

② 孔祥智，张小林，庞晓鹏，等．陕、宁、川农民合作经济组织的作用及制约因素调查［J］．经济理论与经济管理，2005，V(6)：52-57.

③ 赵佳荣．农民专业合作经济组织发展绩效的制度性影响因子及其改进［J］．农业现代化研究，2007，28(2)：000206-209.

④ 夏英．我国农民专业合作社发展现状与走势［J］．中国经贸导刊，2009(18)：28-29.

⑤ 张晓山．关于“三农”问题的理论思考［J］．国家行政学院学报，2004(1)：38-44.

分红，或者以股金分红为主；只是提供签约小农户的最低收购价，但并不与小农户一起按交易额返回盈余；小农户只是生产者，很少受到培训、教育以及保险保护等。民主管理原则难以付诸实践等情况。合作社作为市场主体和经济实体，在具体的运行过程中，要避免“泛公司化”现象，使得农民专业合作社实行当时设立的初衷——“弱者的联合，共同抵抗市场风险”，就需要完善市场、契约、交易等制度和政策环境，同时更重要的是要减少行政干预，让市场回归本原，同时加强地方治理。这样相同类型的、有合作需求的农业生产经营主体才可以联合起来，不断磨合，进行合作。在行政驱动过强，补贴带动发展的情况下，公司企业具有较强的动机领办合作社，小农户难以与其处于平等的地位，就不能实现“弱者的联合”，不能实现合作的发展。反而让大量的支持和补贴的资金没有支持符合合作社原则的合作社。从另外一方面来说，如果全国合作社大范围出现“泛公司化”现象，也说明我们的制度设计需要改革，机制需要完善。如何通过法律规制和合理政策引导，使合作社的治理结构均衡化，让普通农户能更多地参与合作社的事务、分享合作社的收益，更多地享受生产资料的低价供应以及农产品价格的市场价格的控制能力，是改善合作社治理结构的重要议题。

## 5.3 农民专业合作社的发展建议

展望未来，农民合作社作为农村经济中的一个重要组织载体和经济力量，在实现小农户与农业现代化发展有机衔接，构建现代农业生产体系、经营体系、产业体系等方面，必将承担更多的功能，发挥主力军的作用[①]（彭超、杨久栋，2018）。首先，在带动农户方面，农民合作社将在生产合作、购销合作、信用合作等方面承担更多的功能，引导小农户更好地纳入现代农业发展的轨道。其次，在规模实力发展方面，农民合作社将进一步做大做强，增强自身市场竞争力，各类合作社之间的联合与合作将会进入新的发展阶段，农民合作社联合社将会在流

① 彭超、杨久栋.《2018 中国新型农业经营主体发展分析报告（二）——基于农民合作社的调查和数据》,《农民日报》, 2018 年 2 月 23 日,4 版.

通加工、品牌建设和市场营销方面发挥更大的作用。再次，金融服务将成为农民合作社拓展功能的重要领域。金融是现代化经济体系的核心，各类农业生产经营主体对于金融信贷担保服务的需求更加强烈。然而，当前合作社为农户提供的金融服务仅仅停留在赊销农资等初步和低水平的金融活动上，仅有 25.0%的合作社能够为社员提供融资担保，也只有 26.4%的合作社能够提供内部信用合作，而能够承担金融中介功能的合作社比例仅为 7.0%。新修的《农民专业合作社法》新增的金融、担保等的条款，将为农民合作社更好地提供金融服务和强有力的法律支持。随着农村信用评价体系的健全，农业供应链金融、信贷担保联盟等将会进一步建立和健全，农民合作社将成为众多金融机构发展供应链金融的中介载体。最后，农民合作社经营指导和政策扶持将更加科学化。随着农业农村信息化水平的提高，农业大数据已具雏形，农民合作社的统计调查手段也将进一步优化[①]（彭超、杨久栋，2018）。

要达到上述目的和发展，从以下几方面展开工作将有助于农民专业合作社的发展：

（1）注重内部治理，以合理的激励机制提升合作社市场竞争能力。提升合作社的市场竞争能力，必须从合作社内部入手，也即通过引入合理的激励机制来改善合作社的内部治理。建立对核心社员的激励机制是合作社激励机制的重点[②]（周文根，2007），在现阶段，也可以参照企业的治理模式，在治理结构中突出体现能力与利益的关系，以激发核心社员在合作社治理中的作用[③]（陈俊梁等，2010）。中国农产品的市场格局依然是供大于求，在这一条件下，农民专业合作社的剩余索取权与剩余控制权必然是不平衡的，也即是说，合作社的产权结构必然偏于股份化，治理结构必然偏于大户、企业或外部组织主导[④]（徐旭初等，2010）。由此，应当放宽对民主管理的要求，在一定程度上允许合作社股权结构的非均衡性，赋予合作社企业家较大的剩余索取权。另一方面，资本是农村合作

① 彭超，杨久栋，《2018 中国新型农业经营主体发展分析报告（二）——基于农民合作社的调查和数据》，《农民日报》，2018 年 2 月 23 日 4 版.

② 周文根．基于企业框架的专业合作社激励机制［J］．中央财经大学学报，2007(7):72-76.

③ 陈俊梁，陈建荣．合作社治理结构新模式［J］．中国农民合作社，2010(8):39-41.

④ 徐旭初，吴彬．治理机制对农民专业合作社绩效的影响——基于浙江省 526 家农民专业合作社的实证分析［J］．中国农村经济，2010(5):43-55.

社发展的关键因素[①]（王栋等，2008），合作社要在按惠顾额进行分配的基础上引入和利用资本。对于现代合作社实践中的股份化趋势，政府不必强制干预，而应该鼓励合作社社员通过合作社章程进行自主选择[②]（黄祖辉等，2009）。

（2）坚持社员导向，以多样化的联合与合作提升小农户组织化程度。坚持社员导向是农民合作组织的现代化方向，也即必须坚持合作社的原则和宗旨，使合作社的组织结构从松散变得紧密。有研究者认为，有利于管理者的决策权分割格局，在目前虽然有一定的合理性，但不利于合作社的长期稳定发展。因此，缩小社员的异质性、完善内部制度才是重要着力点[③]（张雪莲等，2008）。换句话说，合作社的内部凝聚力，比管理者的能力更为重要[④]（郭红东等，2008）。一旦合作社的控制权掌握在少数精英社员手中，将从根本上降低其他普通社员持续与合作社合作的意愿。为加强合作社的稳定性，甚至有必要对社员的自由退出加以必要的限制，包括资本退出限制、人才退出限制、时间退出限制等[⑤]（曹阳等，2008）。

（3）引导社会资本，探索农户负盈不负亏的保护机制。关于合作社的发展问题，一直以来存在争论，一种观点认为要优先考虑经济效益，主张提升合作社的市场竞争能力，吸引资本进入并让出一部分权利以解决合作社资本匮乏的问题，同时按照市场化企业的治理结构对产权安排做出改革；另一种观点则认为要优先服务社员，主张坚持合作社的本质特征，限定社员的出资额度和按出资额返还的比率，尽量限制企业或社会资金的进入，对企业或社会资金加入合作社资金的情况，应制定控制其权益扩大而损害社员权益的对策，同时通过发挥合作社所拥有的组织优势以及加强合作社的内部凝聚力来实现合作社的目标。事实上，其根本的分歧在于如何对待“资本及其权益”上。合作社不同于一般的公司或企业，作

---

① 王栋，曹利群．引入和利用资本：对农民专业合作社发展方向的探讨［J］．中国行政管理，2008(9):97-100.

② 黄祖辉，邵科．合作社的本质规定性及其漂移［J］．浙江大学学报：人文社会科学版，2009，39(4):11-16.

③ 张雪莲，冯开文．农民专业合作社决策权分割的博弈分析［J］．中国农村经济，2008(8):61-69.

④ 郭红东，杨海舟，张若健．影响农民专业合作社社员对社长信任的因素分析——基于浙江省部分社员的调查［J］．中国农村经济，2008(8):52-60.

⑤ 曹阳，姚仁伦．自由退出权、组织稳定、组织效率——兼论合作社为什么难以成为我国当前农村经济的主流组织形态［J］．华中师范大学学报（人文社会科学版），2008，47(4):46-50.

为社员共同经营的合作经济组织，其不以耗费资本赚取最大利润为目的。向合作社中引入资本的作用是为社员服务，而非社员为资本服务。评价合作社的经营效益不是看合作组织本身的利润，而是看社员是否通过合作社增加收入和增进其经营利益。由此，在对待资本的问题上，可以尝试鼓励通过财政资金引导社会资本进入合作社，同时对农户权利采取特殊保护，探索实行农民负盈不负亏的分配机制。

## 5.4 农民专业合作社的发展和乡村治理

在上述对农民专业合作社的讨论中发现，在政府的话语体系中，农民专业合作社被认为是“新型农业经营主体”的重要力量，是发展现代农业、实现农业规模经营的一种具体途径，是推动农业、农村和农民进一步发展的农业生产和经营模式。如果从乡村治理的角度来解读农民专业合作社的发展，那么农民专业合作社不仅仅是推动现代农业发展的“新型农业经营主体”，而且是乡村治理现代化进程中的组织资源。

其一，在乡村转型的过程中，受城市化、工业化影响，大量人口流向城市，农村以小农户经营为主。家庭经营，统分结合。分得彻底，但统的层次较虚。农民以家庭为基础发展生产，但并不意味着农民不需要合作，反而却是更需要合作。特别是在村集体经济组织不发达，村两委组织力量薄弱的地区，空心化农村十分普遍，帮助农民进行合作的机制较弱。促进农民专业合作社的发展，可以提供一种新的农民合作的范式，基于生产、经营、销售、购买以及日常教育和培训、农机具使用和灌溉用水等方面，农民专业合作社可以起到联通农户、促进合作的目的。让小农户在法律和制度的框架下，在政府资金的支持下开展合作，实现联合，将有助于市场风险的抵抗，提高农业生产的效率和效益。也将打破农民“善分不善合”的陈旧魔咒，从而改变人们对小农户“分散、自私、不善合作、贫困、保守”的僵化和刻板印象，提升社区凝聚力以及社区信任。同时可以改善干群关系，重树基层干部的社会权威。

其二，传统社会向现代社会的转型，传统的“乡村士绅”权威被新的党政权威所打破并消解。但随着经济社会的多元发展，政府角色向提供公共服务和公共管理方向转型，逐渐退出乡村治理空间。法治、契约等权威以及自治权威并没有随“官退”而建立，反而是经济、财富甚至暴力权威在乡村生活中大行其道，对乡村发展和乡村振兴产生不良的治理效应。“先富不能带动后富”，其社会权威难以树立。在现代农业发展过程中，如果只扶持大户或让大户优先发展，小农户与现代农业无法有机衔接，将又再次产生“先富者不能带动后富”的问题。通过农民专业合作社的发展以及其他有效机制，可以让小农户的生产与现代农业的发展进行联合，从而使得乡村社区中先富者能得到社会承认，也促进党政权威在乡村中的力量增重，更重要的是“互助、契约、公平、民主”等合作社原则得到尊重，公平民主权威得到尊重，增加社区的良治资源，从而获得乡村的长足发展。

其三，合作社的基本原则包括自愿与开放的社员制、民主的社员控制、社员经济参与、自治与独立、教育培训与信息、合作社之间的合作、关心社区 7 项。中国农民专业合作社的发展过程中，强调自愿与开放，强调民主，强调经济参与，强调自治，但在教育培训与信息、合作社之间的合作以及关心社区 3 个原则中没有太强调，也没有推动发展。其实，通过农民专业合作社教育、培训与信息共享，将给社员带来更多的社会知识、生产知识、法律知识以及各种技能的培训，能起到培训社员的作用。通过培训活动，教育农民在生产、食品安全、环境保护以及生态保护方面的知识，可以促进城乡的良好发展。教育农民和培训农民，也是促进良性治理的一个重要的机制。重视农民专业合作社的教育功能，不仅对乡村治理有良好的作用，对农民专业合作社本身的经济发展和农民自身素质的提高都有很大的好处。通过促进合作社之间的合作、关心社区等原则的展开，可以促进农业现代化的发展，可以增进社区凝聚力，使农村实现更好的发展。

最后，通过农民专业合作社的规范运行，可以培养农民的平等、民主、契约的精神。国际合作社联盟认为合作社的基本价值是：自助、自主、平等、公平和团结。农民专业合作社强调入社和退社自由，民主管理一人一票，限制股金分红等，这有助于培养小农户平等、民主和契约的精神，并增强他们的法治观念和责任精神。通过农民专业合作社的发展，可以促进乡村治理现代化的转型和发展。

## 案例

“蒲韩乡村社区”的前身是2004年注册成立的“永济市蒲州镇农民协会”。它缘起于1998年在蒲州镇寨子村建立的“科技服务中心”，2000年又建立了“妇女文化活动中心”，在当地党政主要负责人的大力支持下，2004年经民政部门登记注册为社团，正式设立了“永济市蒲州镇农民协会”。2007年更名为“果品协会”。由于业务范围超越蒲州镇，跨蒲州和韩阳两个乡镇，所以，自取了“蒲韩乡村社区”的名字。农民口头禅还是称其为“协会”。

蒲韩乡村社区共有以下几个板块：农资店百货连锁超市（以下简称“农资店”）、妇女读书文化中心（以下简称“妇女文化”）、生态家园、有机农业联合社（以下简称“联合社”）、农民技术培训学校（以下简称“学校”）、青年有机农场（以下简称“青年农场”）、老年康乐服务中心（以下简称“老年服务”）、儿童教育促进会（以下简称“儿童教育”）、健康协会、红娘手工艺合作社（以下简称“手工艺”）、城乡互动中心、后勤部、财务部、社区办公室。现在，蒲韩乡村社区已经成为拥有大宗农产品运销、有机农业种植和技术推广、农资购买和消费品购销、手工艺品生产与销售、信用合作，以及老年服务、健康服务、垃圾处理、社区教育、农耕文化等多种功能齐备的综合性的“三农”协会。这个协会根植于规模足够大的农村社区——这是协会内部能形成长期可持续、循环式发展的基本条件。协会横跨蒲州、韩阳两个乡镇共24个行政村和19个自然村，会员4 000多户，服务的农民群众超过2.5万人，占了两镇总人口的一半。这个协会拥有经济、社会、文化的综合性功能——这是使得一个规模化的社会经济体成为生产、消费、分配、交换紧密联系的有机体的根本举措。

这个协会做到了农民共富、利益共享、城乡合作、社区稳定有序——而这正是我国破解“三农”难题所期望的主要目标。协会以农民土地入股方式推动土地流转，形成有机农作物机械化规模生产，并通过产后与各类公司进行规模化销售合作，实现了以较低成本与城市进行交换，使得协会会员连续三年实现户均收入增长20%，可以说基本解决了小农户与大生产以及小农户与大市场对接的难题。协会不仅在生产、销售环节实现了小农户的合作，而且，在生活领域也实现了合作。协会将经济收入扣除各类成本后的剩余用于3个方面：一是支持蒲韩乡村社区自身公共服务——老人、儿童、妇女等各类人群所需要的照顾服务、文化教育事业，还有清扫垃圾、村史谚语、节庆礼仪等多方位的公共事业；二是协会经营事业的发展包括购买大型农机具；三是给会员按股分红。可以说，协会已经成了当地小农户共同致富、共享公共利益，维系社区基本社会秩序的当仁不让的组织者、分配者和管理者。

46岁的郑冰，曾是小学民办老师，与丈夫经营着一家农资店。1998年，因为不满意许多供货商打着培训旗号来搞推销，她就利用农资店为村民免费培训农业知识。慢慢地，附近的村民都知道有个自掏腰包给大家办农业知识讲座的人，第二年农资店一下子就挣了6万多块钱。这样，一个以农资购销和农技服务为核心的互助合作性网络就此形成，这便是“蒲韩乡村社区”的雏形。2001年，以郑冰为核心的妇女跳舞活动及“家长里短”辩论活动为“蒲韩乡村社区”增加了文化内涵。2003年底，寨子村“两委”间关系不和，好多村务没人管。郑冰召集一些妇女，以居住的7个巷道为单位，每个巷道推举出4位有公益心的代表，并由这28位代表组成寨子村村建理事会。理事会“理”的头件事就是改善村卫生环境、修路。最后通过理事会发动集资，修路总花费3万多元，比临近一个村请人修路所花14万多元便宜了不少。此后，理事会“理”的事儿越来越多。2010年以来，“农协”每年GDP增长都在20%以上，经济收入的其中一大块是有机棉花。目前拥有4家农资连锁超市、一个红娘手工艺合作社、一个城乡互助中心和一个青年农场。每年的收入除去支付员工工资和行政办公费外，还有可观的盈余用于公共服务和会员分红。从2011年开始，香港迈斯公司统一收购联合社生产的有机棉花，已累计收购18万吨，给联合社带来了不错的经济效益。

15 年来发展的动因何在？郑冰说："一方面经济活动创造盈利，为组织文化活动提供资金；另一方面，组织文化活动有利于增强社员之间的凝聚力。"这几年，"蒲韩乡村社区"在当地有了些名气，有些领导对郑冰说，"你们什么时候做得更大些，我们给点钱。"诸如此类的话，都被郑冰婉言拒绝了。最让郑冰自豪的是，15 年来"农协"没有收取政府的一分钱，来自社会的支持采用的也是合作方式。郑冰告诉记者，"并不是不缺钱，但我们绝不白拿任何人一分钱。有些做不下去的项目就不做，向政府要钱容易产生依赖。"对多次婉言拒绝，也有村民觉得郑冰性格太倔强。但据记者观察，更多的原因是源于她内心对自己主导的这个自组织的定位——不求速度、不求闻达、追求幸福。她说，"我们农村人也要追求幸福，每天早上是被鸟儿叫醒的，我觉得这一点就比城里人幸福。"在"蒲韩乡村社区"的发展历程中，人才起了根本作用。郑冰曾是小学民办老师，无疑，她属于乡村社区中的精英。在后来组织跳舞等活动中，她又变身"伯乐"，发掘了更多的女性人才。现在，郑冰也在想尽各种办法，留住本地一些优秀青年人才加盟。从运城农学院中专毕业的 80 后总干事助理韩磊现在已经成了郑冰的得力助手。目前，已有 53 名青年人进入协会，青年农场规模也扩大到了 68 亩。年轻团队全是本土青年，他们热爱农村，有学习能力、工作能力，又能和农民打成一片。

（案例根据以下资料整理：

1. 戴志勇，陈建宇，《山西永济蒲韩乡村社区的综合农协试验》，南方日报，2013-09-04.

2.《蒲韩乡村社区：真诚寻觅幸福源》，有机会网，2013/12/30，http://www.yogeev.com/article/44793.html.）

# 第 6 章

# 家族与宗族

## 6.1 家族与宗族的内涵和变迁

### 6.1.1 家族与宗族的内涵和特征

家族和宗族在传统中国社会中占有重要的位置。费正清（1987）描述道“村子里通常由一群家庭和家族单位（各个世系）组成，他们世代相传，永久居住在那里，靠某些祖传土地为生。”① 《孟子·离娄上·第五章》中说道“国之本在家”及“积家而成国”。“从来中国社会组织，轻个人而重家族，先家族而后国家”②（陈顾远，2011）。“吾国社会之组织，以家族为单位，不以个人为单位；所谓家齐而后国治也”③（梁启超，2007）。因此，钱穆先生曾云：“欲治中国之政治史，必先通中国之社会史。而欲通中国之社会史，必先穷中国之宗法史”④（钱穆，2012）。

① （美）费正清，Fairbank，等．美国与中国［M］．世界知识出版社，2000.

② 陈顾远．中国法制史概要［M］．商务印书馆，2011.

③ 梁启超．新大陆游记［M］．社会科学文献出版社，2007.

④ 钱穆．现代中国学术论衡［M］．九州出版社，2012.

关于家族与宗族的定义，在一般情况下，宗族的概念比较严格，家族的概念伸缩性较大[①]（程同顺，2006）。“家庭为最小的单位，限于同居共财的亲属，宗族是由家庭扩充、包括父系同宗的亲属，家族则更由宗族扩充，包括父族、母族、妻族的亲属。宗族为同姓，而家族未必为同姓，盖包罗血亲与姻亲二者”[②]（冯尔康，2005）。常建华撰写的《宗族志》根据《尔雅·释亲》《白虎通·宗族》等传统文献对宗族概念进行定义，认为“宗”是尊奉共同祖先的族人，有大宗、小宗、群第若干层次，“族”是上至高祖下至玄孙的五服亲。宗族，即同一父系祖先若干分支结成的同姓集团[③]（常建华，1998）。有些学者认为不需要区分家族和宗族概念。由于社会的发展，家族宗族已经与以往不同，过于严格的限定可能会掩盖家族宗族组织当前的特点，因此把家族与宗族放在一起混用，父母双系并重[④]（程同顺，2006）。家族或宗族就是同一个男性祖先的子孙，若干代聚在一起，按照一定的规范，以血缘为纽带结合而成的一种特殊的社会组织形式”[⑤]（徐扬杰，1995）。

近代以来，中国家族和宗族发展具有如下特征：

### 1. 以父系血缘为基础

中国传统农村家庭是典型的封建父权制家庭，父系家长掌管经济大权，家庭成员依附于家长。另外，封建的农业社会基本上是自给自足，人口流动小，形成“一村为两姓，世世为婚姻，亲疏居有族，少长游有群”的状况，形成宗法制的大家庭制度[⑥]（朱启臻，2002）。费孝通在《乡土中国》中，限定了家族宗族组织的父系特征，认为家族是根据单系（父系）亲属原则组成的社群，家族的主轴在父子之间、在婆媳之间[⑦]（费孝通，1985）。冯尔康认为，中国的家族（宗族）组织应具备 4 个要素：男性血缘系统的人缘关系；以家庭为单位；聚族而居或相

---

①④ 程同顺．农民组织与政治发展［M］．天津人民出版社，2006.

② 冯尔康．18 世纪以来中国家族的现代转向[M]. 上海人民出版社，2005.

③ 常建华．宗族志[M]. 上海人民出版社，1998.

⑤ 徐扬杰．宋明家族制度史论[M]. 中华书局，1995.

⑥ 朱启臻．农村社会学[M]. 中国农业大学出版社，2002.

⑦ 费孝通．乡土中国．生育制度[M]. 北京大学出版社，1998.

对稳定的居住区；有组织原则、组织机构和领导人，进行管理[①]（冯尔康，1994），并指出我国的宗族有 5 个特征，即一传世久远，二形态多变，三成员日众，四功能转换，五影响深远[②]（冯尔康，1996）。实体性的家族宗族组织是指以中国农村中真实的血缘关系联结而成的家族性团体，稳定性强并对其成员有系统的约束力[③]（钱杭等，2004）。宗族组织机构之内有两个共同体，一个是以小家庭为单位的经济共同体，一个是以宗族为单位的血缘共同体。宗族共同体指一个族姓所有成员。这个共同体以男系为主，取得族籍才具有共同体成员的资格。取得族籍有两种途径，一是通过婚配，即外族女子出嫁到本族，成为丈夫所在族的宗族成员，女性出生虽然也取得族籍，但一旦成年婚配，即属于夫姓族籍；二是出生，一个族姓所生子女均系父系族籍，均为该族的宗族成员，生子入籍，有的需要经过一定手续，有的是入祠登记注册[④]（李文治、江太新，2000）。

**2. 地域聚居的基础**

宗族既是以血缘为主的亲属团体，又是聚族而居的地缘单位。在讨论宗族结构时，强调血缘关系的序列和亲疏，但却不应该忽视地域对于宗族存在和发展的意义。血缘是宗族的核心和内在基础，地缘则是宗族的“物理外壳”[⑤]（王沪宁，1991）。“宗族最根本的内涵是其血缘的同一性和聚居于一处”[⑥]（秦燕，2004）。一个村镇的宗族共同体，是由若干房或由许多小家庭组成的，即在一个地区由同一始迁祖下所有子孙组成的。这种共同体是自发形成的，没有全国统一的规划。共同体领袖的名称因地而异。有房长、家长、户长、宗长等称谓，一般的称谓叫族长。一个宗族共同体，族长下又统分若干房，每个分房一般是同一高祖下的子孙[⑦]（李文治、江太新，2000）。没有共同的地域，宗族的发展则是不可想象的。集中居住在一个村落的同宗集团，这是血缘与地缘紧密结合的社会单位，史料上也有称为“村族”的。在许多地方事务中，为了维护宗族的共同利益，宗族往往

---

① 冯尔康．中国宗族社会［M］．浙江人民出版社，1994.

② 冯尔康，阎爱民．中国宗族[M]．广东人民出版社，1996.

③ 钱杭，谢维扬．宗族问题：当代中国农村研究的一个视角[J]．社会科学，1990(5)：21-24.

④⑦ 李文治，江太新．中国宗法宗族制和族田义庄[M]．社会科学文献出版社，2000.

⑤ 王沪宁．当代中国村落家族文化：对中国社会现代化的一项探索[M]．上海人民出版社，1991.

⑥ 秦燕．清代以来的陕北宗族与社会变迁[M]．西北工业大学出版社，2004.

以村庄的形式出现，采取一些十分有效的手段来达到目的[①]（钱杭，2001）。

**3. 具有祠堂、族谱、族田和族规等**

在近代，宗族的长期存留在于其自身的内聚力。这种内聚力来自宗族的内在结构。这一内在结构体现为祠堂、族谱、族田、族长和族规的有机结合。祠堂作为宗族的标志因拥有祖先神灵而具有号召力，族谱作为宗族的血缘纽带将一族人紧密联系起来，族田则在经济上支持宗族的存在，而族长通过族规维护着宗族的正常机制[②]（邓河，1991）。宗族制是一个以血缘为核心的家庭共同体。这个共同体包括 3 个组成部分，一个是以孝悌伦理为主的思想意识结构；一个是实现孝悌伦理的组织结构，即设置族房长，建祠修谱，制定族规，借以宣传孝悌，实现睦族，约束群众；一个是为聚合族众追踪祭祖而设置的祭田，有的族性还置有赡给族众的族田[③]（李文治、江太新，2000）。

**4. 外部边界具有一定的弹性**

农村家族宗族组织成员主体主要是血缘性关系成员，但也可能包括姻缘性关系成员、拟血缘性关系成员等。血缘性关系成员的主体构成使家族宗族组织仍然具有明显的血缘性、封闭性、排他性。其他成员加入家族宗族组织不是依靠先赋性的血缘关系，而是依靠姻亲关系、拟血缘关系和其他特殊关系。这类成员的加入在一定程度上改变了家族宗族组织的绝对血缘性与封闭性，使得家族宗族组织的外部边界具有一定的弹性[④]（程同顺，2006）。

## 6.1.2 家族与宗族的历史变迁

家族与宗族组织经历了长期的历史发展和兴衰。一般来说，传统中国的宗族制度经历了 4 个发展阶段：春秋以前的宗法式宗族制度，魏晋至唐代的世家大族式的宗族制度，宋以后的近代祠堂族长的族权式宗族制度，近代以后平民式的宗

① 钱杭．血缘与地缘之间：中国历史上的联宗与联宗组织［M］．上海社会科学出版社，2001.
② 邓河．中国近代宗族组织的内在结构［J］．山西大学学报（哲学社会科学版），1991(2):40-45.
③ 李文治，江太新．中国宗法宗族制和族田义庄［M］．社会科学文献出版社，2000.
④ 程同顺．农民组织与政治发展［M］．天津人民出版社，2006.

族制度[①]（徐扬杰，2012）。宗族组织的元素在古代中国包括祖先信仰与仪式、祭祀观念与制度、家族公产等。商周时期中华王朝的贵族早已开始祭祀祖先；周代开始，父系祭祀的原则作为意识形态已在国家上层建筑中占有相当重要的地位；对于分封的权贵来说，家族公田至汉代以后，便已十分流行。在宋代以后才出现聚族而居的家族组织，从非法移民区逐步延伸到整个中国农村村落，从个别地区到普遍地区，不仅仅限于东南地区[②]（徐扬杰，2012）。宋代以来，朱熹等理学家倡导把先秦时期形成并在其后一直服务于帝国等级制度建构与维护的宗法制度逐步改造为庶民的人文关系规范。其目的在于将以前专用于王公贵族的“敬宗收族”的意识形态改造成适用于社会各阶层的行为规范。明朝的建立，理学成为中国政治话语的焦点。明清两代的统治者不仅准许庶民设庙祭祖，而且把这种原来被视为与王道有明显矛盾的做法当成稳定基层社会的手段[③]（王铭铭，1997a）。所以，严格地说，宗族在明代以后才成为民间的社会组织模式[④]（王铭铭，1997a）。宗族经历了从贵族组织到民间组织转化的过程；从功能看，宗族经历了从以政治功能为主到以社会功能为主的过程[⑤]（周大鸣，2013）。宗族在民间（尤其是农村地区）的广泛发展，不仅是政府的社会控制政策造成的，而且还与长期以来民间对贵族式的宗法制的景慕与模仿、地方权利的网络建构、地方社会的公共领域的发展有密切的关系[⑥]（王铭铭，1997a）。

近代以来，中国社会变革对地方宗族产生影响，宗族社会作为传统社会和文化的重要组成部分，受到了持续不断的批判[⑦]（秦燕，2004）。太平天国运动试图通过消灭民间信仰与宗族关系建立“天国”。辛亥革命前的早期民主运动推崇民主共和国思想，把宗族当成这种新思想的敌人加以批判，主张“祖宗革命”。指导中国国民革命的孙中山将“宗族”当成“国族”“民族”的对立物加以批判，

①② 徐扬杰．中国家族制度史［M］．武汉大学出版社，2012.

③④⑥ 王铭铭．社会人类学与中国研究[M]．三联书店，1997a.

⑤ 周大鸣．当代华南的宗族与社会[M]．黑龙江人民出版社，2003.

⑦ 秦燕．清代以来的陕北宗族与社会变迁[M]．西北工业大学出版社，2004.

把其视为导致中国社会“一盘散沙”的根源[①]（王铭铭，1997a）。新的意识形态更是将宗族以及乡村习俗当作封建迷信而予以批判和废除。“五四”和新文化运动把宗族视为“万恶之源”，或当作阻碍中国进步的“恶势力”批判。民国时期政府所倡导的民族国家建设，其根本目的是要以集体性的、统一的“国家”“民族”来取代地方性的、散乱的宗族。民国建立后10年，中国基层社会建立了新的保甲制度，这种新制度的设计为的是通过打破宗族村落的界限达到社会“国族化”的目的。清末民初，新的公学制度被引进中国，新的科学教育，包括数学、地理、语文等学科在内的现代学科成为教育的主要内容。这一新文化在农村的一定人口中创造了一定程度的“公民意识”和“国家责任感”[②]（王铭铭，1997b）。

伴随着国内革命战争、抗日战争、土地改革运动，封建家长制和家族制不断地受到打击。1949年新中国成立，形成了以公共权威为基础的正式的国家组织结构，并前所未有地把这种组织结构一直向下延伸到了农村社区。国家对乡村的持续改造是一个制度改造结合意识形态渗透的过程，两者的结合，使得对乡村社会的改造比此前任何时期都要深入。在国家推行的自上而下的“现代化”过程中，历史被重新定义，乡土社会中的观念、习俗和生活方式被看成是旧的、传统的、落后的，他们必将为新的、现代的和先进的东西所取代。这一“被规划的社会变迁”过程一直延续至今[③]（王铭铭、王斯福，1997）。1949—1952年在全国开展的“土地改革”运动没收和征收了族田、征收祠堂、焚毁了族谱，消灭了宗族制度赖以存在的物质基础，其目的是为了用新的土地关系和社会认同取代旧的宗族土地制度和认同。在土改期间实行的“反霸”“镇反”则旨在通过阶级划分与斗争，打破宗族在民间的社会分化格局[④]（王铭铭，1997a）。王铭铭在对溪村的研究中指出，“土地改革”使原来综合了宗族公有制和家庭经济的双轨模式转化为家庭经济的单一模式[⑤]（肖唐镖，2008）。后来的合作化运动和人民公社运动，人民公社所体现的“政社合一”、经济组织与行政组织的合一，超越了血缘

---

①④ 王铭铭．社会人类学与中国研究［M］．三联书店，1997a.

② 王铭铭．村落视野中的文化与权力[M]. 三联书店，1997b.

③ 王铭铭，王斯福．乡土社会的秩序、公正与权威[M]. 中国政法大学出版社，1997.

⑤ 肖唐镖．从正式治理者到非正式治理者——宗族在乡村治理中的角色变迁[J]. 东岳论丛，2008(5)：118-124.

与地缘的界限，使国家的力量渗入乡村，并有力地控制住了乡村，从而彻底摧毁了中国的封建宗族制度。从20世纪50年代末期开始了集体化运动，并成立了人民公社，使得一家一户的小农可以依附集体经济的力量，从而削弱了他们对家族的依附性。至此，在旧中国存在了几千年的家族制度几乎销声匿迹[①]（朱启臻，2002)。20世纪六七十年代的“文化大革命”中，宗族文化的重要象征祠堂、族谱被毁坏，宗族仪式被禁止，传统的民间戏剧一律被禁演。对宗族进行的持续不断的批判，在人们的观念上产生了重要的影响，促使地方传统逐渐向国家意识形态靠拢，直接反映到现实生活中。在“文化大革命”期间，片面地强调阶级斗争，使得宗族销声匿迹[②]（周大鸣，2003)。

### 6.1.3 家族与宗族的社会功能

家族不仅仅承担生育的功能，还具有政治、经济、宗教等复杂的功能[③]（费孝通，1985)。在中国漫长的封建社会历史中，宗法宗族制是国家统治力量的有机补充。近代社会以来其社会功能的表现有：

**1. 维护封建统治**

在广大农村中，宗族制是与里社保甲并行的血缘组织，两者相辅而行，在地方上形成二元性的基层组织。从明清时代尤其是清代各个族性所制定的族规宗约来看，其“不只限于提倡孝敬尊长、和睦乡里，致力于维护宗族内部的封建伦理纲常关系，还进而令族众遵守封建法纪、完纳国家赋税，以实现维护封建统治的目的”[④]（李文治、江太新，2000)。

**2. 教化的功能**

宗族实施教化的一个重要途径是通过续写宗族历史来教育后代，族谱通过记载历代先人中出类拔萃者的事迹，如显宦名儒、孝子贤孙、节烈妇女等，为后代

---

① 朱启臻．农村社会学［M］．中国农业大学出版社，2002.

② 周大鸣．当代华南的宗族与社会［M］．黑龙江人民出版社，2003.

③ 费孝通．乡土中国［M］．三联出版社，1985.

④ 李文治，江太新．中国宗法宗族制和族田义庄［M］．社会科学文献出版社，2000.

子孙树立了一大批效法的楷模，以激发后人行教为善，名扬千古的动力。宗族教化中常常会树立起道德的典范，以供后人学习。宗族祠堂是宗族教化集中体现的场所，祠堂的威严、祭祖的隆重仪式，以及祠堂楹联所体现的浓厚的宗族文化价值观，都深刻影响了族人和后代。宗族的族规族训，用一整套安身立命、为人处世的行为规范，教育和约束本族子弟[①]（秦燕，2004）。宗族的家规家训“将道德说教和人的悟性结合起来，把社会伦理与宗族信仰结为一体，在叙述伦理的真谛、风习和法规时，族规将这三者寓于其中，使之成为浑然一体的约束工具”[②]（冯尔康，2013）。传统宗族拥有全面的“教化体系”，对族民的教化手段不仅包括劝导、训诫，而且有经济上的奖惩，更有对族人从人身自由到肉体直至生命的限制与处罚。当下仍为宗族所保留的控制族民的权力主要有劝导、训诫权，以及提供公共服务与对“族籍”的控制权[③]（肖唐镖，2008）。

**3. 社会管理功能**

宗族在宋朝、明朝以后，具有相当全面的社会功能，构成整个社会结构的基础[④]（周大鸣，2003）。“宗族组织，原为家族组织的伸展，宗族的祠堂，原为家族祠堂的伸展；家族的祠堂，原为家族的宗教机关；家族渐渐发展到宗族，祠堂也渐渐地扩张为社会的、经济的、政治的、教育的机关了”[⑤]（林耀华，2000）。传统社会的农村家族不仅是农村社会的基本结构，更是农村社区的管理力量[⑥]（朱启臻，2002）。

**4. 社会控制功能**

中国的宗族不仅仅是一般的血缘团体，也具有司法团体的性质，宗族对族人的管理体现了一种“法”与“德”并重的原则。宗族在法权形式上是国家权利的自然和合理的延伸，这不仅表现在各地宗族都制定了族法族规来约束族人的行

① 秦燕．清代以来的陕北宗族与社会变迁［M］．西北工业大学出版社，2004.
② 冯尔康．中国古代的宗族和祠堂［M］．商务印书馆，2013.
③ 肖唐镖．乡村治理中宗族与村民的互动关系分析［J］．社会科学研究，2008(6):91-96.
④ 周大鸣．当代华南的宗族与社会［M］．黑龙江人民出版社，2003.
⑤ 林耀华．义序的宗族研究［M］．生活·读书·新知三联书店，2000.
⑥ 朱启臻．农村社会学［M］．中国农业大学出版社，2002.

为，使之形成地方社会的行为规范，而且在现实生活中，宗族可以采取各种手段来对族人的越轨行为实行惩治，可以对有损宗族利益的行为实行严厉的制裁，如刑罚、“削籍”等[①]（秦燕，2004）。在中国传统社会，宗族组织制定有大量的族规家法。这些族规家法以劝善惩恶、广教化而厚风俗为己任，以协调邻里关系、稳固乡村社会秩序为目的，由族人自行制定或自愿接受，共同遵守，并在执行上组织化、制度化，获得了国家的默认支持。宗族对“族人”的管理既是家族事务，也是一种社会控制，其管理体现了长老原则，而不是普通村民的权利原则[②]（陈强虎，1999）。

**5. 互助互惠**

宗族村落组织由拥有共同祖先的血缘集团和经济上相互协作的家庭集团组成，因而具有血缘和经济的两种功能，而后者又是以前者为基础的，这使得宗族成员在遇到问题需要解决时，总是首先依靠与自己有亲缘关系的族内人。宗族是以血缘关系为基础的，在同一祖先的名义下，宗族成员贫富差距不能太大，尤其是不能使个别成员沦入无法生活的境地[③]（秦燕，2004）。瞿州莲（2002）对湖南省湘西瞿家寨案瞿氏宗族调查发现，村民之间通过借贷、救济、捐资性集资、馈赠等形式，在资金与人力资源等方面进行日常生活互助[④]。

**6. 庇护本族**

宗族有为族人提供保护的功能。当本族与外族发生矛盾时，本族人要站在一条战线上，“手臂向里弯”，全力以赴，绝不能让“自己人”吃亏。族内有需要抢亲、抢埋及为受屈的出嫁女儿报仇时，各房都要出力用武。平时如见族人与外族人打架，不管是非曲直，一定要上前帮助自己的族人，即使头破血流也在所不辞[⑤]（秦燕，2004）。

---

①③ 秦燕．清代以来的陕北宗族与社会变迁［M］．西北工业大学出版社，2004.

② 陈强虎．村民权利虚化：特征、原因及对策分析——对村民自治的一项考察[J]．中国农村观察，1999(3)：49-55.

④ 瞿州莲．一个家族的时空域，对瞿氏宗族的个例分析[M]．贵州民族出版社，2002.

⑤ 秦燕．清代以来的陕北宗族与社会变迁[M]．西北工业大学出版社，2004.

# 6.2 农村改革后的家族与宗族

## 6.2.1 当代家族与宗族“复兴”的现象

20世纪以来，宗族历经批判与打击、摧毁、销匿后，开始出现“修祠堂、修家谱”等活动。如江西泰和等地进行了有组织的宗族重建活动，从建立谱局到重修祠堂，体现了农民自发的异乎寻常的热情①（钱杭等，1995）。宗族势力的内在的血缘秩序并没有消解，主要表现在祭祖联宗、续修族谱、修建祠堂、组织乡俗活动、控制乡村秩序等②（刘丽，2006）。作为组织严密、结构完整、制度完善的中国宗族组织在历次社会运动中已经土崩瓦解，但这种制度化宗族的消失并不意味着基于血缘和文化机制的宗族主义的解体。宗族是一种适应能力很强的社会组织，宗族理念早已内化为民族精神的一个组成部分，并不会因为经济的现代化或者变迁而消亡，同时宗族制度自身的复原能力很强，它可能会在酷烈的运动中被压制得无声无息，但绝不会被彻底摧毁，一旦环境允许，其又会顽强地展现其生命力③（周大鸣，2003）。

但这些“复兴”并非传统家族的简单复兴，其在性质方面已经与封建时代相比发生了质的变化④（周大鸣，2003）。如现代家族和宗族已经没有了严格的等级制度和严密的组织结构；现代家族和宗族的土地和族产都不存在了，家族失去了其经济职能，较多地担负了联络族人，缅怀祖先，协调族中各家族关系、倡导互助的角色等。当代的农村家族已经不再是一个具有政治、经济多种功能、大权在握的“小政府”，而变成了家庭和族人的联合体：帮助联合农户、克服联产承

---

① 钱杭，谢维扬．传统与转型：江西泰和农村宗族形态：一项社会人类学的研究［M］．上海社会科学院出版社，1995.

② 刘丽．官治与自治之间——宗族复兴与乡村治理的理性审视[J]．华中师范大学研究生学报，2006(2).

③④ 周大鸣．当代华南的宗族与社会[M]．黑龙江人民出版社，2003.

包后农村小生产的局限性；帮助调节族人家庭内部的矛盾、协调社区农户之间的关系；组织村庄集体活动、有利于乡村文化建设①（朱启臻，2002）。在功能上，现代家族和宗族仍然发挥着一定的乡村整合功用。从政治角度看，宗族是农民利益的反映与表达的新渠道；从社会生活角度看，宗族的重建使得农民在心理上和文化上有一种特殊的满足感与认同感，这有利于缓解社会性的紧张，稳定地方社会，实现乡村的现代化建设；从经济的角度看，宗族的复兴对乡村的互助合作有促进作用；从组织的角度看，宗族与村委会之间的冲突不是必然的，如果处理得当，两者可以相互促进，有利于地方治理②（周大鸣，2003）。

### 6.2.2 当代家族与宗族“复兴”的原因

**1. 家庭联产承包责任制后农民合作的需要**

一方面，20 世纪 80 年代后，我国农村实行承包责任制，农村家庭作为独立的生产单位，在生产和经营上面有了自主权和决策权，这大大解放了生产力，激发了农民生产的积极性；另一方面，集体经济的解体，也使得农民家庭在现代社会的生产和经营中势单力薄，从而产生寻求组织系统支持和帮助的客观要求。这为农村社区中家族的复兴创造了条件。王铭铭（1997a）认为，1979 年的“农村经济改革”为宗族提供了新的发展机会，实行的“家庭联产承包责任制”造成三大社会经济变化：农村社会基础组织的重组，农业土地使用权的私有化与非农行业的发展③。家庭联产承包责任制的实行使得大多数的家庭分散开来，土地分散、农具种类单一、劳力不够、生产资金欠缺等，需要不同程度地与其他经济单位进行合作，由于社会还没有为单个家庭的这种需求建立起有效的服务职能机构，于是家庭与家庭之间的合作就成了生产经营合作最主要的形式④（秦燕，2004）。特别是基于血缘与姻缘联带之上的相互信任，仍然使宗亲家庭之间的合

① 朱启臻．农村社会学［M］．中国农业大学出版社，2002.
② 周大鸣．当代华南的宗族与社会［M］．黑龙江人民出版社，2003.
③ 王铭铭．社会人类学与中国研究［M］．三联书店，1997a.
④ 秦燕．清代以来的陕北宗族与社会变迁［M］．西北工业大学出版社，2004.

作成为农户的主要选择[①]（王思斌，1987）。在农村新的经济结构的启动和发育过程中，亲缘关系是信任建立的基础，也是获得资源的重要途径。所以说人们选择宗族这一社会组织形式时，考虑的是人们具体的实际的利益要求以及家族的功能实现[②]（郭于华，1994）。

**2. “乡政村治”社会空间出现**

20世纪80年代初乡村基层治理体制由公社体制转变为“乡政村治”体制，其总特征是代表国家行政权力的政权机关在乡镇，乡镇以下则实行了以村民为公共参与主体的自治体制[③]（周大鸣、杨小柳，2004）。这意味着国家不再对乡村实行全面直接的控制，形成了农村广阔的社会空间。然而，村民自治能力和水平还无法较好地组织农村社区生活，而基于血缘关系恢复或建立起家族宗族联系，使广大村民有困难可以向族群寻求帮助。在经济进一步发展后，农民借助家族、宗族等关系和乡镇企业、建筑队等经济组织来实现收入增长。这样一来，宗族不仅得到更为广阔的生存空间，而且也找到了更为确定的生存依据。即便随着基层组织的逐步强化，这一动因会趋弱，但它仍将是支持宗族势力长存的一个主要方面[④]（刘丽，2006）。

**3. 农村社会事业没有充分发展**

改革开放后，宗族组织随之复兴并且重新控制了广大的乡村，其原因不仅仅是生产力的长期不发达使村落家族还得执行或多或少的生存功能，而且是社会体制的不健全使村落家族还得执行一定的维持和保护功能[⑤]（费孝通，1998）。政府职能缺位为家族宗族的复兴提供了主要的活动领域[⑥]（程同顺，2006）。农村很多社会事业，如养老、卫生医疗、教育、用水、文化等在很长一段时间内没有得到充分发展，特别是在中西部地区非常不完善，所以以家族和宗族等组织为联

---

① 王思斌．经济体制改革对农民家庭关系［M］．家族关系的影响，1987.

② 郭于华．农村现代化过程中的传统亲缘关系［J］．社会学研究，1994(6):49-58.

③ 周大鸣，杨小柳．社会转型与中国乡村权力结构研究——传统文化、乡镇企业和乡政村治［J］．思想战线，2004，30(1):107-113.

④ 刘丽．官治与自治之间——宗族复兴与乡村治理的理性审视［J］．华中师范大学研究生学报，2006(2).

⑤ 费孝通．乡土中国．生育制度［M］．北京大学出版社，1998.

⑥ 程同顺．农民组织与政治发展［M］．天津人民出版社，2006.

系和纽带以及相对正式的组织活动，可以为农民提供医疗、教育以及养老的帮助。

**4. 血缘和地缘为基础的村落居住形式**

在当今乡村中，自然村、行政村和主姓村三位一体，农民的亲属网络仍然紧密而广泛地存在。在村里人际关系中，人们往往根据亲疏程度不同而采取不同的尺度。尽管新中国成立以来的合作化、人民公社化运动对家族形成了很大的打击，但亲族聚居与亲缘网络的广泛存在，意味着以血缘和地缘为基础的家族结构并没有受到根本性的冲击。一些地方出现了大规模的续家谱、修宗祠、建祖坟和祖先崇拜现象，家族结构有进一步加固的趋势①（程同顺，2006）。中国农村经济结构和农村居住格局没有发生根本变化是宗族能够复兴的两个客观条件②（周大鸣、杨小柳，2004）。农户聚居的村落一直以来都是封闭的，相对封闭的世居和人们在生活中的各种来往和联系强化了有关宗族的意识和观念，在农村中，人们为争夺各种资源的斗争和冲突则明确了宗族或宗族的边界③（杨善华等，2000）。

**5. 家文化传承以及农民的文化认同需要**

中国人对家族有一种“本体性”需求——历史感、归属感、道德感、责任感，这种“本体性”的需求不是任何强制的外来运动能轻易消除的④（钱杭，1993）。家族意识作为一种传统的文化观念，长期以来已经深深地积淀在人们心中，不像有形的家族文化如家族仪式等那样容易消失⑤（程同顺，2006）。在物质层面上，宗族提供了公共的福利和安全保障，组织与协调了生产和生活；在精神层面上，宗族满足了汉人对自身历史感和归属感的深刻追求。祭祖、修族谱、宗祠等宗族活动，主要是通过对祖先的追忆和纪念，以此来凝聚族人，满足心理上的归属感⑥（秦燕，2004）。宗族重建的一个重要因素是农民希望从中得到一

---

① 程同顺．农民组织与政治发展［M］．天津人民出版社，2006.

② 周大鸣，杨小柳．社会转型与中国乡村权力结构研究——传统文化、乡镇企业和乡政村治［J］．思想战线，2004，30(1)：107-113.

③ 杨善华，刘小京．近期中国农村家族研究的若干理论问题［J］．中国社会科学，2000(5)：83-90，205.

④ 钱杭．现代化与汉人宗族问题［J］．上海社会科学院学术季刊，1993(3)：148-156.

⑤ 程同顺．农民组织与政治发展［M］．天津人民出版社，2006.

⑥ 秦燕．清代以来的陕北宗族与社会变迁［M］．西北工业大学出版社，2004.

种特殊的心理满足和文化满足，从而摆脱因“看到城乡物质文化和精神文化的巨大落差”及“身处现代化浪潮之外”而产生的心理失衡状态，寻求一种新的价值支撑①（钱杭等，1995）。

### 6.2.3 当代家族与宗族的社会运行

当今农村人际关系中，血缘关系的社会意义削弱甚至消失，不再构成决定人们社会地位的正式依据，以能力、财富、政治权威等社会关系为依据的新的地位系统逐渐形成。家族权威对其成员的控制作用减弱或消失，特别是“家族长老”的控制权限正在逐渐消失或被取代。家族中壁垒森严的等级制度早已被打破，血缘等级变为一种潜在的因素，作用时隐时现。社会的法律规范和政治规范已坚定地渗入家族内，传统的礼俗受到限制②（程同顺，2006）。在现代社会运行过程中，家族与宗族文化仍然影响社会运行，具体的表现形式如下：

**1. 家族宗族精英当村干部**

在选举中，宗族头面人物一般都会在选举前夕介入其中，以一种委婉的方式要求他人选择自己宗族推选的人③（王培暄、毛维准，2004）。这导致村干部与家族宗族精英重合，即村干部往往也是家族宗族中重要的人物。这种情况有好的作用，也有坏的影响。宗族主导型的村庄因为村庄具有价值生产能力，村庄精英具有担任村干部的动力，即使经济报酬比较少，村干部仍然是村庄精英来担任的职务。村干部因为受到强有力的笼罩性的宗族组织的压力，不会明目张胆地做对村庄不利的事情，也不会为了个人利益而过于迎合乡镇行政的要求。因此之故，宗族主导型村庄，农民负担较低，村民级债务较少，集体资源流失较少④（贺雪峰，2006）。坏的影响体现在：宗族不再是具有传统宗族组织的族权，而是表现

① 钱杭，谢维扬．传统与转型 江西泰和农村宗族形态：一项社会人类学的研究［M］．上海社会科学院出版社，1995.

② 程同顺．农民组织与政治发展［M］．天津人民出版社，2006.

③ 王培暄，毛维准．宗族竞争下的村治模式探索——以山东省中东部 XL 村为调查对象［OL］．中国研究服务网，2004.

④ 贺雪峰．乡村治理区域差异的研究视角与进路［J］．社会科学辑刊，2006(01)：44-50.

出宗族权利化、宗族裙带化、宗族利益集团化等特征的组织，这些特征则成了现代宗族对乡村治理以及村治理模式构建的主要影响因素，特别是在村民自治的政治背景之下，宗族观念与民主政治的要求显然是相悖的[①]（祁勇、赵德兴，2014）。

**2. 更新家族价值理念**

许多宗族在重建的过程中，主动力争与国家的大致方针政策和法律法规靠拢，主动地增添社会主义和精神文明的条款。"在当代农村宗族组织的恢复过程中，一方面必然以传统的宗族形态、宗族规范和宗族理想，作为自己发展的基本动力和理论资源；另一方面，它又必然要以现在的社会制度——政治结构、经济制度、意识形态及占主导地位的价值取向——为自己自下而上的立足点，以与现在制度环境适应共存为发展的途径，功能的界限以及具体操作过程的内在原则[②]（钱杭，1993）。"

**3. 重建乡贤文化**

近些年新修族谱，其编修者通常是一些辈分高、热心公益事业、有较高威望的人，还包括一些退休教师和基层干部[③]（徐建华，2010）。通过修族谱等家族宗族活动，将本族人中有知识、有地位、有能力并且热心的乡贤组织起来，形成新乡贤文化，让他们为本族人或本社区献策、效力，促进良好的乡村治理和社区发展。

**4. 组织文化活动**

当前家族和宗族的活动方式来还包括文化活动，如耍族龙、耍族灯、吃大户、祭祖、修祠堂、续族谱等。通过组织活动，将族人联系起来，使族人团结，并建立感情和联系，最终的目的是使本家族群在社会竞争中得到较好的发展和延续。

**5. 家族成员互助合作**

家族成员间的互助、生产或经济活动上的合作，建立在现代社会的组织框架

---

① 祁勇，赵德兴．中国乡村治理模式研究［M］．山东人民出版社，2014.

② 钱杭．关于当代中国农村宗族研究的几个问题［J］．学术月刊，1993(4):11-16.

③ 徐建华．中国的家谱［M］．百花文艺出版社，2010.

之内，血缘关系的影响也起到一定的作用。虽然家族和宗族并没有严格的族群内互助合作规定，但家族成员仍然会进行族群范围和边界内互助合作，对其成员具有一定的社会影响。

## 6.3 家族和宗族与乡村治理

尽管乡绅和宗族势力在1949年以后都遭到了严厉打击，乡绅阶层消失了，宗族和宗法制度的合法性被彻底剥夺，但是，宗族势力却没有消失。在宗族销声匿迹的30年中，宗族赖以萌生的先天土壤，成员联结的血缘性和居住的地缘性相契合，在中国农村并没有遭到根本的破坏[①]（贺振华，2006）。即使在国家对基层控制最严的20世纪60～70年代，宗族作为一种社会群体仍构成农村庄会的基础，宗族的关系网络成为农户寻求资源和帮助的首选对象[②]（杨善华等，2000）。以宗族家族为代表，包括其他一些伦理道德、风俗习惯、仪式等的传统文化的复兴，给村庄正式政治权威带来冲击，部分村庄的传统势力出现了分享权力的诉求[③]（周大鸣、杨小柳，2004）。在乡村治理实践中，家族和宗族对农村治理的稳定与发展既有积极作用，又有消极作用。

### 6.3.1 对乡村治理的积极影响

宗族无论是在为农民提供表达自我声音的政治渠道，提供价值支撑，减少心理失衡；还是促进族内互助合作，加快乡村经济发展，抑或是承担社会事务，维护社会稳定等方面都可发挥特殊作用。因此，在某种意义上，宗族的复兴对于乡

① 贺振华．转型时期的农村治理及宗族：一个合作博弈的框架［J］．中国农村观察，2006(1)：25-29.

② 杨善华，刘小京．近期中国农村家族研究的若干理论问题［J］．中国社会科学，2000(5)：83-90，205.

③ 周大鸣，杨小柳．社会转型与中国乡村权力结构研究——传统文化、乡镇企业和乡政村治［J］．思想战线，2004，30(1)：107-113.

村治理的重建具有重要意义[①]（周大鸣，2003）。我国乡村家族与乡村现代化并不矛盾，它能够通过自身革新而与乡村现代化相适应，并在其中发挥积极作用[②]（王毅杰、袁亚愚，2001）。

**1. 有助于利益表达**

当代政治学的研究告诉我们，一个社会良性的发展依赖于不同利益集团的反复博弈和讨价还价；一个社会最可怕的是一个利益集团的声音长期得不到倾听所产生的铤而走险[③]（周大鸣，2003）。宗族是一个在一定程度上能维护农民利益的集团，从政治角度而言，其存在为农民利益的反映与表达提供了一个新的渠道。单个农民的政治呼吁能通过宗族而将其声音放大，其问题也会受到瞩目，有了这个"代言人"，农民有了一个反映民情的窗口，很多事也都能得到理性的解决，这无疑是有利于乡村社会稳定与发展的[④]（缪凯，2009）。家族宗族组织的利益表达降低了农民利益表达的风险，满足了农民利益表达的客观要求，有利于锻炼农民的现代政治意识，培养他们的政治能力，对有关的政府部门又能起到一定的监督作用，有利于有关决策的科学化。宗族可能会以利益集团的形式刺激选举的竞争程度，提高选举的透明度。将宗族利益纳入到村委会和村代会，使宗族参与村务决策过程，可能会缓和宗族间的冲突，并且宗族未必对民主形成障碍[⑤]（寿慧生，2003）。家族和宗族在处理族内矛盾、协调村际关系、维护族人正当利益等方面能发挥积极作用，这对于我国农村社会的政治稳定具有积极的作用。

**2. 有助于调节矛盾**

农村日常生产生活中，产生纠纷以及发生矛盾非常常见，但很多问题诉诸法律成本较高，村民们也倾向于调解来解决问题。调解过程中，家族和宗族力量就可以有所作为。一些村委会下设的治保调解委员会调节村内民事纠纷时往往会主动寻求族长的帮助，让族长利用其威望帮忙劝说和调解。对江西省一个宗族村落

①③ 周大鸣．当代华南的宗族与社会［M］．黑龙江人民出版社，2003.

② 王毅杰，袁亚愚．对建国以来我国乡村家族的探讨[J]．开放时代，2001(11)：109-115.

④ 缪凯．现阶段宗族力量在乡村治理中的作用研究[J]．新西部：理论版，2009(4)：12.

⑤ 寿慧生．中国村级选举与自治研究：英文文献综述[A]．中国农村民主政治建设年鉴(2002)[C]．中国社会出版社，2003.

中3个纠纷案例的分析，显出法律在进入宗族村落时，可能会经历一番被形塑的过程，从而在不同的血缘距离中呈现出不同的面目。换言之，在宗族村纠纷的民间调解过程中，存在着对法律的差序利用[①]（陈伟杰、郭兴华，2009）。在农村的社会生活中，一般情况下，宗族内部的纠纷往往由本族内的年长者或者有威望者出面协调解决，宗族之间的纠纷，如果不是关系到其根本的、不可调和的利益，也往往由双方有威望者或其他调停者协调解决。毕竟在农村这个人际关系比较固定的熟人社会里，人们之间彼此了解，信任度相对较多，直接调整人们关系的往往不是国家法制度，而是人与人之间、宗族与宗族之间的“情”与“理”，“国家法”是在“情”与“理”不能协调、人际关系破裂后的最后选择[②]（刘雪华、田玉麒，2010）。

### 3. 有助于维持公共秩序

族规家法是以义务为基础的规范，在国家一般不介入基层社会尤其是宗族内部事务时，可以有效约束族人内部的争斗及少数人的越轨，约束在公共物品生产过程中的偷懒行为，从而使宗族可以在相当程度上维持农村生产和生活的基本秩序[③]（贺雪峰，2006）。在提供公共物品方面，宗族能够充分发挥其能量，而且信任的网络还使得宗族容易克服损害共同利益的“机会主义”，生成可靠的社会秩序[④]（王培暄、毛维准，2004）。

### 4. 有助于促进合作，发展经济

宗族复兴为族内多方位的互助合作提供了坚实保障，有利于促进乡村经济的快速发展。第一，宗族的互助生产能提供效率，产生更多的效益。在秋收季节时，互相帮助；在盖房子时，互相帮工；在外出时，互相照看老人。这些互助行动都可以给乡村经济发展带来帮助和促进。第二，有利于筹集资金。发展经济活

① 陈伟杰，郭星华．法律的差序利用——以一个宗族村落的纠纷调解为例［J］．中国农业大学学报（社会科学版），2009，26(2)：35-42.

② 刘雪华，田玉麒．农村宗族势力的时代变迁对村民自治的影响——以山东省临沂市河湾村为个案［J］．行政与法，2010(8)：56-58.

③ 贺雪峰．中国传统社会的内生村庄秩序［J］．文史哲，2006(4)：150-155.

④ 王培暄，毛维准．宗族竞争下的村治模式探索——以山东省中东部XL村为调查对象［OL］．香港：中国研究服务网，2004.

动，往往需要启动资金以及应急资金，有血缘亲属或同宗族人往往可以提供金融支持。第三，信息和技术的传播。宗族和家族更容易传播新的技术和新的信息。特别是生产过程中的产、供、销等方面的信息。通过族人之间的资金、信息、技术、人才、原料的互助，有助于促进合作，发展经济。

**5. 有助于增加文化归属**

家族文化在中国传统文化中影响最深，通过宗族重建，村民可以感受到家和家族的归属感和拥有感，从而产生幸福以及满足感。文化归属可以稳定人心，聚拢人心，建设和谐社会，稳定地方秩序。通过家族文化活动，可以丰富村民的闲暇生活，凝聚村庄。家族文化可以成为人们的心理寄托。家族文化有利于村民约束行为，开展宗族文化活动，村民对先祖有敬畏，不敢做坏事，这种无形的力量约束着宗族成员的行为，有利于农村的稳定。

**6. 有助于提供养老保障**

家族宗族组织在生产和生活中的合作与救助弥补了单个农户的局限性，其所拥有的亲情优势适应了现阶段农村经济、人文水平和传统习俗，家族制度所提倡的伦理、亲情、责任、义务等观念。家孝文化应予以提倡，可以对家族中没有生活来源和保障的孤寡老人的赡养提供帮助，

**7. 有助于平衡村治**

在村民自治的过程中，村落政治的格局体现了家族力量的对比。往往看到每个家族的代表都在村民委员会中有所任职。家族精英成为家族利益在村民自治过程中的代表。具体到农村选举过程，各宗族推选出来的候选人首先都是代表本宗族利益的，选举成为各个宗族竞争与博弈的过程。村落的各种权力在具体运作中会相互借取，表现形式错综复杂，在相互作用中构成了村落的权力网络[①]（刘晓春，2003）。不同族群在村治中的不同地位，如果处理得当，可以起到平衡村庄政治的作用。

下面的案例展现了一个较好地利用家族和宗族文化为乡村治理和乡村发展做出贡献的村庄，体现了对乡村治理的积极影响。

---

① 刘晓春．仪式与象征的秩序：一个客家村落的历史、权力与记忆［M］．商务印书馆，2003.

## 案例

横村总面积 8 370 亩，下辖 4 个自然村，本地户籍人口 4 801 人，外来户籍人口 3 000 多人，流动人口 41 336 人，外来人口与当地人口比接近 6∶1。横村的集体经济颇具规模，村集体收入主要依赖土地出租和厂房物业。1982 年全国统一推行家庭联产责任承包制，横村却仍然维持着集体经营的传统。这是因为在 20 世纪 70 年代末期，村干部到其他地方学习了柑橘种植技术，经过试验成功以后，在村里大规模推广，但村里只有少部分人掌握着柑橘种植的技术，因此在全村柑橘种植的推广过程中，仍然以村集体为单位。1988 年前后，凭借靠近香港和台湾的优势，村干部们尝试在村里引入毛纺厂、“手工厂”等，也使横村的村干部认识到土地的价值和村庄的发展潜力。1992 年，邓小平发表“南方谈话”后，在同年 3 月，横村村集体就做出了走工业化道路的重大决策。当时横村的柑橘种植收入仍然非常可观，“三通一平”的决策并不受村民欢迎。在村支书的领导下，以政府征收 2 000 余亩地的补贴为启动资金，发动班子成员，按照亲属关系进行动员，将 14 个生产队的土地按 1 000 元 /亩的资金补贴重新收归集体，并承诺按月发放口粮和食用油。同年 5 月启动“三通一平”，1992 年底基本建成，并于 1993 年、1994 年吸引工厂进驻。横村总面积在 8 000 亩左右，被政府征收 2 000 亩后，到目前，还持有 5 000 余亩的标准厂房物业，2015 年横村集体产业收入约为 1.4 亿元。

宗族在横村的社区发展中扮演了重要角色，横村下辖的 4 个自然村中，“林”姓占本村人口的 95%以上，尽管横村外来人口是本村人口的 10 倍，但在社区治理与发展过程中，林氏宗族发挥着核心作用。“林”氏自元朝延祐年迁居横村，有 600 多年历史，其间，出现诸多名人。共同的历史记忆和宗族文化，使得横村的发展深深烙上了宗族的印记，产生了一个独特的宗族性集体。横村经济合作社，林氏宗族与社区自治组织，是横村社区理论上的领导主体，但实际上，在横村，“无论国家政策怎么变，我们村的领导就是那 9 个人”，村民所指的 9 个人，是指横村居委会的9名委员。横村居委会是横村权力结构的核心组织，其中居委会主任以及“经济合作社董事长”由居委会书记“一肩挑”，统筹社区各项事务，其余8人则分管不同职务，是横村的领导机构。在制度层面，横村居委会是法律规定的居民自治组织，也是村集体资产的管理机构，同样还是党的基层组织，承担着一定的政府管理职能。但在制度以外，横村居委会无疑又是“林氏宗族”的领导机构，支部书记同样也是村民公认的宗族领袖，因此在横村社区，村庄内部实际上始终处于统一的领导权威之下，宗族文化和规范深深嵌入横村治理结构中，并在村庄的现代国家改造过程中，取得了领导村庄事务的合法地位。

宗族村落的意识形态改造，是与国家的基层建设同步展开的。横村的宗族组织一直是横村的领导权威，但新中国成立后一系列政治运动，包括土地改革，新婚姻法的推动，人民公社运动，以及“文化大革命”等，使中国共产党的一系列制度文化作为新的意识形态，实现了对横村社会的重新整合。宗族组织退而成为一种宗亲文化和历史记忆，在乡村治理中发挥着次要的作用，保护村庄不受过“左”政治运动的破坏。20世纪80年代初期，伴随着改革开放的大潮，宗族文化得到一定程度的复兴。宗族复兴的功能主义解释认为，20世纪80年代的宗族复兴是对原有村集体功能的替代性选择，但在横村的村庄治理中，由于村集体与宗族组织是“一体化”的组织，横村的宗族复兴是服务于基层建设的，是由横村居委会领导的宗族复兴，体现了宗族文化的意识形态改造过程。曾经领导横村现代化改革的老书记认为自己是“共产党的干部”，也是“林氏家族”的带头人，对整个家族的发展和济贫救困负有责任，这也是横村始终能够在改革中抢占先机的原因之一。在横村完成“三通一平”，村庄经济条件得到改善后，横村居委会就着手宗族文化的保护和重建。横村的宗族重建并不等于恢复宗法制传统，而是由基层党组织领导的宗族共同体建设。经过了现代民主制度改造的宗族复兴，已经与传统的宗族村治大相径庭，在横村的宗族重建过程中，党的基层组织也嵌入到村庄共同体当中，扮演了宗族复兴的领导角色。1995年横村居委会带领村民重建了在“文化大革命”中毁坏的“林氏祠堂”，在2005

年重修，并扩建了村民广场，用于举办各类宗族活动，以促成横村内部的团结。自 1995 年以来，横村每年都会举办龙舟赛和大大小小的祭祖仪式，这些已经成为横村的特色活动。在每年端午节会举办敬老活动，全村 60 岁以上的老人聚集到祠堂中，共同用餐，举办敬老仪式和祭祖仪式，宣扬“祖宗崇拜”，但组织和主持这一活动的领导变成了横村居委会，在夹杂着传统与现代的仪式中，强化年轻人对宗族共同体、对村集体、对党和国家的认同。

（案例根据以下资料整理：王阳，刘炳辉．宗族的现代国家改造与村庄治理——以南部 G 市郊区“横村”社区治理经验为例[J]．南京农业大学学报（社会科学版），2017（3）：41-52.）

### 6.3.2 对乡村治理的消极影响

改革开放以来，宗族意识的复兴使一些乡村出现了宗族性的“集政治、经济、文化于一体的派性专制基层政权”，不利于村民自治①（肖唐镖，2010）。有些地方的家族宗族组织试图与现代政治秩序实现某种程度的衔接，但这种衔接并不一定成功。建立在血缘和地缘为基础的家族和宗族不可避免地带有狭隘性、封闭性，给乡村治理带来消极影响。

**1. 派性斗争**

在村庄治理过程中，许多村庄精英为了主导村庄的治理，在选举和村治活动中强化了村民的宗族、派系意识。在有些地区，家族的势力过于强大，在社区内形成了以血缘为基础的亚群体，对群体外的农户持排斥甚至对立的态度，各个群体之间因利益而发生纠纷、械斗等，不利于农村社会的和谐发展，甚至危害了当地的社会秩序②（朱启臻，2002）。在湘西农村，一些宗族成为危害社会发展的不稳定因素，如抢坟山、闹人命，给当地社会秩序造成了很大威胁③（瞿州莲，

① 肖唐镖．农村宗族与地方治理报告：跨学科的研究与对话［M］．学林出版社，2010.

② 朱启臻．农村社会学［M］．中国农业大学出版社，2002.

③ 瞿州莲．一个家族的时空域，对瞿氏宗族的个例分析［M］．贵州民族出版社，2002.

2002)。宗族之间的竞争，特别是在基层政治选举中为争取本家族的利益而采取的拉票、毁票等不正当手段，都损害了基层社会中的公平正义，增加了乡村基层政权的不稳定因素，影响了乡村社会稳定[①]（祁勇、赵德兴，2014）。

**2. 家族网络政治化**

在利益的驱动下，"一人得道，鸡犬升天""一夫得道、九族升天"，形成"宗族网络政治化"现象。宗族网络政治化、宗族权力化、宗族械斗更是极大地破坏了农村政治的稳定，不利于村民政治制度的发展与完善[②]（程同顺，2006）。如有的农村组织被个别家庭所垄断，一人当支书，就安排其亲族成员占据村内其他要职；甚至连村民小组的组长也要任用其亲族成员。1998 年，河南省固始县委组织部在全县范围内进行一次调查，结果表明，多数村中存在村干部的亲属裙带关系，最严重的村中，村干部近亲关系达到了 50%[③]（沈延生，1998）。"宗族网络政治化"所导致的必然后果就是村干部家族成员利益特殊化或优先化。在分配宅基地时，村干部往往首先考虑其亲族成员，并按差序等级区别对待。在国家救济款物的发放上，由于普通村民并不了解真实的情况，村干部可以利用其掌握的信息优势在分配方法上便利地照顾其亲族成员[④]（程同顺，2006）。

**3. 宗族权力化**

在追求利益最大化的过程中，宗族势力常常成为被人利用的工具，成为违法势力的组织基础，并因此成为国家正式权力在农村基层正常运行的阻碍。由于宗族文化及宗族势力的存在，导致民主选举过程中出现偏差、村务不公开、民主监督缺失等，都成为"村霸"与宗族恶势力滋长的诱因[⑤]（王忠信，2017）。刘良群（2005）通过对江西省 XJ 县 40 个村的调查，分析了当地宗族与村级公共权力的互动关系，在有着深厚的家族道德文化支撑的村庄，宗族凭借姓氏结构的不均衡性，依托强族大房的实力优势，通过血亲网络、姻缘网络等方式，影响村级社区权力的构成与分配，影响"两委"的治村决策和村务管理及制度执行，影响村

---

① 祁勇，赵德兴．中国乡村治理模式研究［M］．山东人民出版社，2014.

②④ 程同顺．农民组织与政治发展[M]. 天津人民出版社，2006.

③ 沈延生．村政的兴衰与重建[J]. 战略与管理，1998(6)：1-34.

⑤ 王忠信．乡村治理背景下的"村霸"现象及其治理[J]. 改革与开放，2017(19)：67-68.

干部的工作方法和工作作风，影响村庄资源的分配和使用等，从而实现有利于本族、本房的利益[①]。

**4. 宗族械斗**

宗族外部的纠纷只有在两族力量相对均衡的情况下，它们才可能诉诸法律，诉诸道义。但在在法律观念不强的情况下，“强强对峙”的宗族更会发生械斗[②]（肖唐镖，2001）。农村中经常为了土地、水资源等权属问题、界址问题，而成为户与户、家族与家族，甚至村与村之间争议的焦点。在山林、土地、水资源等利益的争夺中，家族为了其整体利益或家族内部分成员的利益，号召族人共同一致服务于家族的目标，从而与其他家族形成尖锐的对立，使户与户之间的纠纷发展为家族之间的纠纷。有的家族为了本族的利益，通过“认祖山”“祖宗坟”“祖宗墓”“闹发丧”等制造纠纷，蓄意挑起事端，干扰了农民的正常社会秩序，破坏了农村的社会稳定[③]（吕红平，2001）。随着乡村治理的改进和农村基层工作的重视，现在械斗的事情出现的频率变少，但仍偶尔发生。

案例

新中国成立前，江西省万载县的宗族活动异常活跃。当时的万载“各姓氏之宗祠家庙，鳞次栉比，颇有宗法社会之意识”。那时的宗族一般均有族产，族人经常在祭祀或做寿之时欢会聚餐。宗族内存在着一定程度的经济援助，这其中包括对老者的赞助和对学子的嘉奖。据《株潭镇志》，1949 年 7 月 18 日，解放军 43 军 128 师解放株潭，随后成立中共株潭区工作委员会，株潭区政府和区中队，址设“龙祥英祠”。此后，政府接收宗族、地主、祠堂、庙宇店面 3.3 万米$^2$，作为公产店面，由株潭区人民政府管理。“文革”结束后，株潭镇龙姓的 3 座祠堂——龙祥英祠、巨舟公祠和龙志霖祠分别被株潭镇政府、株潭镇红星村村委会

① 刘良群．宗族对乡村社区公共权力的影响与作用——从江西省 XJ 县 40 个村的调查看宗族与村级公共权力的构成和互动［J］．中国乡村研究，2005(00):343-386.

② 肖唐镖．宗族与村治、村选举关系研究［J］．江西社会科学，2001(9):125-130.

③ 吕红平．农村家族问题与现代化［M］．河北大学出版社，2001.

及一家镇办农具厂使用。在20世纪90年代初，宗族活动开始出现复兴迹象，很多姓氏开始重修族谱。据株潭镇党委书记喻阳青介绍，到2000年前后，各姓氏欲收回祠堂的意愿开始强烈，镇政府迄今也未恢复为“龙祥英祠”。但在2000年前后，龙姓的巨舟公祠和龙志霖祠都回到了龙姓手中，他们随即开始对祠堂进行重建。与龙姓祠堂回归相伴随的，是全县范围内的祠堂重建和新建风潮。宗族理事会开始活跃，同宗族人士的联系日益密切。与新中国成立前相比，宗族内部不再有族规，宗族长老对族人不再具有惩治的权力，其道德规劝力减弱；没有了族产，新中国成立前那种组织化的对贫困族人的经济援助已经消失，但同族间的互相帮忙仍然存在。宗族内的活动更多集中在族人的婚丧嫁娶和祭祀扫墓上，池溪村的丁姓还经常在一起表演傩舞。祠堂更多地成为大家聚餐的地方，族人的婚筵和寿筵多在这里举行，杯盏交错间，宗族内部强势的凝聚力日渐形成。政府和村委会也开始感觉到宗族对地方治理的影响。

池溪村距株潭镇约5公里，村民中丁姓占了绝大部分，他们属于同一宗族。丁龙两姓自祖上就开始通婚，往来一直紧密。但在虎形山祭扫的问题上，丁氏明确表示了反对。他们否认这里是龙祥英的墓地。该村年岁最长的94岁老人丁锡丰也明确表示，从未记得新中国成立前龙氏曾前来祭扫。墓地纠纷在当地是一件颇为棘手的事，搞不好就会引发肢体冲突。2004年清明，因占用墓地问题，株潭镇李姓村民和池溪村丁姓村民就曾发生冲突，李姓的车辆被砸，虽有政府和公安机关介入，但仍有李姓村民受伤严重。2004年，株潭镇和潭埠镇政府开始介入丁龙两姓的墓地纠纷，因为事涉两镇，万载县政法委副书记刘继贤等人也参与了调解。自始至终参与调解的潭埠镇人大主席汤太平说，2004年清明前，丁龙两姓随两镇政府工作人员去墓地做了考察，因双方存在分歧，这一年的清明龙姓没来祭扫。2005年清明，龙姓村民在未被丁姓村民知晓的情况下，来这里完成了祭扫，这次他们没有放鞭炮。2006年，丁姓表示如拿不出证据，绝不允许龙姓前来祭扫。政府的调解力度也开始加大。万载县宗教局、司法局、文化局和史志办等部门抽调人员成立了一个工作组，试图就龙姓坟墓的安葬地址进行界定，但终因年代久远，难以认定。2006 年 3 月初，株潭和潭埠两镇领导、有关村支部书记及丁龙两姓代表，第二次在双桥镇召开协调会，丁龙两姓仍各不让步。事后龙姓被告知，清明时不得前来扫墓，政府将继续做丁姓的工作。“为什么我们有祖坟却不能祭扫?”清明过后半个月，没有任何进展，龙姓终于等不及了。传说龙姓买了两吨黑火药，当地政府尽力调解，但村民们终究拿着武器来了。4 月 20 日左右，株潭镇党委书记喻阳青得到消息，龙姓已决定 26 日聚集族人，无论如何一定前往虎形山扫墓，他们制定了 5 000 人分四路前往虎形山的方案，这些人分别来自株潭和龙姓较多的岭东镇和万载县城。“从内心来讲，龙姓并不希望闹事，他们只是想示示威，造成些压力，以为这样便能解决事情。”喻阳青虽然知晓龙姓村民的初衷，但还是觉得问题严重，他立即向县委做了报告，并按县委指示试图阻止龙姓前去扫墓。丁姓觉察到局势越来越紧张了，24 日，池溪村村委会向政府递交了一份《关于防止宗族械斗的紧急报告》，内称：“现据传龙姓族中已集资百万，准备以武力解决争端，并购买了两吨黑火药。池溪丁姓群众，虽未集资也未购置火药，但亦做好思想准备。”

打击宗族组织的运动全面开始了。27 日，池溪丁氏祠堂和株潭龙氏祠堂被清理，株潭镇人口仅次于龙姓的高氏宗族的祠堂受到波及，也被清理。28 日，对祠堂的清理开始扩及全县每一个村庄。万载县民政局局长于东军说，县内所有的宗族组织和祠堂均未登记，按照规定，他们即便申请登记也不会被批准。各宗族也未采取“傩舞理事会”或“龙舟理事会”等变通形式予以登记。这些未经批准就成立的宗族组织，均被取缔，宗族活动也被查禁。按照万载县委、县政府出台的规定，任何宗族组织、团体和姓氏不准新建、扩建、改建宗族祠堂和庙宇。已建的宗族祠堂，属危房的予以拆除，其余收归当地村委会统一管理，并逐步改为农民夜校或文体活动中心等。各种宣传活动也开始展开，万载县电视台开设了“打击宗族派性”的专栏，县司法局也编印好了一本“打击宗族势力，构建和谐万载”的宣传册。县里还组织了千人工作团，下派到各乡镇（街道）进行宣讲。“打击宗族派性”运动和农村建设紧密地结合起来。据万载县政法委副书记刘继贤介绍，县内的每位干部被要求捐赠5本法律、科教或文艺书籍。一些健身器材也被运到改造后的祠堂中。而在此次运动中被收缴的宗族理事会的资金，也将被用于乡村的文化建设和宣传。与之相配套的是干部整风，“五一”长假后，万载县开展为时七天的“五同五帮”活动，抽调各机关干部到农村与群众“同吃同住同劳动同学习同进步”，以图“进一步密切干群关系，让群众感到干部是他们真正的朋友和亲人”。

（案例根据以下资料整理：《江西宗族纠纷险变械斗　政府清理宗族祠堂惹争议》，网易新闻中心，http://news.163.com/special/0001139T/family060518.html.）

### 6.3.3　宗族文化促进乡村治理

随着我国城乡的快速发展，乡村发展过程中的家族和宗族组织也发生着较大的变化。首先，家族和宗族已经不能算是一个真正意义上的组织。因为在经济上，他们没有家族和宗族的实体资源，比如族田、族产等。作为家族和宗族的中心——祠堂也在许多地方消失不见，虽在有一些地方仍兴建，但并不是作为可以运营性收入的资产，只是作为宗族活动的场所。第二，在组织机制上，没有权力中心，只有仪式中心。族人中较大年岁者，作为族长，已经没有权力进行惩戒族员，只是作为仪式中的长老，在主持活动、调解矛盾等事件中起仪式性作用。第三，难以获得组织和制度的正式支持。在家族和宗族活动中首先要遵守法律法规，要符合中央和地方的规定，否则家族和宗族活动不能举行。其组织形式和活动仪式往往难以常规化。第四，作为必备条件的村落聚居状态也正在消解。城市化进程中人口大量流向城市，城乡融合发展及小城镇的兴起，都使传统村落的聚居状态改变，村落不再封闭，而是变得开放、多元、流动性增强。

同时，血缘亲族等文化传统，村落聚居等空间形态以及对家文化的认同和归属并没有彻底改变，使得家族和宗族仍然在社会运行和日常生活中影响深远，也深刻影响乡村治理。主要的负面影响机制在于通过血缘、亲缘关系影响村干部的人选形成派性，影响村治资源的分配从而影响整个乡村治理过程。但如果对家族和宗族文化运用较好，家孝家慈文化和家族文化的传统资源也能给乡村治理带来较好的影响，甚至融入乡村治理现代化的过程中。首先，可以利用家族和宗族的人脉网络资源，形成乡贤文化。鼓励和激励在家和在外的乡贤为共同的家乡的发展和建设出力、出钱和出谋划策，共同发展。第二，可以通过家族中的有影响的成员出任村民理事会理事、小组干部、村干部，从而掌握族姓人员的动态，也可以将从上至下的政策方针更好地在同族人中进行传达，同时能平衡各大家族之间的活动。第三，通过非正式的宗族家族活动，比如祭祀、划龙舟、祭祖、修建祠堂等活动，淡化家族宗族背景，而是以村庄公共文化活动进行组织，可以更好地凝聚村庄，形成和谐共治的村治局面。第四，随着互联网技术的发展，血缘、亲缘和地缘关系仍然能通过新媒体和社交平台将相同族群的人联系在一起，表现出家族和宗族活动的新机制，应进行引导和利用。在乡村发展过程中，自治、法治和德治相结合、建设法治乡村、公共事业管理、公共服务等，家族和宗族都可以起到良好的作用。

**案例**

江西省HW村有7个自然村民小组。每个村民小组基本由一个家族聚居组成，分别为X小组（Xia家）、L小组（Liu家）、SW小组（Wang家）、XW小组（Wang家）、H村民小组（He家）、SW小组（Wu家）、LW小组（Wu家）。其特点是家族和宗族的血缘结构、村民聚居结构以及行政小组结构三者重合。小组既是宗姓自治单元，也是基本政治单元，小组长兼具社会性权威和行政性权威。小组设置和宗族单元边界重合，小组长更换不频繁，行政力量对宗族力量也进行了有效吸纳。不同的村民小组，由于宗族文化不同，形成了不同的乡村治理格局。如SW小组（Wu家），世代家族和宗族文化浓厚，并得到充分利用，形成较好的治理格局。而L小组（Liu家），则由于家族和宗族文化以冲突为主要特征，乡村治理能力和水平不高。

在SW小组，主要家族Wu姓的族谱修缮完好，由村中（族中）有威望长者保管。这名长者必须是家庭人丁兴旺、家庭和睦、能力强、经济好的老者。在搬请族谱时，他需要杀猪宰羊，宴请全族。每年正月初一，生了儿子的人要在这天上族谱。高兴地敲锣打鼓到长者家中，全村人尤其在外工作过年回家的青年坐在一起喝茶聊天，摆点稻谷、花生和糖果，也商量村中本年发展变化和来年规划等，不仅加深宗族认同，形成凝聚力，而且促进乡村治理。哪家突患大病或意外，大家都会解囊相助。Wu家年轻人还专门建立网站，更新村庄发展动态、村里捐款开支明细等。设立公基金，评选最美儿媳，为考学孩子提供教育资助。对于老人，传承发扬孝文化，重阳节和春节发放米、面、油。每年评选特困家庭，给予3 000元左右资助。SW小组设有公共微信群，不仅包括本村人，还包括在外做生意的人、外嫁女和本村年轻人。当微信群通知大家村里有活动要举办，如划龙舟筹资捐款等，基本上每人都会捐上100～600元。

L小组人口较多。Liu家占L小组的2/3的人口，Liu姓下分支小家族较多，虽小家族内部比较团结，但势力不均衡，且问题多、吵架多，并不团结。1980年分田到户，L小组耕地总面积426亩。1999年，修建高速公路占地85亩，当时每亩补偿8 000元，得补偿款大约70万元。因为征地补偿款如何分的问题，矛盾激化，形成持续性集体上访。当时有两种意见，一是按人头均分，一是按被征地户分。先后打官司4～5次，起诉费7万多元。判决结果是这笔资金所有权归村小组集体所有，应按人头均分。由于这次事件，导致全小组人员更加不团结，来往较少。导致行政村干部评价到"不要到Liu家，Liu家什么事也办不了"，很多小组公共事务无法推进。

（案例来源：作者调研）

# 第 7 章

# 农村社会组织

## 7.1 农村社会组织的内涵和分类

### 7.1.1 农村社会组织的内涵

社会组织，是社会建设的主体，在社会服务、社会管理和民主政治建设中占有重要地位。主要是指为了促进公共事业发展、不以营利为目的、具有正式的组织形式、不属于政府体系的组织。社会组织的名称和内涵经历了较长的发展时期。目前从政府规范和管理的角度出发，社会组织可以分为社会团体、基金会、民办非企业单位和涉外社会组织。1998 年，国务院分别出台《社会团体登记管理条例》和《民办非企业单位登记管理暂行条例》，以法律法规形式对两种形式的组织成立予以制度性规范。《社会团体登记管理条例》和《民办非企业单位登记管理暂行条例》两个文件分别界定了社会团体和民办非企业单位的基本概念，指出社会团体是指“中国公民自愿组成，为实现会员共同意愿，按照其章程开展活动的非营利性社会组织”，而民办非企业单位是指“企业事业单位、社会团体和其他社会力量以及公民个人利用非国有资产举办的，从事非营利性社会服务活动的社会组织”。1999 年，中共中央办公厅、国务院办公厅发布的《关于进一步加强民间组织管理工作的通知》，明确规定了对民间组织实行业务主管单位和登记管理机关双重负责的管理体制；该文件还正式提出了“民间组织”的官方称谓。而后在2004年，国务院又出台了《基金会管理条例》，将基金会从“社会团体”中正式分离了出来，成为社会团体中相对独立的一种类型。由此，出现社会团体、民办非企业和基金会作为相互独立的3种类型。十六届六中全会，“社会组织”这一概念正式出现在中央重要会议和文件中。这次会议首次使用“社会组织”的概念，并提出了“健全社会组织，增强服务社会功能”的要求。党的十七大明确提出了“重视社会组织建设和管理”的要求，此后“社会组织”的概念开始广泛使用。在理论探讨和实务操作方面，“社会组织”逐步代替“民间组织”“社会团体”及其他概念来涵盖政府和企业以外的其他组织。1998年，民政部“社会团体管理局”改为“民间组织管理局”，2016年更名为“社会组织管理局”，体现了“社会组织”这一概念的发展变迁。

传统中国的社会组织的发展，是比较广泛和自由的。上一章提到传统家族和宗族组织就是社会组织中重要的一种类型。自民国以来，有些地区的农村分别成立了一些基于农村社区的农村组织，诸如青苗会、息讼会、卫生会、保卫团、教育会、防除害虫会、勤俭储蓄会、辑睦会、爱国会等[①]（徐秀丽，2004）。伴随着近代社会变迁的过程，国家权力实质上是在向下扩展，而这种国家政权的扩张对传统的士绅社会形成了打击，传统地方精英的地位及其对地方社会的内聚整合力量也逐渐退出[②]（张静，2006）。新中国成立后，一个面向国家权力中心的结构（即以国家为中心的整合系统）迅速在地方社会形成，整个国家都被整合进新的政权体系中，农村社会组织没有多少发展的空间。改革开放后，乡政村治的体制下农村社会空间扩大，农村公共事业需求增加，供给短缺。在这种情况下，致力于中国农村发展的各类社会组织开始孕育和成长，不断发展壮大。

### 7.1.2 农村社会组织的分类

农村社会组织是一种服务农村发展和各项农村公共事业的社会组织类型。它

① 徐秀丽．中国农村治理的历史与现状：以定县、邹平和江宁为例［M］．社会科学文献出版社，2004.

② 张静．现代公共规则与乡村社会［M］．上海书店出版社，2006.

可以分为两大类，一类是农村社区社会组织。这类社会组织立足于社区，由社区各界群众和行动者组织起来，为了本社区的公共事业管理而成立的社区型社会组织。比如治安巡逻队、用水协会等。另一类是指农村社区以外的社会组织，以发展农村公共事业和促进农村发展为己任，不以营利为目的的社会组织。

**1. 农村社区社会组织**

农村社区社会组织一般以农村社区为单位、以某种职能为核心。一般而言，可以依据其业务范围和主要职能进一步划分为公益服务类、权益维护类、矛盾调节劝导类公共事务协商类等。

（1）公益服务类。公益服务类是指以开展爱心慈善、志愿服务等社会公益活动为主的或以为服务范围内农村居民提供日常生活服务的社会组织。这类组织有很多种类，如公益性的养老院和幼儿园、卫生服务队和治安巡逻队等。

案例

2016年11月以来，在分宜县铃山镇的街头村尾总能看到这样一支队伍，他们着装整齐，来回穿梭巡逻，每个人的手臂上都佩戴着一块红袖章，在寒风中显得格外醒目，被群众亲切地称为乡村和谐安宁的“守护神”。铃山镇位于分宜县南部，于2003年由4个乡镇撤并成立，距县城20公里。村巡逻队由村两委和部分党员及群众组成，每天的8点和21点由村干部带班，群众参与，进行日常巡逻。铃山派出所指导开展巡村工作，巡逻队定期向政府和派出所报告各村的治安情况，形成了“政府主导、公安管理、村民参与”的良好格局，密织了一张适合本辖区的防控体系网，切实加强了群防群治工作。

现在全镇26个村（居）都自发组成了巡逻队，使“红袖章”随处可见。60多岁的老党员李老汉介绍说，“村里变化最大的是治安，群众最满意的也是治安，自从村里成立了治安巡逻队，村里就安全、清静多了。家里开的小卖部，也不像过去离不开人，现在串个门，到地里摘个菜，也不担心了。”不少村民表示，看着红袖章就很有安全感，巡逻队给大家吃了一颗“定心丸”。周围的群众也纷纷表示，村里有了治安巡逻队以后，不仅管治安，还对村民之间发生的纠纷进行调解，让邻里乡亲和睦相处，遇到困难时，巡逻队都是及时伸出援手。“有了他们巡逻，我们心里更踏实了！”

巡逻队成立以来，钤山镇治安防控能力大为增强，维护稳定更加有力，社会治安形势逐步好转，公安基层基础工作更加深入扎实，基本实现了由以打击为主到以防范为重的重心转移。在巡逻队的协助下，不仅村里小偷小摸少，案件少，村风民风也有很大转变，杜绝了胡作非为现象。巡逻队赢得了群众信任。据统计，巡逻队协助派出所查处治安案件10余起，化解处理纠纷60件，为群众做好事20余件。

（案例根据以下资料整理：《村里来了护村巡逻队》，中国警察网(2016-11-23)，作者邓贝，http://zhian.cpd.com.cn/n26237014/c35616909/content.html.）

(2) 权益维护类。权益维护类组织一般由具有同样权益的村民组织起来，维护自己的权益并同时展开服务，如老年人协会、妇女儿童协会等。老年人协会不仅维护老年人利益，还在村务活动以及其他群体的利益维护方面发挥作用。“老年人虽然年龄大，当不得干部，但是管理自家人还是可以的。”“五老”群体在处理繁杂难断的村庄集体事务时往往具有其独特的优势。村中出现的诸多矛盾和纠纷，在老年人协会的调解下都可以得到妥善处理。

案例

S村老年人协会是在1998年成立的，目前有3个人做事，同时由S村总支书任名誉会长。据介绍，该老年人协会成立初期主要是解决老年人的养老问题，那时候各项政策都还不完善，既没有社保也没有养老金，更没有高龄补助，出现一些年轻人不愿意供养老人的情况，尤其是一些自身经济条件不太好的家庭。成立老年人协会之初的目的是：老人们相互配合，团结一致，一同去调解村里出现的家庭矛盾，批评教育村里被老人控告的那些不愿供养亲人的年轻人，以达到实现农村养老的和谐局面。10多年过去后，国家养老政策愈加完善，原先的问题不复存在，但是老年人协会依然发挥着重要的作用。按照当地习俗，59岁、69岁、79岁……是十分重要的日子，当地将其称之为“红九”，一旦村里有老人生日过“红九”时，协会会将其接到村里来，吃一顿饭以庆祝寿辰。然而，近几年来，村里经费不太允许，甚至开党员大会时也不提供伙食，故现在买一点礼物送到过寿老人家中。根据2014年的统计情况，村中共有60岁以上老人345人，80岁以上老人57人。2015年上半年，就有4位80岁以上老人去世。当有老人去世时，老年人协会会以单独名义买些礼品去送葬，主要是被子、纸钱、鞭炮等葬礼常用物品，每次总价格不超过100元。

自协会成立之初，LYB会长就认识到老年人协会应该同时关注村中的老人和儿童。撤点并校后，孩子们上初中需要到县城，而上小学则需要到乡镇中心。在S村的坚决要求下，S村仍在坚持办学。2015年村小学总共有13个学生和5个老师。S村小学是一幢三层的水泥楼房，前面有一个操场，除了铺了水泥的篮球场，其他区域都是泥土。现在3个年级一起上课，只使用一楼的一个教室，另有两间用作老师办公。协会为了学校师生安全，主动买除草剂清除了操场上过膝的荒草。几个月前，学校的师生发现了蛇，虽然当时叫来年轻人将蛇打死了，但老人们依然不放心。于是，协会就买来了除草剂，将校内的荒草全部除掉，消除了安全隐患。LYB老人说道，“现在是暑假，操场上的草又长起来了，准备再过一个月，开学前一定要再除一次草。”S村老年人协会还对失足青少年做帮教工作。该村青年PXY因为不懂法走上了违法犯罪的道路，被判了刑。为了配合监狱做好PXY的教育转化工作，老年人协会陪同PXY的母亲一起，前往PXY服刑的监狱对PXY进行了面对面的教育。据说，当时PXY看到众多家乡父老陪同母亲来探监时，激动得泪流满面，知道家乡人民没有忘记和抛弃他后，表示一定认真接受改造，争取立功减刑。除此之外，协会还通过写信等方式做远程帮教工作，近几年来，共寄出六七封教育信并得到了回信。后来，从监狱方面反馈，自从他们对PXY开展面对面的教育工作后，他在监狱一直表现很好。LYB老人说道："大多数失足青年，特别是服了刑的（那些青年），最大的思想顾虑，是担心家乡的父老乡亲看不起他们，有破罐子破摔的想法，不认真接受改造。针对这种情况，我们就帮忙教育他们，对他们动之以情，晓之以理，用真情打动他们的心。我们寄出帮教信后，他们都回了信，他们都表示要认真接受改造，痛改前非，重新做人。这样做起到了防止（他们）重新犯罪的现象发生。"

（案例来源：作者调研）

（3）矛盾调节劝导类。矛盾调节劝导类组织针对农村中各种容易产生争端矛盾的事件，为帮助当事人调解矛盾，或开解当事人，或劝导当事人，使矛盾各方能够心平气和地解决问题，避免无谓争端。这类组织主要由村内德行较高的人来担任，如红白理事会、调解委员会等。各地实践表明，农村"红白理事会"在乡村治理中发挥着独特作用。建立红白理事会，完善婚丧喜庆村规民约，做到有人管事，有章理事，规范办事，结婚彩礼、婚丧喜庆费用等明显下降，农村陈规陋习蔓延现象得到有效遏制。红白理事会既能够将法律管不了、政府不好管的"人情事"顺理成章地化解；又能起到良好的带头作用，有利于农村社会治理与和谐稳定，形成积极向上的良好社会风气。

**案例**

婚丧嫁娶，又叫"红白事"。在农村，操办红白事既是一种风俗习惯，也是一种传统文化。但随着人民群众生活水平的提高，操办红白事这种传统风俗开始"变了味"，逐渐演变成相互攀比、铺张浪费、大操大办等不正之风，红白事变成了争面子、拼家族、比阔气的竞技场，动辄花费上万元甚至几万元，导致一些农村家庭不得不"打肿脸充胖子"，很多家庭甚至因此致贫或返贫。为此，很多地方开展"推动移风易俗、树立文明乡风"行动，在各村建立了红白理事会，对操办红白事进行了适当的干预和约束。

陕西彬县下沟村位于县城以西5公里处，东临莲花池村，西至上沟村，南至水帘煤矿，北至水帘村。辖 3 个村民小组，共有 187 户，748 人，耕地 1 040 亩。2017 年以来，彬县以移风易俗工作作为创建全国文明县城的突破口，大力开展以村规民约、婚丧嫁娶、孝老爱亲、家风家训为主题的宣传活动，促进全县“一约四会”（村规民约、道德评议会、红白理事会、村民议事会、禁毒禁赌会）建设制度化、规范化、常态化。下沟村于 3 月 2 日，成立了下沟村红白理事会。

53 岁的史建芳，是村上有名的能人。他多才多艺，为人热心，村上大小事都能积极参与，助人为乐，大家一致推选他为理事会会长。据了解，下沟村红白理事会由 7 人组成，在村党支部、村委会的领导下开展工作。以倡导本村婚事新办，丧事俭办的目的为理念。对遵守理事会章程的村民，除精神方面给予鼓励外，理事会还免费为其提供水、电及请帖、书账服务。章程规定：婚嫁事宜，置办酒席人数不能超过 180 人、租用车辆不超过 10 辆、宾客上礼座席一户只准一人，宾客未座席者，主家应有适当回礼。丧事不准置办酒席，以汤泡馍为好，乐队不得雇用两班。

在红白理事会成立后，村民王老先生因病医治无效去世，理事会成员前往王老先生家中慰问。当涉及丧事从简，实行播放哀乐、鞠躬、默哀、佩戴黑纱等文明祭奠方式时，其家属不能完全接受理事会有关章程，经过大家深入细致的解说，他们选择性地同意部分祭奠方式。理事会会长史建芳高兴地说：“哪怕一丁点，都是进步。只要有进展，你一点他一点，随着时间的推移，文明新风尚，指日可待。”

村民曹先生说：“传统的丧事礼仪，繁文缛节太多，村民心知肚明，但这是老祖宗流传下来的传统，谁去改革？谁去开戒？没有人愿意开这个头，万事开头难啊！大家宁愿这样耗着，也不愿意从自家的事上开始。一场丧事办完，子孙个个散了架似的，整个人都累垮了。”其实，村民对红白理事会的章程都很赞成，但都怕背负不孝的骂名，所以，在王先生的丧事上，理事会做了大量的工作，终有收获，不仅丧事的规模缩小了、烟酒标准也按村红白理事会规定去做了。这样一来，下沟村在红白理事会的倡导、督促、监督下，每年村里操办红白事、满月酒的村民不下 15 家，每桌酒席最多可以省300～500元，要是20桌酒席，村民最高能省10 000多元，对一个农民来说，相当于一人在外打工半年以上的工资。同时，减少了机动车，少了安全隐患，既省钱又安全，两全其美。

目前，下沟村红白理事会正在引导群众移风易俗、简办等方面发挥重要作用，讲排场、比阔气等不良风气逐渐失去市场，倡勤俭、拒铺张、反浪费蔚然成风，群众逐步不再为不堪重负的“人情债”而苦恼。

再如山东莱芜等地，自2013年底开始，引导指导广大农村成立红白理事会，推行以丧事简办、婚事新办也成为移风易俗工作的主要活动。其主要做法如下：

从严推进丧事简办，使红白公事有章可循。市、区确定了全面实现丧事简办村村全覆盖的目标，引导各村（社区）红白理事会，充分发挥主导作用，明确标准，严格要求，全力以赴抓推进、抓落实。明确了“八取消、八提倡”标准：取消家族自己办丧，提倡村（居）红白理事会办理；取消普穿白大褂，提倡戴白花、黑纱；取消三天丧，提倡一天丧；取消吹鼓手，提倡放哀乐；取消摆筵席，提倡大锅菜；取消石棺、木棺，提倡直接埋葬骨灰盒；取消摆祭、赏钱、压烟，提倡节俭吊唁；取消各类扎彩，提倡节俭祭祀，早在2014年底前，莱芜市就已基本实现了丧事简办的全覆盖。

大力倡导喜事新办，让群众办喜事讲文明有意义。市里制定了婚事新办模板，明确了“六提倡、六反对”标准：提倡简约定亲，反对盲目攀比；提倡举办一次婚礼仪式（中式），反对重复浪费；提倡新式婚礼，反对豪华婚礼；提倡“礼轻情重”，反对高额礼金；提倡环保婚礼，反对乱贴红纸和大量燃放鞭炮；提倡低碳迎亲，反对豪华车队。

（案例根据以下资料整理：

1.《彬县成立“红白理事会”规定丧事不准置办酒席》，腾讯·大秦网，2017-08-28，http：// xian. qq. com/a/2017 0828/042760. htm.

2.《红白理事会发挥大作用》，中国菏泽网，2016-08-18，http：// www. heze. cn/news/2016-08/18/content_268812. htm.）

（4）公共事务协商类。当资源进入社区，不同居民往往有不同利益诉求。公共事务协商组织往往可以组织村民共同协商解决权益争端等。如“新农村建设理事会”。新农村建设中各地都普遍成立了类似的村民理事会，为维护农村社会和谐稳定做出了巨大贡献。新农村建设理事会挑起了新农村和谐建设的“大梁”。一些过去难以解决的杂事、难事，理事会上门做工作非常有效果。理事会还经常利用春节期间务工返乡人员较多的机会，逐一上门宣传新农村建设政策，引导农户积极捐款，新农村建设的资金难题迎刃而解。“农村有农村的办事习惯，农民有自己的话语系统”“清官难断家务事”。有些事情当干部的不能做，有些话当干部的说了不管用。但村民理事会则可以做、能够做。在新农村建设中，理事会不光处理纠纷，还对农户筹资筹劳、工程进度、工程质量和日常卫生及本村群众的文明言行进行全面监督，对落后行为现象进行上墙公示和上门督促。新农村建设村民理事会的推行，激发了村民参与村级事务管理的热情，使广大村民深刻意识到“自己的事情自己办、自己的家园自己建”，激发了村民主人翁意识，彰显了村民自治的生命力。

**案例**

新农村建设涉及千家万户，必须充分尊重农民意愿，激发广大农民群众参与建设的热情。为解决村委会及其延伸的村民小组的职能相对弱化，村组干部对村组事务想管而管不着，村民对公益性事业参与性不高，党组织和党员干部与发展农业产业联系不够紧密等困难，建立以农民为主体的农村公益事业建设服务体系势在必行。

2006年以来，贺州市八步区探索在行政村中建立新农村建设理事会，适应了村民自治的需要，取得村民自我管理和社会主义新农村建设的实际成效。2006年下半年，八步区在莲塘镇白花村、贺街镇五协村开展了新农村建设理事会试点，其宗旨是把行政村公共管理中的部分责任和权力转移给农村党员和群众，充分调动农村党员和群众参与村务管理的积极性。2007年下半年，八步区认真总结这两个村理事会组建的经验，循序渐进地在全区逐步推广。建立新农村建设理事会，激发了农民自我教育、自我管理和自我服务的热情，农村和农民的面貌发生了较大的变化。

**1. 新农村建设理事会开展情况及优点**

(1) 体现了农民的主体地位，使农民获得经济实惠。理事会成立后，农民以理事会为依托开展自治活动，实际上是将村民自治权交给农民自己，调动了农民“自己事自己办”的积极性。通过组建理事会，延长了村“两委”的组织链条，把更多有能力的党员和农村能人吸收到农村组织体系中来，壮大了管理和服务的主体。据统计，自成立新农村建设理事会以来，全区 14 个试点村群众自筹资金 230 多万元，投入义务工近 10 万个，从解决行路难、喝水难、用电难等“老大难”问题入手，加强农村基础设施建设。

(2) 理顺了农村的管理体制，推动了农村的和谐发展。建立新农村建设理事会是加快推进基层民主政治建设的主要手段，真正达到了村级事务由村民说了算，人民群众当家做主行使民主权利的目的。莲塘镇白花村自成立了新农村建设理事会后，组织群众代表到桂林恭城等地参观，用现实和活生生的事例教育引导群众，及时制定了新农村建设规划。目前，该村已完成三改一建 600 户，新修通院达户水泥路 3.2 公里，完成房屋维修 300 户，有力地改善了人居环境，推进新农村建设步伐。

(3) 提高了农民参与的积极性，促进了干群关系的融洽。新农村建设理事会是各村干群关系的桥梁和纽带。通过理事会的推行，把政府的号召变成了农民的自觉行动，共同建设社会主义新农村。通村公路一直是制约着农村经济发展的一大障碍，在各理事会的积极献策和支持下，今年我区启动了新一轮通村公路建设攻坚战，目前，全区新修了 63 公里的通村水泥路，一举解决了 10 个村，近 30 万人的行路难问题。通过推行民主理事会制度，融洽了干群关系。

**2. 推行新农村理事会的主要做法**

(1) 深化体制改革，建立新农村建设理事会。一是以村为单位，每个村设置一个新农村建设理事会，理事会受村党支部、村委会的领导，在村两委的领导下开展工作。下设计生协会、用水者协会、经济发展组、治保小组、调解小组、理财小组、道德教育组、移风易俗组、扶贫关爱组、环境卫生组等10个工作小组。二是民主选举成立新农村建设理事会。通过召开村民代表大会，讨论和表决理事会章程、职责和任期等。理事会建议人选名单，村民采取无记名投票的方式，"海选"产生理事会成员，一般任期3年。理事会设理事长1名，副理事长1～2名，理事成员10～15人。理事会下每个工作小组设组长1名，由理事会理事成员兼任，小组下设工作人员若干名。理事会成员从公道正派、懂经济会管理、威望高的党员、致富能手、妇女骨干等热心公益事业的村民或村干部中推选产生。

(2) 尊重群众意愿，积极推进理事会建设。在推进新农村建设理事会建设的过程中，坚持尊重群众意愿，把握好"五项原则"：一是坚持以人为本，服务群众的原则，突出理事会的服务功能。二是坚持规范有序，分步推进的原则。根据各村的实际，慎重稳妥地组织实施。三是坚持依法推进，群众自愿的原则，依法成立新农村建设理事会。四是坚持统筹兼顾，协调发展的原则，与新农村建设、"三级联创"等有机结合。五是坚持精简高效，实事求是的原则。进一步明确新农村建设理事会受各级党组织的领导，特别是要以本村党支部为领导核心。

(3) 明确工作职责，按章组织运行理事会。新农村建设理事会的总职责是在村党支部、村委会的领导下，组织和带领群众积极参与生产发展、治安管理、移风易俗、环境整治、村务监督等工作。理事会会长的职责主要是负责召集理事会议，管理、督促工作小组开展工作。

（案例根据以下资料整理：黎安源．农村的事农民"理"——贺州市八步区"新农村建设理事会"调查［J］．农家之友，2008（5）：44.）

**2. 农村发展社会组织**

和农村社区社会组织不同，致力农村发展的社会组织，其成员基本为居住在城市的人口，他们往往通过专业化工作，比如基金会募捐、志愿者服务、社会组织运作等，来链接农村社区以外的资金、知识和人力等资源，帮助和扶持农村各项社会公共事业的发展，不以营利为目的的组织。这类组织的发展，对形成良好的城乡互动和农村发展大有益处。

案例

2008 年，“担当者行动”的几名早期发起人凑足 3 000 元，开始全职公益创业；2009 年全国首创“班班有个图书角”阅读助学项目；9 年来，“班班有个图书角”项目服务学校从 1 个学校发展到全国 30 个省份 2 600 多所学校，有 22 000 多个班级 90 多万乡村小朋友可以享受他们提供的阅读的乐趣。“担当者行动”相信唯高品质的阅读才可以改变乡村教育的现状，要让孩子们在童年时代与那些伟大的儿童文学作品、科普作品相遇，得到书中伟大人物和事件的激励和精神滋养，让这些伟大的作品把我们世代相传的价值观和文化传递给我们的孩子。

“担当者行动”创新设计的“班班有个图书角”阅读助学，绝非简单的“捐赠书本”，而是扎根县域乡村基础教育一线，联合捐赠者、当地政府主管部门、教育局，通过自下而上的广泛动员和外部专家、青年大学生智力支持，积极发现与培养种子校长/教师、建立种子校长/教师成长共同体网络，让这一批种子校长/教师团队成为当地基础教育发展和创新的最核心力量，真正构建起长期、系统的高品质阅读教育生态，让每个乡村孩子都能享有高品质阅读。研究发现，无论是视野的开阔、自信心的培养，还是自学能力、表达能力、聆听能力、专注能力、分析能力的提高都与早期小学教育中阅读兴趣、阅读习惯的培养紧密相关。借由自由而广泛的阅读，让乡村孩子们提高阅读素养、养成阅读习惯，开阔视野，建立自信，并养成终身自我学习的能力，以更好地适应未来生活和工作。

秉承以上使命和担当，工作方法和思路，“担当者行动”面向全国所有项目学校提供 4 个标准化的基础服务，旨在让乡村孩子们能够有好书可以读，并能够在班级自由自主开放阅读。第一步：前期项目动员，让项目学校校长、项目干事充分了解项目背景和阅读价值；第二步：图书角实地建设与图书角借阅管理培训、童书知识培训；第三步：2个月内举办1场阅读领航员教师培训，让校长、语文老师了解阅读推广基本方法；第四步：2年周期内项目回访评估，了解项目学校图书角运营和阅读推广效果。“班班有个图书角”具体的项目流程是非常标准化和可操作化的，这使得项目得以迅速推广并获得大量捐赠和支持。每个图书角的图书是按“担当者行动”组织全国24位专家指导与修订的1～6年级的书目进行配置。作为“班班有个图书角”活动的延展，“担当者行动”还精选一批项目实验县、实验乡、实验校，为乡村种子老师团队提供定制化的深度服务。想找到那些具有教育理想主义色彩的乡村教师，构建起一批核心种子教师团队，成长为当地教育发展和创新的最核心力量。在建立标准化配置的图书角以后，通过阅读领航员教师培训、课外阅读活动中心、未来英才夏令营和阅读研究中心等四位一体的后期辅助支持体系，为项目学校的孩子提供全方位、多形式的课外阅读资源和课外阅读辅导。在甘肃陇南宕昌县、甘肃平凉庄浪县、甘肃庆阳环县、福建大田县、福建宁化县、福建建宁县、江西瑞金市、江西于都县、江西会昌县、江西赣州南康区、云南腾冲市、云南彝良县、贵州威宁县、广西田东县、湖南耒阳市、湖南醴陵市、重庆彭水县、西藏林芝等18个地区县建立阅读助学县域实验区，开展从优质儿童图书捐赠再到阅读活动、阅读领航员师资培养、阅读课课程实验等完整的助学服务体系。

（案例来源：作者调研）

## 7.2 农村社会组织的运行机制

一般来说，农村社区社会组织的运行支持机制一般来自村庄内部的自组织资源，是村民自我管理、自我服务的需要而生发出来的公益志愿精神，其运行机制来自农村基层党组织的领导、农村自治组织村民委员会的管理和协同以及村民自我管理和自我服务的自组织。而农村发展社会组织，其活动区域往往跨社区，很多由城市公益人士发起，关注农村有关问题。其运行支持机制最初也来自公益志愿精神。随着进一步的发展，在志愿精神的基础上，他们通过政府购买服务、公益募捐、企业或基金会直接支持和社会企业等形式，遵守出资方的要求，尊重农村社区，并按农村社区的需求，在农村社区开展相应的项目活动。

### 7.2.1 公益志愿精神

公益性是社会组织基本属性之一，是社会组织的特征属性。农村社会组织形成的内在动机并非利润，而是以互助为核心的利他主义和互助主义精神。志愿者以及来自社会的支持，是农村社会组织得以正常运行并持续开展服务的重要资源基础。组织化的互助和公益志愿精神则体现为社会组织。农村社会组织的核心人物，通常是那些坚持某些价值追求从而无偿地组织各种公益活动的人，他们在组织或参与这些活动中得到满足。

**案例**

73岁的HGH是一名退休老教师，现在在HW村“留守儿童快乐之家”义务教学。“快乐之家”于5月20日正式成立，面向村内一年级至五年级的儿童，特别是父母均在外务工的留守儿童组织活动。在HGH看来，“宗旨不是提高文化知识，而是让暑假更快乐、充实，教一些礼节。”在“快乐之家”的教育关爱活动中，课外课程（书法、古诗、歇后语）等教学只是一小部分，还有由广场舞爱好者吴大妈教舞蹈、太极拳等，同时配有羽毛球、乒乓球、象棋、飞行棋等器材。HGH还会经常讲一些传统的道德故事，教孩子们懂得尊老爱幼、团结互助的基本礼貌，有从来不叫奶奶的小孩在“快乐之家”待过一段时间后，回去开始叫奶奶了。HGH尽可能增加综合性的教学内容，他曾要求每个孩子在大家面前讲故事，以此来训练孩子们的口头表达能力，要求孩子们“用普通话，声音洪亮点，胆子要大，总结一个事情要说到点子上”。他说“特别是农村的孩子，讲话比较害羞，胆子小，一讲话就把嘴捂起来”。“快乐之家”还有一套电脑设备，用于孩子们与在外务工的父母视频聊天以及老师上网查阅资料。“快乐之家”会在每周末组织孩子们在村庄里捡拾垃圾，进行环保教育，培育儿童爱护家乡环境的同时，通过孩子们对其监护人及家庭成员产生潜移默化的影响。

HGH 的两个儿子均在外工作，平时只有自己与老伴在村里居住。HGH 初中毕业后，于 1966 年开始在大队小学任教，其间，任过学校教导主任、代理校长，1987 年经考试转为国家公办教师编制，之后在 PD 中心小学任教，直至 2007 年正式退休。1966 年正逢“文化大革命”开始，HGH 刚任教几个月，学校就开始停课，到 1970 年复课时，他是村里 5 个年级的唯一老师。在全村，包括 HW 村书记、村主任在内的很多村民曾经都是他的学生。2014 年时，HW 小学考虑返聘 HGH 任教，HGH 以年纪较大的理由未答应。而 2018 年 HW 村准备搞留守儿童快乐之家时，村干部找到这位曾经也教过他的老教师，希望由 HGH 帮忙做这个事，同时给孩子们上上课。村干部多次到 HGH 家里做工作，但 HGH 一直未答应。后来村干部与乡计生办主任、乡妇联主席一起多次到 HGH 家里，乡干部向 HGH 讲述了做这个事情的意义，说“留守儿童以后不能没有文化，你作为老教师，最合适做这个事”“但现在是才开始做，没有报酬”。HGH 答应试着做，“最大的困难是年纪大，又要照顾老太婆”。HGH 说，“为村里老百姓做点事，算不上贡献，但是多多少少出了点力，也免得他们（孩子们）玩水、打架、折树枝等”。

（案例来源：作者调研）

## 7.2.2 政府购买服务

政府购买服务，就是指通过发挥市场机制作用，把政府直接提供的一部分公共服务事项以及政府履职所需服务事项，按照一定的方式和程序，交由具备条件的社会力量和事业单位承担，并由政府根据合同约定的服务数量和质量向其支付费用。

## 案例

2016年，宁波市妇联首次尝试向社会组织购买专业化服务，分两批次推出妇女儿童家庭服务项目10项，涉及项目资金近130万元，15家社会组织承接项目，辐射全市各个区县（市），直接受益人数达45 374人次，探索建立了妇联购买社会公共服务运行模式。这些实施的项目事先经过了细致的调研和评审，切中广大妇女儿童的现实需求，具体包括老妇女主任关爱、婚姻家庭服务、留守儿童关爱、单亲母亲关爱、手工作坊培育、公益红娘扶持、枢纽型女性社会组织建设、婚姻家庭纠纷调解、家庭教育知识普及、大龄青年婚恋情感障碍调适等。

2016年的项目实施以来，引发了很大的社会反响，得到了市民政局、市财政局等有关部门的充分肯定和支持。市财政局还将妇联积极参与社会治理创新、参与政府购买服务的做法作为创新工作在全国工作会议上加以交流。2017年4月中旬，中共中央政治局委员、国家副主席李源潮在宁波调研群团改革进展时，详细了解了市妇联向社会组织购买妇女儿童家庭服务的情况，对这项工作予以充分肯定，指出要努力整合服务资源，充分发挥女性社会组织作用，多为妇女儿童提供多元化、有针对性的服务，努力为妇女儿童办实事、办好事。

“向社会组织购买服务，是我市妇联参与社会治理创新的抓手，也是为培育扶持女性社会组织，使之有效承接政府转移的部分社会管理服务职能，更好地服务妇女、儿童和家庭奠定良好基础。”市妇联有关负责人说，在这项工作中，妇联始终坚持“一个理念”，转变妇联工作的方式方法，努力推进妇联工作的项目化、社会化与专业化；坚持“一个原则”，把握妇女儿童的需求导向，通过调研、走访来确定妇女儿童最关心、最迫切的工作；坚持“一个要求”，将目标管理与程序管理相结合、平时指导与专题督导相结合，确保项目规范运行；坚持“一个标准”，在项目启动后科学地开展绩效考核和评估，提高服务对象的获得感。

**老妇女主任关爱项目：**该项目由奉化区兰馨公益服务中心、宁海县天明居家养老服务站、象山县家庭服务行业协会承接，以奉化区溪口、萧王庙、宁海县深甽、岔路、象山县贤庠、涂茨等6个乡镇（街道）的387名老妇女干部为服务对象，开展了体检送药、养生讲座、编织结对、新老妇女主任交流互动等活动，关注老妇女主任的晚年生活和精神需求，让基层的老妇女主任感受到妇联和社会对她们的关爱。

**留守儿童关爱项目：**该项目由奉化区兰馨公益服务中心和宁海县四季教育培训学校承接，以奉化莼湖镇、宁海胡陈乡的留守儿童为主要服务对象，成立书法、绘画、手工等学习辅导小组，开展讲座、主题教育和结对帮扶活动，通过“代理家长”加强与留守儿童的情感交流和心理辅导，使留守儿童心有人爱、身有人护、难有人帮。

**公益红娘工作室扶持项目：**该项目由三江缘幸福工作室和北仑区新碶大港风红娘工作室承接，主要针对大龄单身女性、适龄单身青年提供红娘服务。项目通过每月一期的红娘沙龙，提升公益红娘的素质；通过婚恋课堂、相亲会、联谊会、公益DIY派对等活动，为适婚青年提供婚恋公益介绍服务，引导树立正确的恋爱观和家庭观。

**大龄青年婚恋情感障碍调适项目：**该项目由全球通·知音心理咨询热线承接，主要针对全市30岁以上大龄青年基本现状，开展大龄青年针对性婚恋情感障碍干预、调适主题活动，为大龄青年提供心理健康志愿服务，同时也为公益红娘团队提供心理疏导、婚姻家庭常识的释疑解惑等服务。

**家庭教育知识普及项目：**该项目由宁波市家庭教育研究会承接。项目以书香飘万家为载体，通过亲子阅读专题讲座和示范性集体课堂以及线上线下活动，培育100名家庭教育优秀教师和500名志愿者，指导全市5 000户以上子女在0～18周岁的家庭掌握科学育儿的理念，形成亲子阅读的良好习惯。2016年9—12月，共举办家庭教育讲座41场，儿童专题阅读指导活动36场，儿童阅读示范课堂25场，推动各地培育亲子阅读推广志愿者团队600余人，建立亲子阅读推广基地68家，举办亲子阅读推广活动260场。

**枢纽型女性社会组织建设项目：**该项目由宁波市妇女儿童服务中心

承接。项目通过平台建设，建立全大市女性组织基础档案，建立各区县（市）联动机制、举办培训活动以求能孵化和培育更多的女性社会组织，促进我市女性社会组织创新发展，更好地为全大市的妇女儿童服务。

**手工作坊培育项目：**该项目由宁波市牡丹恒爱公益编织站和安丰社区红玫瑰手工坊承接。项目以海曙区白云街道牡丹社区、安丰社区内赋闲退休在家或失地的妇女为主要服务对象，通过项目运作激发妇女的手工制作兴趣，为有创业意向的妇女创造学技术、微创业的平台，提高妇女编织技艺，丰富其业余生活。

**婚姻家庭服务项目：**该项目由宁波成功育婴职业培训学校和象山县天健家政培训学校承接，为有需求的家庭提供婚姻咨询指导、婚姻矛盾调处、亲子沟通辅导、儿童行为矫正等服务，采取现场调解、个案辅导、沙龙讲座、网络热线等形式，帮助提高家庭面对逆境的能力，缓解家庭矛盾，改善家庭关系，维护妇女儿童合法权益。

**婚姻家庭纠纷调解项目：**该项目由宁波市宁静港湾婚姻家庭服务中心承接，主要针对全大市婚姻面临困境的家庭，通过个案、小组及社区社会工作服务，引导服务对象提升自我认知能力和解决问题的能力，帮助服务对象学会情绪管理，学习沟通技巧，恢复家庭及社会功能。

**单亲母亲关爱项目：**该项目由象山县塔山志愿者协会承接，以象山丹东街道新华社区、梅园社区内孩子在18周岁以下的单亲母亲为服务对象，通过开展职业技能培训、职业介绍、健康检查、心理疏导、法律知识普及、子女教育辅导等，鼓励她们以积极向上、乐观豁达的态度对待生活。

据市妇联有关负责人介绍，有资质的社会组织承接购买服务后，市妇联将组建相关项目的专家督导团队，对项目的实施进行督察指导，并适时开展中期评估，根据评估意见，承接方修正项目实施方案。项目实施结束后，评估机构围绕购买服务项目的完成情况、服务满意率、财务状况、组织能力、人力资源、综合效能等方面进行全面终期考核评估。根据评估结果，市妇联将评选出若干优秀社会组织，作为下一年度市妇联项目购买优选单位。2017年向社会组织购买的12个项目，吸引了全市 60 家社会组织踊跃申报，经评审最终共确定了 21 家社会组织承接项目。

2017 年宁波市妇联向社会组织购买服务项目如下：①老妇女主任关爱；②家庭暴力干预；③好家风好家训采集和宣传；④留守儿童关爱；⑤“夕阳暖心”空巢老人关爱；⑥手工作坊培育；⑦公益红娘工作室扶持；⑧区县（市）枢纽型女性社会组织建设；⑨宁波市枢纽型女性社会组织建设；⑩促进婚姻家庭和谐；⑪大龄青年婚恋情感障碍调适；⑫家庭教育知识普及。

（案例来自以下资料整理：

1.《2016 年市妇联向社会组织购买服务工作回顾》，宁波政府网（2017-05-09），http：// txnbb. ningbo. gov. cn/art/2017/5/9/art_2869_1001932. html.

2.《宁波市妇联首次向社会组织购买服务》，中国宁波网（2016-06-16），http：// news. cnnb. com. cn/system/2016/06/16/008515856. shtml.）

### 7.2.3 社会企业

社会企业是对英文 Social Enterprise 的直译，“社会企业”一词最早由经济合作与发展组织（OECD）于 1999 年提出，认为社会企业是指任何可以产生公共利益的私人活动，具有企业精神策略，以达成特定经济或社会目标，而非以利润极大化为主要追求，且有助于解决社会排斥及失业问题的组织[①]（OECD，1999)。社会企业区别于其他组织或者经济形态的显著标志在于：首先，社会企业运用商业企业运营模式；其次，它以行使和追求社会公益目的。社会企业于 21 世纪初在我国兴起。社会企业分为 3 种类型：①运用商业模式来解决社会问题、提供社会服务与福利的第三部门；②将社会企业视为一种企业的组织形态，强调将企业的社会责任融于企业的商业模式运作之中；③将社会企业当作是介于

① OECD. Social Enterprises. OECD，1999.

非营利组织与企业之间的一种组织创新，社会企业既可被理解为企业的一种特殊形态，也可以被认为是一种特殊形式的非营利组织。概括来讲，社会企业既不是纯粹的营商组织，亦不是一般的社会服务组织，它通过企业策略及商业运作，达至社会目标。社会企业的本质特征应是重视社会价值大于经济利益。社会企业成为我国社会组织发展的一种支持机制和形式，随着社会企业的发展，其研究将进一步深入。

## 案例

仪陇县乡村发展协会成立于1995年10月，是在仪陇县民政局注册的一个非营利性的社会团体组织，成立之初是作为仪陇县政府执行联合国开发计划署（UNDP）开展“乡村扶贫与可持续发展”项目而设立的项目执行机构。协会自成立以来，长期工作在农村贫困地区，经过长期反复试验和不断探索，在农村金融改革、实现农民组织化发展，形成相互促进、自主自治的乡村扶贫体制方面已经取得了累累硕果，并完成了组织机构改革，成功转型为一个社会企业。近年来，协会由最初作为联合国开发计划署（UNDP）“乡村扶贫与可持续发展”项目执行机构，仅仅负责开展项目业务，到结合当地农村实际新开展了产业开发、贫困村互助资金建设、社区志愿活动、助学助困等业务，为当地贫困农户提供了越来越多的服务项目；协会由最初依附于政府机构没有自主决策权，到目前已经完全脱离政府机构，实行企业化管理方式，建立了一套严密而科学的内部组织管理机构，成立了理事会和秘书长办公会议，实现了自主经营和自主决策；目前协会拥有全职付薪员工17人，同时协会还依托友成志愿者驿站建立了友成—仪陇志愿者协会，目前有注册志愿人员近百人；协会建立并实行严格的薪酬制度体系，员工工资和日常管理费用约占协会经营收入所得的10%。社会企业从本质上讲是一种将企业化的经营方式运用于解决社会问题、实现社会公益目标的组织形式，与市场高度整合，采取企业化的经营方式满足市场需求是社会企业运作模式的重要组成部分。仪陇县乡村发展协会结合市场发展的需要，在协会的组织治理结构、协会的资金来源、协会的人力资源以及协会的财务制度和员工薪酬制度采用企业化的经营方式。强烈的公益导向、公益使命感和明确的公益目标是社会企业存在的基础和追求的价值准则，是社会企业区别于传统营利企业的核心所在。仪陇县乡村发展协会之所以成为一个社会企业，关键在于协会长期坚持服务于贫困地区的公益导向和公益目标。

（案例来自以下资料整理：孔翔，《社会企业运作模式探究——以四川省仪陇县乡村发展协会为例》，华中师范大学硕士学位论文，2013.）

## 7.3 农村社会组织的发展和乡村治理

党的十八届三中全会提出，适合由社会组织提供的公共服务和解决的事项，交由社会组织承担。但目前，实质规范运行的农村社会组织数量不多，且大多数现有农村社会组织规模较小、专业素质不够高、内部治理不健全，责任不清，独立运作能力较弱，社会公信力偏低，筹集和整合社会资源能力不强。政府和社会对社会组织的认同逐步提高，为农村社会组织的发展提供了机遇。在促进农村社会组织的发展过程中，首先应完善社会组织的法律法规、政策体系和支持体系，同时全面加强社会组织的党建工作。对社会组织进行严格的依法监管和治理，可以保护合法合规的社会组织良好发展，避免非公益目标的社会组织产生恶劣影响。第二，应促进农村社会组织完善内部运作机制、自我激励与约束机制。根据本地区经济社会发展情况和社会组织需要，为农村社会组织给予政策支持和引导，提升农村社会组织自主发展、自我管理、筹资和社会服务等能力。第三，应保障农村社会组织人才专业队伍、加强农村社会组织成员的培训。第四，应拓宽农村社会组织的经费来源。应加快培育一批独立公正、行为规范、运作有序、公信力强的农村社会组织，重点培育和优先发展公益服务类、权益协商类农村社会组织，促进乡村实现治理有效的战略目标，形成农村公共服务供给的多元化发展格局，满足人民群众多样化需求。第五，应鼓励农村社会组织承接政府购买服务，统筹利用现有公共服务设施和资源，以适当方式为农村社会组织开展服务创造必要条件，为其发挥作用提供便利。采取孵化培育、人员培训、项目指导、公益创投等多种途径和方式，提升农村社会组织承接政府购买服务的能力。政府在购买民生保障、社会治理等公共服务项目时，应重点购买农村居民社区服务、特殊群体服务、矛盾调解、法律援助等方面的服务项目。

农村社会组织的良好发展有助于乡村治理的良性发展，乡村治理的发展也有助于农村社会组织的发展。首先，农村社会组织的发展有助于农村公共服务质量的提高。我国公共服务体系和制度建设不断推进，公共服务提供主体和提供方式逐步多样化，初步形成了政府主导、社会参与、公办民办并举的公共服务供给模式。但与农村社会中日益增长的公共服务需求相比，其公共服务存在质量效率不高、规模不足和发展不平衡等突出问题，迫切需要政府进一步强化公共服务职能，创新公共服务供给模式，有效动员社会力量，为农村居民提供更加方便、快捷、优质、高效的公共服务。其次，发挥农村社会组织在教育科技、健康卫生、文化体育、社会福利、社会治理等公共服务领域的重要作用，有利于促进其成长为乡村社会治理的重要主体，实现政府治理和社会调节、居民自治良性互动，加快形成自治、法治、德治相结合的乡村治理体系，推动形成现代乡村社会组织体制。最后，加强农村社会组织对社会组织内部治理结构的重新调整，有利于整合利用社会资源推动农业农村优先发展，增强农村居民社会参与意识，激发乡村社会发展活力，实现治理有效的乡村振兴目标。

### 案例

贵州省PZYG联合会是一家有专职工作人员70多人、志愿者注册人数近4 000人的民间公益组织。2013年在当地民政部门登记注册，2014年10月成立党支部，2017年3月成立团支部。PZYG联合会的宗旨是“奉献爱心、服务社会”，其使命是“打造优秀的社会工作服务团队，为受助人群提供专业的社会工作服务”，他们的愿景是“帮助困境儿童及其家庭、社区获得必需的发展资源，获得有尊严的生活，最终实现可持续发展”。其工作领域涉及儿童与教育、社区发展、灾害管理和志愿服务管理4个板块。多年来，PZYG在开展“一对一助学、生计助学、一校一社工、儿童防减灾教育、公益小天使”等系列工作，通过资源链接和项目运作，为困境儿童提供物资、教育和心理支持，开展专业社会工作服务，促进受助家庭自力更生的积极性和主动性，提高家庭生计水平，增进社区融合，推动社区发展。另外，在社会组织培育及本土社工人才培养、参与灾害救援、承接政府职能转移和政府购买服务、搭建社会倡导及志愿服务平台等方面也有卓越贡献。盘州市义工联合会通过依靠本土人员、立足本土、服务本土的发展理念和方法，使得他们有效地链接了政府、社会、企业各界的资源。他们不仅帮助学生个体，还帮助乡村教育中非常重要的单位，那就是家庭、学校和社区。

家庭：JY乡KG小学生LH，一家6人，父母长期在外打工，两年才会回来一次。LH和姐姐由爷爷奶奶照顾，但爷爷奶奶年纪较大，体弱多病，没有劳动能力，家庭贫困。家庭生活环境及卫生状况较差，两个孩子每天去上学都是脏兮兮的。了解到这个情况之后，机构针对他们家实施了生计助学帮扶：发放了100只鸡苗，每月400元的养鸡补贴，为LH和姐姐送去过冬的物资。同时安排志愿者开展志愿服务，改善一家人的居住环境及卫生状况。同时为LH和姐姐进行课后学业辅导，让他们慢慢地提高自己的学习成绩。通过一系列的服务提供，LH家的居住环境变干净了；爷爷奶奶在力所能及的情况下，喂大了小鸡苗，每月都可以出售鸡蛋，有固定的收入，爷爷奶奶的精神面貌也明显好了很多，LH和姐姐在家也有了零花钱。

学校：项目实施前，JY乡KG小学有学生90多人，因生源减少，学校校园环境较差，硬件投入不够，教学质量不高等多种因素，面临撤校。项目组在学校组织学生排练文艺活动、开展第二课堂教学，丰富学生的课余文化生活；在六一儿童节时，组织爱心商家、志愿者到学校开展六一慰问活动；在中秋节等节日时，组织爱心企业给学生们送去节日的礼物，并开展志愿者结对帮扶，在学校开展包饺子等活动，让留守儿童感受到家人般的关爱。对学校的围墙、操场、大门、绿化等硬件环境设施进行了重新建设。建立了美术室、音乐教室、儿童活动中心、防灾减灾教室，修建了男女浴室，配备安装了洗衣房。同时，开展了留守儿童寒暑假“成长营”活动，开展素质拓展训练。2015 年秋，学校学生人数增加 193 人，教学质量稳步提升，在全乡排名第一。2016 年春，学校学生人数达 208 人。

社区：在项目实施前，JY 乡 LJT 村村容村貌较差，基础设施上投入不足，道路泥泞，牲畜粪便到处可见，生活污水随意排放……通过项目实施，给村公路铺上柏油，村道硬化，自来水入户，村容村貌整洁干净起来。然后，项目组在 LJT 村开展了生计助学帮扶活动。对 30 名家庭贫困学生家庭，共发放了 3 000 只鸡苗，育成后再高价回收鸡蛋和商品鸡，便利的交通条件有利于鸡蛋和商品鸡的外销，实实在在地为这些贫困学生家庭增加了经济收入。项目实施前，村民们的文化生活单一，除了干活、吃饭、看电视，基本没有其他的文化生活。项目实施过程中，成立的志愿者团队来到村里，教村民们跳广场舞，组织村民们办长桌宴，开展文艺演出。针对社区留守老人问题，采用逐户探访问候的形式，开展“空巢老人”的走访和慰问，并为老人们送去了生活物资，让老人们感受到来自社会的温暖和关爱，实施在地陪护。同时，在当地招募、组建志愿者团队，为受助老人提供持续、有效的陪护和照料服务，扩大社会影响力，提高社会关注度和参与度。实施“睦邻服务”，在受助老人的邻里周边开展邻里互助活动，倡导助人自助的公益理念，帮助老人与街坊邻里结成互助对子。这些社会活动，不仅解决了实际的生活需求，还促进了社区融合、社区交流，形成融洽的社区文化。

（案例来源：作者调研）

# 第 8 章

# 结论与讨论

## 8.1 乡村治理现代化视角下的农村组织

中国正处于现代化的过程中，国家治理体系和能力现代化是现代化的基础和保障，而乡村治理现代化是国家治理体系和能力现代化的重要组成部分。乡村治理现代化离不开农村组织的发展，农村组织现代化是乡村治理现代化的基础和保障。农村组织的研究对于乡村治理和农村发展研究具有重要的意义。

第 1 章首先从农村组织的定义、农村组织的分类等方面勾勒出农村组织的基本轮廓，随后又从乡村治理与现代化的角度，概述了乡村治理现代化经历了传统的乡绅社会时期、新中国成立后到农村改革前的人民公社时期、农村改革到税费改革前的乡政村治时期、税费改革以来的乡村治理多元化及现代化时期 5 个阶段。随着乡村社会发展转型，乡村治理现代化面临农村人口大量外流、农村商品化和市场化加速、农村经济组织发展缓慢、乡镇政府职能转型困难、农村自治水平不高等问题。应通过加强农村基层党组织建设、深化村民自治实践、建设法治乡村、提升乡村德治水平、建设平安乡村等措施来解决上述问题。同时也应加强农村组织的不断发展和创新，从而有效地推进乡村治理现代化。

第 2 章研究了乡镇组织的发展以及和乡村治理现代化的关系。在梳理乡镇组织的历史沿革，基本构成、职责和分工的基础上，分析了如何推进乡镇政府职能转型，指出要加快乡镇政府职能转变步伐，着力强化公共服务职能，进一步扩大乡镇政府服务管理权限，积极推动乡镇政府向服务型政府转变。

第 3 章对村级组织的设置、村民自治的运行机制等方面进行了介绍，并分析了村干部的角色和行为，指出村干部有“乡村社区利益的保护人”“国家代理人”以及介于两者之间的“双重”身份。指出目前“过度行政化”和“自治虚化”的情况下，要加强农村群众性自治组织建设，健全和创新村党组织领导下充满活力的村民自治机制，深化村民自治实践。

第 4 章介绍了农村集体经济组织的内涵和理论溯源，指出农村集体经济组织与村两委、农民专业合作社、公司企业的区别。中国农村集体经济组织产生于 20 世纪 50 年代初期的农业合作化运动，经历了初级社（互助组）、高级社、人民公社，再到家庭联产承包阶段，从“分散个体劳动”到“集体所有和经营”，再到“统分结合、双层经营”，如今步入新的发展阶段。现阶段，中国农村集体经济组织可以分为资源性资产为主和经营性资产为主两种类型。目前发展过程中存在着管理主体、特别法人和产权、成员资格等问题。解决这些问题，就需要不断推进农村集体经济组织的改革。这一过程也是推进“集体决策”的制度化、规范化、民主化和法治化的过程。

第 5 章介绍了农民专业合作社的内涵、分类。分析指出农民专业合作社的快速发展是因为小农户家庭生产经营的局限性和合作需求，是为了应对全球化和市场挑战的需要，是理论界对农民合作问题的研究和实践的推动，更是国家政策的支持。目前我国农民专业合作社获得长足发展，政策环境已初步建立，农户参加意愿多样化，但同时也面临诸多挑战，例如行政和政府驱动，导致“虚假”发展，制度和法律不完善，缺少扶持资金监管，“泛公司化”现象，合作社原则缺失等。面对这些挑战，合作社应该注重内部治理，以合理的激励机制提升合作社市场竞争能力；坚持社员导向，以多样化的联合与合作提升小农户组织化程度；引导社会资本，探索农户负盈不负亏的保护机制。农民专业合作社的发展和改革，不仅仅是现代农业的“新型农业经营主体”的发展，而且也是实现“社区再造”的乡村治理现代化过程中组织资源的发展。

第 6 章梳理了家族与宗族的内涵和变迁。指出传统社会中家族与宗族具有维护封建统治、教化的功能，社会管理功能，社会控制、互助互惠、庇护本族的社会功能。农村改革后，许多地方的家族与宗族出现“复兴”，但这并不是简单的

“复兴”。“复兴”对乡村治理有积极和消极的影响。在乡村治理过程中，要充分发挥家族和宗族文化对乡村治理的积极作用，将家族和宗族文化因素融入乡村治理现代化的过程中。

第7章梳理了农村社会组织内涵、发展、分类和运行支持机制。农村社会组织的良好发展一定是有助于乡村治理和农村发展，农村社会组织与乡村治理相互影响。因此，在促进农村社会组织的发展中，应需要更加完善的社会组织法律法规与政策体系，构建农村社会组织政策支持体系，健全农村社会组织内部运作机制以及自我激励与约束机制，保障农村社会组织人才专业队伍，加强农村社会组织成员的培训，拓宽农村社会组织的经费来源。应加快培育一批独立公正、行为规范、运作有序、公信力强、适应社会主义市场经济发展要求的农村社会组织，重点培育和优先发展公益服务、权益维护、公共事务协商、矛盾劝导类农村社区型社会组织，实现治理有效。

## 8.2 农村组织建设和乡村治理现代化

在乡村治理现代化的具体推进过程中，加强农村组织建设，支持和发展农村社会的各种类型的组织资源，让农民在组织的现代化过程中实现乡村治理现代化，是非常重要的手段和平台。在农村组织的现代化发展过程中，应强调法治化、规范化、制度化等因素，也需要根据乡村社会的发展实践形态不断改革。通过前述研究，针对乡村治理现代化，推进各类农村组织建设的政策建议具体如下：

### 8.2.1 加强基层党组织建设，引领乡村治理现代化

基层工作，党组织建设和党员干部是重要的稳定器和方向舵。一个好的基层党支部，其市场价值、经济价值以及政治价值是无法用工资来衡量的。然而，目前我们很多村庄的党组织是比较涣散的，特别是在空心化的农村。随着乡村振兴战略的实施，各项具体工作的扎实推进，抓党建促乡村振兴，突出政治功能，提

升组织力，抓乡促村，正在把农村基层党组织建成坚强的战斗堡垒。①在基层党组织的人力资源建设方面，继续稳定发展“第一书记”工作机制，全面向贫困村、软弱涣散村和集体经济薄弱村派驻“第一书记”，这是直接输血式和空降式的组织资源的支持。②在农村内部，通过实施农村带头人队伍的培训，有条件的地方，吸引高校毕业生、农民工、机关企事业单位优秀党员干部到村任职，选优配强村党组织书记。③同时加大在优秀青年农民中发展党员力度。建立农村党员定期培训制度。全面落实村级组织运转经费保障政策。④在村基层组织干部的激励方面，健全从优秀村党组织书记中选拔乡镇领导干部、考录乡镇机关公务员、招聘乡镇事业编制人员制度。⑤对于农村基层组织的腐败问题，可以推行村级小微权力清单制度，加大基层小微权力腐败惩处力度。严厉整治惠农补贴、集体资产管理、土地征收等领域侵害农民利益的不正之风和腐败问题。⑥在乡村治理现代化过程中，强化农村基层党组织领导核心地位，创新组织设置和活动方式，持续整顿软弱涣散村党组织，稳妥有序开展不合格党员处置工作。⑦着力引导农村党员发挥先锋模范作用，以农村基层党组织引领乡村治理和乡村振兴。

### 8.2.2 促进乡镇政府转型，保障乡村治理现代化

乡镇政府的职能转型，是乡村治理现代化的保障。基层政府组织的现代化转型，应逐步改变其传统的运行思维、运行机制及治理方式，推进基层政府组织的法治化和制度化建设。税费改革以来，乡镇政府的职能转型较为缓慢，并且面临权责不对等、压力型体制、条块分割等问题的困扰。要促使乡村治理现代化，乡镇政府转型应加快进行，着力强化其公共服务职能。乡镇政府职能转型，应注意如下问题：①要处理好县乡关系。应扩大乡镇政府服务管理权限。按照权力下放、权责一致的原则，对直接面向人民群众、量大面广、由乡镇服务管理更方便有效的各类事项，依法下放到乡镇政府，要重点扩大乡镇政府在农业发展、农村经营管理、安全生产、规划建设管理、环境保护、公共安全、防灾减灾、扶贫济困等方面的服务管理权限。②要处理好条块关系。为了克服条块分割带来的行政困境，应推进乡镇行政执法改革和统筹乡镇站所管理体制改革。可以推动行政执法重心下移，探索乡镇综合执法的有效形式，开展综合执法工作。应落实行政执

法责任制，建立健全乡镇政府与县级执法部门的协作机制，强化乡镇政府在执法事项上的综合协调和对派驻执法机构和人员的日常管理。统筹乡镇站所管理体制改革，乡镇事业站所可以实行以乡镇管理为主、上级业务部门进行业务指导的管理体制。③要处理好乡村关系。乡镇政府应适应乡村治理主体多元化的情况，在国家和社会互动界面过程中，要贯彻好自上至下的上级政府的行政职能，同时做好农村社会发展和治理要求的公共管理和公共服务职能。

### 8.2.3 深化村民自治实践，支撑乡村治理现代化

村民自治实践是民主管理的重要方面。广大村民依法管理村庄事务，通过村民自治来协商解决很多农村公共生活中的具体问题，是乡村治理现代化的重要体现。自推行村民自治以来，中国乡村不断地发展民主选举、民主议事等社区自治的民主生活实践，但也面临很多实际问题，比如“过度行政化”和“自治虚化”等。要深化村民自治实践，就要坚持自治工作为基础，加强农村群众性自治组织建设。具体的做法包括：①健全和创新村党组织对村民自治的领导机制。比如推动村党组织书记通过选举担任村委会主任。②应发挥自治章程和村规民约的积极作用，将“自治、法治和德治”相结合，全面建立健全村务监督委员会，推行村级事务阳光工程。依托村民会议、村民代表会议、村民议事会、村民理事会、村民监事会等，形成民事民议、民事民办、民事民管的多层次基层协商格局。③乡村社会外流人才很多，应积极发挥“新乡贤”的作用，将村庄中发生的大事、好事、坏事都通过微信平台等渠道告知在外面发展的乡贤，增加社区和外在乡贤人员的联系互动，给流动中的乡村治理增加治理资源和能力。④针对过度行政化的问题，应集中清理上级对村级组织考核评比多、创建达标多、检查督查多等突出问题。⑤要推动乡村治理重心下移，尽可能把资源、服务、管理下放到基层，开展以村民小组或自然村为基本单元的村民自治。⑥创新农村社区治理方式和形式。比如整合优化公共服务和行政审批职责，打造“一门式办理”“一站式服务”的综合服务平台。在村庄普遍建立网上服务站点，逐步形成完善的乡村便民服务体系。

### 8.2.4 发展农村经济组织，优化乡村治理现代化

乡村振兴，产业兴旺很重要。产业发展了，生活富裕了，农民才有幸福感和获得感。农业农村经营制度改革，其重要的内容之一就是关于农村经济组织改革。土地农民集体所有是农村基本经营制度的根本，农村经济组织是农村经济生活和基本制度的体现和形式。从人民公社生产队、“统分结合”的双层经营体制再到今天的“三权分置”，农村经济组织发展到今天，可谓是形式繁多。有农村企业、家庭农场、农村集体经济组织、农民专业合作社等。其中农村集体经济组织是特别法人，在产品生产和销售方面遵循市场经济原则，但在产权制度、政策支持、合作形式等方面又有不同于一般市场经济主体的制度和政策安排。在坚持农村土地集体所有的前提下，促使承包权和经营权分离，形成所有权、承包权、经营权三权分置，经营权流转的格局，又形成了和农村土地经营权紧密相关的新型农业经营主体等。应在推动发展农民股份合作、进行集体资产股份权能改革、大力发展农民专业合作组织的农村改革中，建立符合市场经济要求的农村集体经济运行新机制，发展壮大集体经济，促进农民合作，保护农民利益。

随着农村经营制度的改革和发展，成为乡村治理的主体之一的农村各类经济组织，对乡村治理现代化的嵌入和影响越来越深。一方面，农村经济组织是乡村治理的对象，在基层党组织、基层政府、村委会、村民小组会议等实行乡村治理过程中，往往要对农村经济组织的组成以及利益划分进行讨论和协商；另一方面，农村经济组织的领导人和利益相关者，又可能同时担任村干部、村民小组组长或者村民理事会理事等，通过其公共身份影响公共决策。在此过程中，乡村治理的关键在于处理好农村经济组织的治理参与问题，保证农村集体经济以及农民的利益不受损害。农村经济组织的发展，亦决定乡村治理的发展质量，决定乡村治理现代化是否顺利。而乡村治理是否能够现代化，或是否能够实现多元主体共享共治的良好治理，也对农村经济组织发展起到保障和支持作用。特别是在促进小农户和现代农业发展有机衔接方面，对于小农户和大市场对接这类准公共性问题，乡村治理不可能回避，而是要尽量协调和处理好。要统筹兼顾培育新型农业经营主体和扶持小农户，采取有针对性的措施，把小农户生产引入现代农业的发

展轨道。如培育各类专业化市场化服务组织，推进农业生产全程社会化服务，帮助小农户节本增效，发展多样化的联合与合作，提升小农户组织化程度，注重发挥新型农业经营主体带动作用，帮助小农户对接市场等。

### 8.2.5 繁荣农村社会组织，提升乡村治理现代化

乡村治理现代化还意味着要加强乡村社会治理创新力度，大力繁荣发展农村社会组织，培育服务性、公益性、互助性农村社会组织，积极发展农村社会工作和志愿服务。农村社会组织的发展，可以有效提升农村公共管理和公共服务的水平。在村民自治的基础上，发展农村社会组织，特别是服务性、公益性和互助性的社会组织，可以帮助解决“空心化”农村中人员缺失、公共事业无人管等问题，发挥强大的作用，比如垃圾收集、河道保护等。通过社会组织将村庄组织起来，进行乡村建设，大有益处。另外，公共精神的培育方面，农村社会组织的发展大有可为。发展农村社会组织，可以激发村民的责任感、主人翁感、参与感，弥补村民自治过程中公共事务参与过少的缺失，让村庄公共事务变成每一位村民的事务，让“要我做”变成“我要做”。农村社会组织的发展，可以有效地提高村庄的凝聚力、村庄的公共治理水平以及村庄的互信力。通过社会组织，将传统的互助、公益服务以及“德治”互相融合，可以提升乡村治理的水平，实现良好治理和善治。